Geconcentreerd werken voor dummies

SPIEKBRIEF

Afleidingen minimaliseren

- » Schakel akoestische en optische signalen uit op je computer en smartphone.
- » Lees slechts twee tot drie keer per dag je e-mail.
- » Bepaal maximale tijden voor het surfen op internet of het bekijken van youtubevideo's.
- » Kom gesprekstijden overeen met je collega's.
- » Maak je niet druk over lawaai! Sta zo onverschillig mogelijk tegenover geluiden die je niet kunt veranderen.
- » Een grote hoeveelheid onuitgevoerde taken in het hoofd hebben, kan afleiden. Gebruik to-do-lijsten om je beter te kunnen focussen op afzonderlijke bezigheden.
- » Denk aan de achtminutenregel: je kunt je binnen 8 minuten in een taak verdiepen en bent daarna minder snel afgeleid.

Het concentratievermogen verhogen

- » Plan herstelpauzes en gebruik ontspanningstechnieken zoals autogene training of progressieve spierontspanning. Zelfs korte pauzes waarin je je 1 of 2 minuten op je adem concentreert, zijn al nuttig.
- » Doe aan beweging. Je kunt je concentratievermogen snel weer opbouwen met kruisbewegingen.
- » Zorg dat je voldoende slaap krijgt.
- » Luister naar je bioritme en probeer er rekening mee te houden bij het plannen van werktaken.
- » Doorbreek de routine en doe iets anders dan normaal.
- » Voed je hersenen. Noten, avocado's, eieren, zalm en pure chocolade helpen je concentratie.
- » Drink voldoende water.

Geconcentreerder in een kantoortuin

- » Introduceer duidelijke 'niet storen'-tekens.
- » Praat erover als je iets stoort.
- » Verplaats privégesprekken naar de koffiekeuken of de pauzeruimte.
- » Gebruik ook de vroege ochtend- of avonduren om te werken. In deze tijd is het meestal rustiger in de kantoortuin dan van 9 tot 17 uur.

Geconcentreerd werken voor dummies

SPIEKBRIEF

Geconcentreerder bij vergaderingen en voordrachten

- Luister actief en noteer de belangrijkste uitspraken.
- Blijf niet voortdurend in dezelfde zithouding zitten.
- Vraag om een pauze als je merkt dat je concentratievermogen duidelijk afneemt.
- Masseer de rand van je oren met duim en wijsvinger.
- Teken op een briefje meerdere malen achter elkaar een liggende 8.

Geconcentreerder in ploegendienst

- Probeer te werken in voorwaarts roulerende diensten.
- Pas je dagritme vroegtijdig aan aan de komende dienst.
- Nietsdoen en wachten maakt je slaperig. Vermijd daarom tijdens de nachtdienst te veel rondhangen en te lang zitten.
- Zorg dat je werkplek zo helder mogelijk verlicht is.
- Stel jezelf bij nachtdiensten zo laat mogelijk bloot aan daglicht. Bij vroege diensten zou je in de eerste pauze naar buiten moeten gaan.

Geconcentreerder in het thuiskantoor

- Richt je werkplek in op een rustige plek.
- Werk zo mogelijk op tijden wanneer je het minst wordt afgeleid door familieleden.
- Bepaal de doelen van de dag en plan wanneer je begint.
- Zorg dat je thuis ook pauzes neemt.
- Sluit de werkdag bewust af.

Geconcentreerd werken voor dummies®

Geconcentreerd werken

voor **dummies**®

Christian Mörsch
Melanie Müller

BBNC uitgevers

Amersfoort, 2020

Vertaling van: *Konzentriert arbeiten für Dummies*
Wiley-VCH Verlag GmbH & Co. KGaA, 2020
ISBN: 978-90-453-5739-3
NUR: 807 Personeel en organisatie
BISAC: SEL024000 SELF-HELP / Self-Management / Stress Management
Thema: KFWX Werkpatronen- en praktijken / SFJS Omgaan met stress
Trefw.: werkorganisatie, thuiswerken, concentreren

Dit is een uitgave van BBNC uitgevers bv, Amersfoort
www.bbnc.nl
www.dummies.nl

Vertaling: Hans van ter Toolen voor Fontline
Redactie: Hessel Leistra, Fontline
Zetwerk: Imago Mediabuilders, Amersfoort
Druk- en bindwerk: Wilco bv, Amersfoort

Inhoud in vogelvlucht

Inhoud

Over de auteurs

Christian Mörsch heeft van ontspanning zijn beroep gemaakt. Als hoofd van de Stress Management School leidt hij onder andere ontspanningspedagogen, mindfulnesstrainers, slaaptrainers en veerkrachttrainers op. Tegelijkertijd heeft hij naam gemaakt als concentratie- en examenvoorbereidingstrainer en werkt hij samen met tal van bedrijven en scholen.

Na een opleiding tot bankmedewerker en zijn studie met als hoofdvak economische en sociale psychologie werkte Christian Mörsch 6 jaar bij het gelijknamige instituut van de universiteit van Keulen, waar hij diverse werkcolleges en herhalingscursussen gaf.

De auteur van verschillende boeken voor kinderen, jongeren en volwassenen en coauteur van non-fictieboeken woont met zijn gezin in Erkrath.

Zijn levensmotto 'Wie niet herstelt, verliest' drukt uit hoe belangrijk gerichte ontspanningspauzes zijn voor het behoud van het persoonlijke prestatie- en concentratievermogen.

Melanie Müller woont met haar kleine gezin in het hart van het Ruhrgebied. Ze geeft fulltime les aan een commerciële beroepsopleiding. Daar bereidt ze niet alleen leerlingen van vakscholen voor op hun tussen- en eindexamens, maar geeft ook les aan eindexamenkandidaten en immigrantenstudenten.

Ze werkt parttime als auteur, ontspanningspedagoog en docent. In haar lezingen en seminars in heel Duitsland laat zij haar toehoorders zien hoe zij met behulp van nieuwe media, concentratietechnieken en ontspanningsmethoden elke uitdaging aankunnen.

Onder het motto 'Geconcentreerd lukt het gegarandeerd' helpt zij scholieren, werknemers en zelfstandigen om concentratie op te bouwen en zwakke punten in sterke punten te veranderen.

Christian Mörsch en Melanie Müller schreven al eerder in 2018 het bij Wiley verschenen Duitstalige boek *Prüfungen bestehen für Dummies.*

Inleiding

Waar zit je momenteel? Comfortabel op de bank in de woonkamer? Of treffen we je aan in de trein die je na het werk met vertraging naar huis brengt, naar je welverdiende rust? Misschien zit je helemaal niet, maar lig je al in bed en test je of ons inleidende hoofdstuk je kan boeien of zo saai is dat je ervan in slaap valt. Het maakt niet uit waar je nu bent: we willen je nu vragen om in je fantasie naar een andere plek te gaan.

Wat een schietschijf met je baan te maken heeft

Stel je voor dat je op een grote wei staat en met een pijl en boog in de hand naar een schietschijf op 50 meter afstand kijkt. Je missie als boogschutter is nu om het midden van de schietschijf te raken. Dat is een hele opgave, zelfs als je een professional bent.

1. **Bouw je concentratie op en houd die vast.**
2. **Maak je bewust van je doel om het midden van de schietschijf te raken.**
3. **Focus je op het midden van de schijf.**
4. **Adem diep in.**
5. **Trek de boogpees samen met de pijl met je middel-, wijs- en ringvinger gelijkmatig naar je toe tot aan de hoogte van je kin.**
6. **Je bent goed getraind, zodat je de strakke boog met vaste hand kunt vasthouden.**
7. **Laat de spanning op het juiste moment los en volg de vlucht van de pijl.**
8. **Het is je gelukt! Als je alles goed hebt gedaan, zit je pijl nu in het midden van de schietschijf.**

Waarom hebben we deze visualisatieoefening met je gedaan? Omdat je overdrachtelijk gezien ook in je werk een boogschutter bent: om een uitdagend werkdoel te realiseren, heb je niet alleen de vaardigheden nodig die je hebt opgedaan in je studie of opleiding, maar ook concentratie. En daar willen we het nu juist over hebben: we laten je zien wat je kunt doen om je concentratievermogen aanzienlijk te verbeteren en op die manier meer succes te hebben in je werk.

De gevolgen van niet geconcentreerd zijn

In veel werksituaties kun je het je niet veroorloven om ongeconcentreerd te zijn omdat een moment van onoplettendheid fatale gevolgen kan hebben:

- de vrachtwagenchauffeur die door vermoeidheid de staart van de file over het hoofd ziet;
- de tandarts die een beetje te ver boort, gewoon omdat ze zich door een beweging voor het raam laat afleiden;
- de accountant die een nul teveel toevoegt aan het te boeken bedrag omdat de mooie collega aan het bureau tegenover hem met hem aan het flirten is;
- de rechter die de belangrijkste verklaring van een getuige mist omdat hij net aan de ruzie met zijn vrouw denkt;
- de secretaresse die per ongeluk vertrouwelijke informatie aan de pers mailt in plaats van aan de raad van toezicht omdat ze zit te bellen met haar zoon;
- de CEO van een beursgenoteerd bedrijf die in plaats van de door zijn assistent geschreven toespraak de huiswerkmap van zijn dochter meeneemt naar de jaarlijkse aandeelhoudersvergadering;
- de banketbakker die bij het maken van de bruidstaart naar het zout grijpt in plaats van de suiker;
- de kapper die afziet van zijn lunchpauze en bij een geeuwende tv-presentatrice haar pony zo scheef knipt dat ze schadeloosstelling eist bij de rechter;
- de auteurs die na de laatste revisie van hun manuscript een verouderd bestand naar de uitgever sturen (we hopen dat ons dit niet is overkomen).

Onoplettendheid heeft niet altijd ernstige gevolgen. Maar vanwege de overvloed aan werktaken hebben veel professionals de neiging om:

- zich minder slaap te gunnen dan ze nodig hebben;
- meerdere dingen tegelijk te doen;
- taken oppervlakkiger uit te voeren dan nodig is;
- in de stress te schieten.

Ongeconcentreerdheid wordt zo eerder regel dan uitzondering. De gevolgen zijn:

- een hoger foutenpercentage;
- een tragere verwerking van werktaken.

Kortom: de arbeidsefficiëntie daalt.

Een uitgebreide handleiding voor concentratie

Heb je ooit een kast in elkaar gezet? Naast een rij planken tref je meestal een verpakking aan met een onoverzienbare hoeveelheid schroeven in allerlei maten en vormen. Ook concentratie bestaat uit veel bouwstenen. In onze zoektocht naar al bestaande publicaties over het thema concentratie zijn we echter meestal op publicaties gestuit die er alleen bepaalde bouwstenen uithalen, om daarmee een eenvoudig te begrijpen filosofie in elkaar te timmeren, die in elk hoofdstuk wordt herhaald als een gebedsmolen. De conclusies van dergelijke boeken zijn gemakkelijk op een paar bladzijden samen te vatten. Wij zijn van mening dat het zinvoller is om een overzicht te hebben van alle bouwstenen die leiden tot de opbouw van concentratie. Laten we het voorbeeld van de kast er nog eens bijhalen: alleen als je bij de montage van het bouwpakket aandacht schenkt aan alle onderdelen, ontstaat er uiteindelijk een stabiel meubelstuk dat niet in elkaar stort als je het gebruikt.

Mocht de kast in de loop van de tijd toch aan stabiliteit inboeten, dan is het belangrijk om te weten welke schroeven je moet aandraaien om het meubelstuk weer belastbaar te maken. Daarom vind je in ons boek schroeven in figuurlijke zin, waaraan je kunt draaien wanneer de concentratie afneemt:

- Als je bijvoorbeeld niet goed kunt slapen, heb je tips nodig om de kwaliteit van je slaap te verbeteren.
- Als je tijdens het werk vaak wordt afgeleid, heb je beproefde methoden nodig om afleidingen tot een minimum te beperken.
- Als de oorzaak van een gebrek aan concentratie te wijten is aan een gebrek aan motivatie of te weinig lichaamsbeweging, dan moet je juist aan deze schroeven draaien.

We willen je nu uitnodigen om samen met ons de voor je liggende concentratiehandleiding te ontcijferen. We beloven je dat onze montagehandleiding veel eenvoudiger te begrijpen is dan het dunne montageboekje van een afhaalkast. Daarom vind je op de volgende pagina's een verscheidenheid aan praktische tips en oefeningen, die je direct kunt inbouwen in je dagelijks werk. Een opmerking terzijde: ook voor het schrijven van ons boek was een aanzienlijke hoeveelheid concentratie vereist. We hebben onze tips zelf toegepast tijdens het schrijfproces en kunnen ze met een gerust hart aanbevelen.

Dwaze veronderstellingen over de lezer

Natuurlijk richt onze concentratiehandleiding zich niet alleen op boogschutters en kastenbouwers, maar op alle beroepsgroepen. Bij elk beroep is immers concentratie vereist. Je weet het zelf: zonder concentratie is het bijna onmogelijk om werktaken snel en foutloos uit te voeren, of je nu een kantoormedewerker, gamedesigner, verpleegkundige, maatschappelijk werker, goudsmid, politieagent, systeemtechnicus, schrijver, klantadviseur bij een bank, wedstrijdsporter, professor, ingenieur, ergotherapeut, muzikant of kok in een driesterrenrestaurant bent. We hadden nog honderden andere beroepen kunnen toevoegen, maar daarvoor ontbreekt de ruimte. Dus als je beroep er niet bij staat, doe dan gewoon alsof dat wel zo is. Want iedereen die meer gefocust en dus efficiënter wil werken, zal in ons boek geschikte tips vinden.

Behalve in je werkzame leven zijn er ook allerlei situaties in je privéleven denkbaar waarbij concentratie nuttig is: bij het invullen van de belastingaangifte, voetballen met vrienden, het bereiden van het kerstdiner, bij het op vakantie gaan met de auto of het lezen van een roman. Ook in deze situaties kan ons boek een goede raadgever zijn.

Hoe je dit boek kunt lezen

Je hoeft ons boek niet van de eerste tot de laatste pagina te lezen. Als je zo'n 40 uur per week werkt, 2 kinderen in de basisschoolleeftijd thuis hebt en ook nog eens het huishouden moet doen, is er niet veel tijd over voor ons boek. Toch dien je dit te weten: hoe beter je je kunt concentreren op je taak, hoe sneller en foutlozer je kunt werken. Elke fout kost tenslotte tijd. Het is daarom de moeite waard om een paar minuten leestijd te investeren om uiteindelijk tijd te besparen.

We hebben het boek zo geschreven dat je kunt beginnen met een willekeurig hoofdstuk. Selecteer om te beginnen de concentratieschroeven waar je als eerste aan wilt draaien. Begin met de inhoudsopgave. Wat interesseert je het meeste? Begin gewoon met dát hoofdstuk. Als je vaak in nachtdiensten werkt, kan hoofdstuk 16 wel iets voor je zijn. Als je tips nodig hebt om sneller te kunnen lezen, begin dan met hoofdstuk 18. En als je in een kantoortuin werkt, neem dan een kijkje in hoofdstuk 14.

Hoe het boek is opgebouwd

Het boek bestaat uit vier grote delen. Om een snel overzicht te krijgen, vertellen we je nu een beetje over wat je kunt verwachten op de volgende pagina's.

Deel 1: Wat je dient te weten over concentratie

In deel 1 nemen we het begrip concentratie onder de loep.

- » We gebruiken de functies van een gewone zaklamp om je mogelijke aandachtstoestanden inzichtelijk te maken.
- » Je leert het cocktailpartyeffect en de beroemde achtminutenregel kennen.
- » Bij een uitstapje naar het stenen tijdperk laten we je zien waarom je hersenen zich zo gemakkelijk laten afleiden en waarom goed kijken zo vermoeiend is.
- » We komen erachter of multitasking überhaupt mogelijk is en welke rol je beroepservaring daarbij speelt.

» Ter afsluiting ontmoet je een alomtegenwoordige concentratiekiller. We bedoelen stress en leggen uit hoe die je denkvermogen vermindert.

Deel 2: Geconcentreerder werken

Nu gaan we echt de diepte in: we gaan kijken naar alle schroeven waaraan je kunt draaien om je concentratie te verbeteren.

» Ga op zoek naar je eigen persoonlijke afleidingen en leer hoe je die kunt minimaliseren.

» Leer met behulp van de $ 25.000-methode en het paretoprincipe om je werkende bestaan zo te organiseren dat je meer tijd hebt voor geconcentreerd werken.

» Oefen met behulp van aandachtsoefeningen je vaardigheid om je te focussen en leg concentratieverlagende denk- en gedragspatronen bloot.

» Zonder motivatie is concentratie moeilijk. Maak kennis met de grote broer van concentratie en ontdek hoe je gemotiveerder kunt werken.

» Raak vertrouwd met je innerlijke klok. Als je die leert lezen, weet je wanneer je je het best kunt concentreren.

» Maak gebruik van bewuste herstelpauzes en beproefde ontspanningsmethoden om je daarna weer beter te kunnen concentreren.

» We laten je zien hoe je voor het inslapen van belastende gedachten afkomt en meer ontspannen kunt omgaan met storende geluiden.

» Gebruik onze bewegingssuggesties om concentratie op te bouwen en om je hersenhelften beter met elkaar te verbinden.

» Met onze voedingstips ben je in staat om je hersenen te voeden en productiever te maken.

Deel 3: Concentratietips voor speciale werksituaties

Nu wordt het speciaal. We hebben een aantal typische werksituaties uitgezocht en een aantal tips verzameld die je helpen om in deze situaties zo geconcentreerd mogelijk te blijven.

» Als je in een kantoortuin werkt, word je blootgesteld aan hoge geluidsniveaus. Met behulp van eenvoudige regels kun je het geluidsniveau omlaag brengen en voor een minder stresserende omgeving zorgen.

- » Lees wat je kunt doen om tijdens lezingen en conferenties geconcentreerder te luisteren en hoe je aan de andere kant als spreker ervoor kunt zorgen dat je toehoorders je goed kunnen volgen.
- » Als je in ploegendienst of de nachtdienst werkt, wordt je concentratievermogen zwaar op de proef gesteld. We gaan je vertellen hoe je een nachtdienst het best volhoudt.
- » Het thuiskantoor heeft sinds de coronacrisis aanzienlijk aan betekenis gewonnen. We laten zien hoe je geconcentreerd kunt werken in je thuiskantoor.
- » Met een beetje oefening kun je vakliteratuur beter begrijpen en onthouden. Ook de snelheid waarmee je leest, kan getraind worden.

Deel 4: Het deel van de tientallen

Een *Voor Dummies*-boek zonder een deel van de tientallen is ondenkbaar. Elk hoofdstuk in dit deel bestaat uit precies tien tips. Als je een doorgewinterde *Voor Dummies*-lezer bent, verwacht je wellicht dat wij hier de belangrijkste conclusies van het boek nog een keer op een dienblad presenteren. We willen je echter ook in dit deel nog graag iets nieuws bieden en serveren je zo in zekere zin een dessert.

- » Leer tien bekende spellen kennen, waarmee je en passant je concentratievermogen kunt trainen.
- » Ter afsluiting laten we je tien beproefde SOS-strategieën zien waarmee je binnen een paar minuten je concentratie kunt verbeteren.

Pictogrammen die in dit boek worden gebruikt

In het boek kom je overal pictogrammen tegen. We gebruiken deze afbeeldingen om je aandacht te vestigen op een beproefde tip, een praktische oefening, een waarschuwing of interessante informatie.

TIP

Met dit pictogram geven we je een speciale tip of truc, die onszelf of onze cursisten echt geholpen heeft om gefocust te blijven tijdens het werk.

OEFENING

Zonder oefening zou ons boek maar half zo goed zijn. Als je het oefensymbool ziet, betekent dat: je mouwen opstropen en uitproberen. Schroom niet om de oefeningen te doen. Elke oefening brengt je een stap dichter bij je doel om geconcentreerder te werken.

PAS OP

Kijk uit! Met dit symbool willen we je ergens voor waarschuwen. Natuurlijk kun je onze waarschuwing in de wind slaan. Maar dat doe je dan wel op eigen risico!

TECHNISCHE INFO

We gebruiken dit symbool om je te voorzien van aanvullende informatie. Achtergrondkennis kan je helpen om de inhoud van een hoofdstuk nog beter te begrijpen.

1 Wat je over concentratie moet weten

IN DIT DEEL . . .

Zonder concentratie maak je snel fouten of werk je langzamer dan je zou moeten. Maar wat is eigenlijk concentratie? We kijken naar wat er achter het begrip schuilgaat en stellen in hoofdstuk 1 de vraag of concentratie überhaupt te trainen valt. In hoofdstuk 2 leer je waarom concentratie vaak zo veel moeite kost en je hersenen zich zo gemakkelijk laten afleiden. In hoofdstuk 3 beantwoorden we de vraag onder welke voorwaarden multitasking mogelijk is of dat er als je twee dingen tegelijk probeert te doen onvermijdelijk fouten optreden. In hoofdstuk 4 maak je kennis met een van de grootste concentratiekillers van onze tijd. We hebben het over stress en laten je zien waarom stress het denkvermogen aantast.

IN DIT HOOFDSTUK

De ingrediënten van concentratie leren kennen

De concentratiespier trainen

De achtminutenregel toepassen

Hoofdstuk 1
Hocusfocus: concentratie-vermogen is trainbaar

Zeg nou zelf: zou het niet geweldig zijn als je maar met een toverstokje hoefde te zwaaien om de hele werkdag geconcentreerd te zijn? Een toverspreuk die de focus helemaal op het werk richt dat je je hebt voorgenomen te doen? Een soort hocusfocus.

Zo simpel is het natuurlijk niet, maar concentratievermogen is trainbaar. Met slechts een paar trucjes kun je merkbare verbeteringen bereiken. Maar voordat we je in deel 2 van dit boek allerlei mogelijkheden aan de hand doen waarmee je je dagelijkse werkzaamheden geconcentreerder kunt uitvoeren, willen we je eerst vertrouwd maken met de verschillende toestanden van aandacht, het tweefasenmodel van concentratie en je concentratiespier.

Wat een zaklamp met je concentratie heeft te maken

'Werk geconcentreerd!' Dit dringende verzoek hebben we allemaal weleens gehad. Maar slechts heel weinig mensen weten wat er eigenlijk schuilgaat achter het begrip concentratie.

Concentratie is een bepaalde staat van opmerkzaamheid, van aandacht. Aandacht is namelijk niet altijd hetzelfde, maar kan verschillende vormen aannemen. Hoeveel verschillende aandachtstoestanden denk je dat er zijn?

Het juiste antwoord is drie.

De drie aandachtstoestanden

Je mogelijke aandachtstoestanden kun je vergelijken met een gewone zaklamp. Die kun je aan- en uitzetten. Veel zaklampen hebben bovendien twee standen: bij de ene wordt een groot deel van de directe omgeving zwak verlicht, bij de andere wordt de lichtstraal gebundeld en een klein gedeelte helder verlicht, terwijl de rest in duister blijft gehuld. Wat betekent het als we dat toepassen op aandacht?

- » **Geen aandacht.** Als de zaklamp uit is, komt dit overeen met de slaap. Je bent je niet bewust van je omgeving.
- » **Open aandacht.** Dit lijkt op de toestand van een zaklamp waarbij veel slechts matig verlicht is. Het is moeiteloos en de basistoestand van je aandacht.
- » **Gefocuste of gerichte aandacht.** Kun je je voorstellen als de gebundelde lichtstraal van de zaklamp. Om in deze toestand te komen en die een langere periode vast te houden, moet je je inspannen.

Natuurlijk wordt de aandacht niet alleen via de ogen gericht, maar ook via je andere zintuigen. Je kunt je aandacht richten op de woorden van je gesprekspartner, of de veelheid aan gesprekken tijdens de lunch in de kantine als onduidelijke achtergrondgeluiden waarnemen.

TECHNISCHE INFO

HET COCKTAILPARTYEFFECT

Stel dat je bent uitgenodigd voor een feestje. Aangezien je naast de gastheer niemand kent, kijk je met wie je in de loop van de avond graag zou willen praten. Ondanks het geroezemoes lukt het je om mee te luisteren bij bepaalde gesprekken. Zo ontdek je wie er met interessante gespreksonderwerpen op de proppen komt of een aangename stem heeft. Het cocktailpartyeffect verwijst naar het vermogen om je aandacht te richten op een specifiek gesprek en alle andere gesprekken uit je bewustzijn te verbannen. Om je te kunnen focussen op een specifiek geluid in een omgeving met verschillende geluidsbronnen, heb je een goed selectief gehoor nodig.

Een definitie van concentratie

In veel leerboeken zou je nu een langdradige en zeer theoretische verhandeling verwachten. Maak je geen zorgen. We gaan hier niet om de hete brei heen draaien, om alleen te eindigen met zó'n complexe formulering dat die nauwelijks meer te begrijpen is zonder wetenschappelijke achtergrondkennis. Daarom houden we het kort en bondig. *Concentratie* is in wezen niets anders dan gefocuste of gerichte aandacht, maar er komt één aspect bij, namelijk het vasthouden van deze aandachtstoestand gedurende een langere periode.

Zo bezien is concentratie:

- » gedurende een langere periode vastgehouden;
- » bewuste;
- » gerichte aandacht;
- » op een gedeelte van je omgeving.

Waarom gerichte aandacht moeite kost

Om de zaklantaarnvergelijking nog eens te gebruiken: in zo'n toestand van gerichte aandacht ben je gedeeltelijk blind. Alles wat buiten de gebundelde lichtstraal valt, blijft onopgemerkt. Een dergelijke toestand is riskant, vooral als die langer duurt, omdat je, in ieder geval in het stenen tijdperk, zo een gemakkelijke prooi bent voor roofdieren (zie hoofdstuk 2). Daarom geven de hersenen van nature de voorkeur aan de toestand van de open aandacht om te voorkomen dat gevaren niet gezien of gehoord worden. We zouden vaak willen dat het makkelijker was om je volledig te concentreren op een specifieke taak, vooral omdat de waarschijnlijkheid van een roofdieraanval in het thuiskantoor of een kantoortuin vrijwel nul is. Toch zou je je daar niet aan moeten ergeren. Als onze voorouders in staat waren geweest om zich gedurende een lange tijd moeiteloos op één zaak te concentreren, dan was het menselijk ras waarschijnlijk al lang uitgestorven. En zou je nooit geboren zijn. Daarom is het in principe nuttig dat concentratie van nature enige moeite kost. Maar gelukkig kunnen we het concentratievermogen trainen.

De aandachtsfabriek

Aandacht ontstaat in je hersenen. Je kunt je hersenen zien als een soort chemische fabriek. Om aandacht mogelijk te maken, heeft deze fabriek de juiste grondstoffen in de juiste hoeveelheden nodig. Dergelijke grondstoffen zijn:

- voldoende slaap (hoofdstuk 11);
- een goede verzorging met voedingsstoffen (hoofdstuk 13);
- voldoende vloeistoffen (hoofdstuk 13);
- zuurstof (hoofdstuk 12);
- interessante prikkels.

Een knelpunt in de aanvoer van grondstoffen, zoals te weinig slaap, kan leiden tot aandachtsproblemen.

De hersenen van een baby zijn al in staat om aandacht te produceren. Maar het kind kan zich nog niet concentreren. De aandacht van een baby volgt in eerste instantie alleen maar wat interessant is. In de loop van onze kindertijd leren we vervolgens onze aandacht naar believen te sturen. Deze bewuste sturing van aandacht is pas concentratie. Zo ontstaat door de jaren heen in onze chemische fabriek een afdeling die concentratievermogen wordt genoemd.

Het vermogen om zich te concentreren is niet bij iedereen even goed ontwikkeld:

- Voor sommigen is het makkelijker om bewust hun aandacht te richten, zich al op school niet te laten afleiden en ondanks een oninteressant vak het huiswerk toch snel en naar tevredenheid van de leraar te maken.

- Anderen hebben duidelijker meer moeite met de bewuste sturing van hun aandacht. De redenen hiervoor kunnen van verschillende aard zijn. Natuurlijk zijn er ook genetische of ziektegerelateerde redenen voor een concentratiestoornis, bijvoorbeeld een aandachtstekortstoornis met hyperactiviteit (ADHD). In de meeste andere gevallen is de concentratiespier niet voldoende getraind.

De concentratiespier

Ja, dat heb je goed gelezen. Als je al het nodige weet over anatomie, werp je waarschijnlijk tegen dat je nog nooit van een concentratiespier hebt gehoord. En je hebt gelijk. Toch gebruiken we het concept van een concentratiespier om een belangrijk aspect aanschouwelijker te maken:

TIP

Concentratie is trainbaar!

Anders zou het lezen van dit boek geen enkele zin hebben. Je zou aan het eind wel iets geleerd hebben over concentratie, maar het boek uiteindelijk bij het oud papier leggen. Gelukkig hebben wetenschappers allang bewezen dat concentratievermogen en wilskracht getraind kunnen worden.

Dus zou je kunnen zeggen dat je je met het openslaan van ons boek hebt aangemeld bij een bijzondere sportschool. Je doel: de ontwikkeling van je concentratiespier.

In een normale sportschool train je je rugspieren, beenspieren of biceps. Dit vereist tijd en regelmatige training. Maar uiteindelijk word je ervoor beloond: je biceps zijn gegroeid, je rugpijn is minder geworden en de trap naar de derde verdieping op kantoor vlieg je op.

Onze sportschool voor je concentratiespier werkt op een vergelijkbare manier, alleen vind je daar geen loopbanden of fitnessapparaten, maar oefeningen. Heel effectieve oefeningen voor eenvoudigere en bewustere aandachtssturing zijn:

- autogene training (hoofdstuk 10);
- meditatie (hoofdstuk 10);
- aandachtsoefeningen (hoofdstuk 7).

TIP

Als je zin hebt om meteen met de training te beginnen, lees dan eerst de hoofdstukken 7 en 10.

Als je concentratie liever op een speelse manier wilt trainen, raden wij hoofdstuk 19 aan.

Om je concentratiespier goed te laten werken, heeft die motivatie nodig. Motivatie zorgt ervoor dat je je bewust inzet voor een taak, ook als die niet leuk is. Als je niet voldoende gemotiveerd bent, laat je je sneller afleiden. Het is dan ook de moeite waard om te werken aan je motivatievermogen. Daarom leer je in ons fitnesscentrum ook enkele oefeningen waarmee je motivatie kunt opbouwen en vasthouden (hoofdstuk 8).

Ook een getrainde concentratiespier moet dagelijks worden voorzien van voldoende voedingsstoffen, vloeistof, zuurstof en slaap om te kunnen presteren (hoofdstuk 11-13).

Concentratie lukt niet op commando

Je kunt je concentratiespier nog zo goed getraind hebben: concentratie kan niet worden afgedwongen door anderen.

Stel dat je tijdens een cursus zit te dagdromen in plaats van naar de docent te luisteren. Het maakt niet uit of dat komt door dat feestje van de avond ervoor of de saaie manier van lesgeven: opeens besef je dat er iets mis is. In het lokaal is het pijnlijk stil. Verward til je je bijna op het tafelblad hangende hoofd op en merk je dat de docent uitgerekend jou een vraag heeft gesteld en je met een zelfvoldane grijns aankijkt. Je voelt je betrapt en overweegt krampachtig hoe je je redt uit deze gênante situatie. Maar voordat je iets kunt zeggen, zegt de leraar: 'Goed geslapen?' Je voelt je rood worden. Je zegt niets, wat de docent interpreteert als instemming. 'Dan heb je nu genoeg energie om de rest van de dag heel goed naar me te luisteren.'

Je bent nu wel weer wakker, maar ondanks het verzoek van de docent om hem je volledige aandacht te geven, lukt dat je niet. Want de wetenschap dat je betrapt bent, heeft veel stresshormonen vrijgemaakt in je lichaam. Stress is echter meestal slecht voor de concentratie (hoofdstuk 4).

Een commando als 'Nu ga je je concentreren!' is daarom nogal contraproductief. Ook al werken je hersenen daarna op volle kracht, negatieve gedachten en gevoelens hebben de overhand, zoals:

- ergernis ('Gaat hij mij nou zeggen wat ik moet doen?');
- schaamte ('Hoe pijnlijk! Ik hoop dat niemand het de baas vertelt!') Je wordt dus weer afgeleid door je eigen gedachten en gevoelens.

Je situatie heeft zich ten opzichte van de droomfase niet verbeterd, ondanks de oproep tot concentratie. De les gaat nog steeds aan je voorbij.

Het tweefasenmodel van concentratie

In de zaklampvergelijking zijn we er gemakshalve van uitgegaan dat concentratie aanwezig is of niet. Je bent of in een toestand van open aandacht of in een toestand van gerichte aandacht. Als je echter iets beter kijkt, stel je vast dat 'het zich concentreren' een proces is dat uit twee fasen bestaat.

Concentratie heeft een opwarmfase

Allereerst begint na de start van een activiteit een opwarmfase, die ongeveer 8 minuten duurt. Tijdens deze opwarmfase wordt geleidelijk aan een soort van beschermend pantser opgebouwd waarop later kleinere afleidingen gewoonweg afketsen.

Zodra de opwarmfase is voltooid, kom je in een fase van diepere concentratie terecht: je hersenen laten kleine afleidingen niet meer toe in het bewustzijn.

Een beschermend pantser voor je gerichte aandacht

Hoe kun je je dit pantser voorstellen? We vergelijken de bepantsering graag met geluiddempende oordopjes of een koptelefoon. In beide gevallen neem je de omgeving minder luid waar en kun je je gemakkelijker op een activiteit concentreren.

De volgende zaken dringen niet meer door tot je bewustzijn:

- het tikken van de wandklok;
- het typen van je collega op het toetsenbord;
- het schrapen van de keel door een collega;
- het passerende verkeer buiten.

Je oren nemen deze geluiden weliswaar waar, maar dankzij het beschermende pantser bereiken ze het bewustzijn niet meer.

Alleen als iemand hard genoeg tegen je praat, de telefoon overgaat of er iets ongewoons gebeurt, wordt het pantser doorbroken: de stem bereikt je bewustzijn, en je kijkt op.

TECHNISCHE INFO

Je oren zijn zelfs tijdens je slaap niet uitgeschakeld, maar het onderbewustzijn maakt je alleen wakker als in de slaapomgeving een onbekend of erg hard geluid wordt geproduceerd.

Iedereen die met open raam in de buurt van een druk kruispunt slaapt, wordt niet elke keer wakker wanneer een auto remt of optrekt.

Hetzelfde geldt voor een huis naast een drukke spoorlijn. Terwijl gasten 's morgens na een overnachting in jouw huis klagen dat ze elke keer wakker werden wanneer er een trein voorbijraasde, heb je zelf prima geslapen. Jij bent allang gewend geraakt aan langsrazende snel- en goederentreinen.

De achtminutenregel

De achtminutenregel betekent dat je tijdens de 8 minuten waarin zich het beschermende aandachtspantser opbouwt, erg gevoelig bent voor afleiding. Bij elke afleiding begint de opwarmfase opnieuw.

Daarom is het tijdens de eerste 8 minuten nadat je een taak ter hand hebt genomen heel belangrijk om ook kleine afleidingen zoveel mogelijk te voorkomen.

Je moet aanzienlijke verstoringen altijd tot een minimum beperken, omdat slechts kleine afleidingen door het pantser worden tegengehouden. Ongebruikelijke of zeer harde geluiden zijn altijd in staat om door het net opgebouwde pantser te breken.

TIP

Let er met name in de eerste 8 minuten na het begin van een werktaak op dat je niet wordt gestoord! Zelfs kleine verstoringen kunnen ertoe leiden dat je net opgebouwde concentratie weer wordt afgebroken.

Na 8 minuten is er een beschermend pantser opgebouwd, dat je (op zijn minst bij interessante taken) grotendeels immuun maakt voor kleine afleidingen zoals autogeluiden of het gelach aan de andere kant van de kantoortuin. Echter, grotere verstoringen zullen je ook in de tweede fase uit je concentratie halen. Een brandalarm ga je zeker opmerken.

IN DIT HOOFDSTUK

Ontlastings- en overlevingsstrategieën van de hersenen doorzien

Het gebruik van foutgevoelige vuistregels begrijpen

Afleidingsvallen herkennen

Hoofdstuk 2
Waarom je hersenen zich zo gemakkelijk laten afleiden

Een werkdag gaat vaak anders dan je dacht. 's Avonds bekruipt je het (wellicht terechte) gevoel dat je nauwelijks iets gedaan hebt, omdat een deel van je dagelijkse taken nog steeds onafgerond op je todolijst staat. Natuurlijk kan het zijn dat je bij het slag mensen hoort dat altijd te veel hooi op hun vork neemt. Maar meestal is er een andere reden: je was voortdurend ongeconcentreerd en liet je vaak storen. Ja, misschien vond je het zelfs leuk om afgeleid te worden. De vraag is dan ook waarom je hersenen zich zo gemakkelijk laten afleiden. Probeer eens om hoofdstuk 2 zonder onderbreking te lezen. Focus je alleen op de tekst en probeer alle storende geluiden en gedachten buiten te sluiten.

Bewust nadenken is vermoeiend

Ook als je geen speciale wiskundeknobbel hebt, willen we je aan het begin van dit hoofdstuk een eenvoudig rekenkundig probleem voorleggen. Ben je er klaar voor?

EEN KLEIN REKENEXPERIMENT

OEFENING

Je weet dat een doos van 2.000 vellen kopieerpapier en een eucalyptuspastille samen 10 euro en 20 cent kosten.

De doos kopieerpapier kost 10 euro meer dan de pastille.

Hoeveel kost de doos met kopieerpapier?

Wat was je eerste gedachte? Was je ervan overtuigd dat het papier 10 euro kost? Dan ben je blindelings je eerste impuls gevolgd en was je niet geconcentreerd. De intuïtieve oplossing suggereert dat de pastille 20 cent kost en het papier 10 euro. Maar als de pastille 20 cent kost en het papier, zoals gegeven, 10 euro meer kost dan de pastille, dan zou het papier 10 euro en 20 cent moeten kosten. Het totale bedrag zou dan 10 euro en 40 cent zijn in plaats van 10 euro en 20 cent.

Als je vanaf het begin goed en bewust had nagedacht, dan heb je waarschijnlijk de juiste oplossing gevonden. Het papier kost 10 euro en 10 cent en de pastille maar 10 cent. Alleen dan kom je op een totaalbedrag van 10 euro en 20 cent.

Als je kijkt naar een gemiddelde werkdag, dan is grondig en bewust nadenken eerder de uitzondering. De redenen hiervoor zijn talrijk. Maar vaak zijn het tijdsdruk of frequente onderbrekingen die een diepgaandere verwerking van een taak in de weg staan. We haasten ons van afspraak naar afspraak, beantwoorden e-mails in ijltempo, creëren concepten zonder gedegen achtergrondkennis en nemen vluchtig beslissingen zonder ons eerst tot in detail te informeren over de gevolgen. Vanwege de vele taken wijden we ons maar kort en met oppervlakkige aandacht aan bepaalde informatie om onze hersenen niet te zwaar te belasten.

Zelfs wanneer grondigheid en verdieping van de concentratie mogelijk zijn, hebben we de neiging om taken met zo weinig mogelijk moeite te voltooien en zoeken we naar strategieën om werkprocessen te vereenvoudigen. Want grondig nadenken is vermoeiend. Het is veel aangenamer om alleen even een taak door te nemen en snel met een voorgestelde oplossing te komen. Want tijd is geld, zoals je weet. En wie het eerst komt, het eerst maalt. In de snelle zakenwereld worden snelle reacties verwacht, vaak ten koste van de grondigheid. Mensen hebben daarom de neiging om te vereenvoudigen en niet heel goed te kijken.

SITUATIES WAARIN JE NAUWKEURIGER KIJKT

TECHNISCHE INFO

Natuurlijk zijn er ook taken waarbij je vanaf het begin nauwkeuriger bent, met name als je ze belangrijk vindt. Soms ben je zelfs gedwongen om je aandacht te vergroten. Dit geldt voor acties waarbij je geen kans hebt om terug te vallen op bekende patronen. Heb je ooit in Groot-Brittannië of Ierland in een auto gereden? Nee? Stel je dan voor dat je je eerste vakantie doorbrengt op het groene eiland en na de landing in de Ierse hoofdstad Dublin je reeds geboekte huurauto ophaalt. Zoals gewoonlijk stap je aan de linkerkant in, maar daar zit geen stuur. Dat zit, zoals in alle landen met linksrijdend verkeer, natuurlijk aan de rechterkant. Je verandert van plaats en probeert, ietwat onhandig met de linkerhand, de auto in de eerste versnelling te zetten. Je denkt weer terug aan je eerste rijles en rijdt met extra aandacht linksom je eerste rotonde op. Gelukkig dat er iemand voor je rijdt. De eerste paar kilometer aan de linkerkant van de weg rijden, voelt op de een of andere manier verkeerd aan, vooral bij het rechtsaf slaan. In dat geval moet je eerst het van rechts komend linksrijdend verkeer laten passeren. Je let erg goed op en rijdt veel voorzichtiger dan in het voor jou gebruikelijke rechtsrijdend verkeer. Als je aandacht zou verslappen, zou je in je gebruikelijke rijpatronen vervallen en rechts gaan rijden.

Na 2 of 3 dagen wordt het rijden aan de linkerkant geleidelijk aan makkelijker en neemt de oplettendheid tijdens het rijden een stuk af. Dit is een zeer gevaarlijk moment: veel vakantiegangers rijden na het afslaan plotseling weer aan de rechterkant van de weg als ze net in gedachten waren. Dat is ons ook al overkomen. Het is maar goed dat er op veel Ierse wegen weinig verkeer is!

Hoe je hersenen informatie verwerken

Je hersenen verwerken informatie als een computer. Ze hebben een werkgeheugen, met een ingang die vergelijkbaar is met de voordeur van een hippe club. Elk stukje informatie moet door die begeerde deur om überhaupt kans te maken om te worden verwerkt. Hoe meer informatie in je werkgeheugen wordt opgeslagen, hoe langzamer het geheugen werkt. Dat komt omdat de capaciteit van het werkgeheugen beperkt is. In de ruimte van de hippe club is gewoonweg niet genoeg plek voor alle informatie die we op enig moment waarnemen. Daarom komt sommige informatie niet eens binnen en wordt deze door een denkbeeldige portier geweigerd. De portier beschermt het geheugen dus tegen overbelasting.

Een natuurlijke bescherming tegen overbelasting

Het wordt problematisch als er bij de invoer in het geheugen relevante informatie niet wordt waargenomen en dus geen rol speelt bij de verwerking en de taakoplossing. Dit is echter precies wat er gebeurt als er veel informatie in de kortst mogelijke tijd toegang wil tot het werkgeheugen. Dan beschermen je hersenen zichzelf tegen overbelasting en worden alleen de meest opvallende of sterkste prikkels doorgelaten, de prikkels die zich helemaal naar voren hebben weten te werken in de wachtrij. Op deze manier verminderen of vereenvoudigen de hersenen de hoeveelheid van de werkelijk aanwezige prikkels.

Ze letten niet goed genoeg op en kunnen met verkeerde oplossingen komen of inefficiënte besluiten nemen.

Als je in korte tijd veel beslissingen moet nemen, word je gebombardeerd met een overvloed aan informatie, die het werkgeheugen van je hersenen snel overbelast. Er is eenvoudigweg geen tijd om alle informatie te verwerken en goed na te denken over elke prikkel.

HOEVEEL BESLISSINGEN NEEM JE OP EEN DAG?

OEFENING

Wat denk je hoeveel het er zijn op één dag? Tien? Vijftig? Honderd? Tweehonderd? Vijfhonderd? In werkelijkheid zijn het er duizenden per dag! De eerste beslissingen dienen zich al meteen aan zodra de wekker gaat:

- Sta ik onmiddellijk op of blijf ik nog een paar minuten liggen?
- Heb ik tijd om lang te douchen of moet het vandaag wat sneller?
- Wat trek ik aan?
- Wat eet ik als ontbijt?
- Fiets ik naar mijn werk of ga ik toch met de auto omdat het regent?

De lijst is in werkelijkheid veel langer en zou meerdere pagina's beslaan.

Als je wilt, kun je je beslissingen van vandaag eens opschrijven. Hoeveel beslissingen heb je vandaag al genomen?

Waarom we in hokjes denken

Je moet dus in de loop van een dag veel beslissingen nemen. Als je elke beslissing moest laten voorafgaan door een nieuw en grondig denkproces, dan zou een normale dag niet eens mogelijk zijn. Jij zou permanent overbelast zijn. Je zou niet genoeg hebben aan 24 uur per dag. Want bewust nadenken kost tijd en inspanning. Daarom nemen we, waar mogelijk, onze toevlucht tot al bekende processen en gewoonten en vereenvoudigen op deze manier het dagelijks leven. Een dergelijke vereenvoudiging is mogelijk met behulp van categorisering. We proberen werksituaties, werktaken of klanten te classificeren in aangeleerde categorieën of hokjes. We hebben de neiging om te categoriseren in plaats van informatie enkel waar te nemen zoals die is. Zo'n werkwijze vermindert de verscheidenheid aan prikkels en wijst er een betekenis aan toe.

TECHNISCHE INFO

Stel je voor dat je alleen in een ijssalon zit, een cappuccino drinkt en geniet van de warme zonnestralen. Je laat je blik dwalen en kijkt naar de voorbijgangers die langs de ijswinkel lopen om hun wekelijkse boodschappen te doen. Een jonge vrouw duwt een grijsgroene kinderwagen voorbij. Haar donkerbruine haar is geknoopt in een eenvoudige vlecht en ze draagt geen make-up of elegante kleren. Om haar bruine ogen zijn flinke wallen zichtbaar. Ze ziet er moe en uitgeput uit. Wat denk je over de vrouw? Is ze een zakenvrouw? Komt ze net terug van vakantie? Is ze uitgeslapen? We vinden het moeilijk om alleen maar naar mensen te kijken en geen oordelen te vellen. Het ligt in onze aard om mensen in categorieën in te delen. We houden ervan om mensen in hokjes te stoppen. Categorisering helpt ons om snel en zonder veel moeite te beslissen hoe we ons tegenover deze persoon gedragen of met haar communiceren.

Vuistregels toepassen

Een andere manier om complexe informatie te verminderen bestaat uit het gebruik van vuistregels. En dat doen we maar al te graag om vermoeiend en geconcentreerd nadenken te vermijden. In het vakjargon worden zulke vuistregels *heuristieken* genoemd. Door heuristieken komen we met behulp van snelle en cognitief minder omslachtige denkprocessen tot beslissingen en oordelen. Heuristieken werken heel goed onder bepaalde voorwaarden, maar kunnen ook tot zwaarwegende, verkeerde beslissingen leiden. In de kadertekst 'Heuristieken' vind je voorbeelden van zulke vuistregels.

TECHNISCHE INFO

HEURISTIEKEN

De beschikbaarheidsheuristiek

Wanneer je naar Amsterdam verhuist en je nieuwe buren uitnodigt voor een feestje, zul je bij het inkopen van de drankjes waarschijnlijk eerder Heineken of Amstel kopen in plaats van Belgisch witbier, omdat je in je nieuwe omgeving wordt doodgegooid met reclames voor Heineken. Misschien is dat een goede beslissing. Het kan echter ook zijn dat je buren helemaal geen alcohol drinken en liever sinaasappelsap hadden gezien. Of sommige buren zijn hierheen verhuisd uit het zuiden van het land en geven de voorkeur aan een Duvel of een Leffe in plaats van Heineken.

De representativiteitsheuristiek

Denk er eens over na welke geboortevolgorde het waarschijnlijkst is: jongen, jongen, jongen, jongen of jongen, meisje, jongen, meisje. De meeste mensen vermoeden dat de tweede volgorde waarschijnlijker is dan de eerste. In werkelijkheid zijn beide geboortevolgorden even waarschijnlijk.

Als je ooit aan de lotto hebt meegedaan, heb je erover nagedacht welke getallen je aankruist. Op welke van de twee volgende getallenreeksen zou je eerder inzetten?

1–2–3–4–5–6 of 7–15–22–23–43–45

Waarschijnlijk kies je de tweede getallenreeks, net zoals de meeste mensen zouden doen. Maar objectief gezien zijn beide getallenreeksen even waarschijnlijk. Om het resultaat van een toevalsproces als representatief waar te nemen, moet het er ook zo 'toevallig' mogelijk uitzien. Dit betekent dat het veel onregelmatigheden moet bevatten, zoals bij de tweede getallenreeks.

De ankerheuristiek

In een studie van Tversky en Kahneman ontvingen de testpersonen door het draaien aan een rad van fortuin een willekeurig getal als numeriek anker. Vervolgens moesten ze schatten of het percentage van de Afrikaanse VN-lidstaten boven of onder dat getal lag. Daarna werd aan de proefpersonen gevraagd een exacte schatting te geven van het percentage Afrikaanse lidstaten van de Verenigde Naties. De resultaten waren verbluffend, want de eerder door het draaien aan het rad van fortuin verstrekte ankergetallen bleken de schattingen aanzienlijk te beïnvloeden.

In het geval van het rekenkundige probleem aan het begin van dit hoofdstuk kom je tot de verkeerde oplossing als je niet aandachtig kijkt. We hebben je vervolgens de juiste oplossing gegeven. In het echte leven weet je niet altijd of je door gebrek aan concentratie en oppervlakkig waarnemen een suboptimale beslissing hebt genomen en een slechte keuze hebt gemaakt.

Voortdurende waakzaamheid redt levens

Concentratie gedurende een langere periode, gecombineerd met diep nadenken of werken, is niet alleen tijdrovend en vermoeiend, maar als je kijkt naar de ontstaansgeschiedenis van de mensheid mogelijk ook een levensbedreigend proces. Wat op het eerste gezicht een beetje vreemd klinkt, wordt duidelijk wanneer je een kort uitstapje maakt naar de wereld van je voorouders.

Luisteren naar mogelijke gevaren

In de prehistorie was het leven gevaarlijker dan een dag op kantoor of thuis. In een kantoortuin zou het een voordeel zijn om niet te worden afgeleid door het rinkelen van de telefoon op het bureau tegenover je, door een privégesprek aan de andere kant van de ruimte of door een medewerkster die op hoge hakken voorbij komt snellen, maar in het stenen tijdperk was het zinvol om aandacht te schenken aan elke schaduw of geritsel in de struiken, zelfs als dat betekende dat het zoeken naar bessen langer duurde. Wie te veel opging in zijn activiteit, nam het risico om het geritsel van een roofdier niet te horen en zelf in een maaltijd te veranderen. Het prehistorische brein kon het zich niet veroorloven zich voor langere tijd op één ding te concentreren. In de meeste gevallen was een geluidje in het kreupelhout geen echte bedreiging, maar alleen een door de wind gevallen tak of een muis die op weg was naar zijn holletje. Het motto was wel: beter tien keer te vaak geschrokken dan één keer opgegeten worden. De afleidbaarheid verhoogde de overlevingskansen.

Hetzelfde geldt in principe nog steeds voor de huidige tijd, niet alleen voor primitieve volkeren, maar ook voor voetgangers in het donker, of bij een inbraak.

TECHNISCHE INFO

Afleidbaarheid heeft dus een zinvolle functie, die zijn oorsprong heeft in het menselijk verleden, maar die ook nu nog steeds van vitaal belang kan zijn om te overleven. In principe is het daarom goed en belangrijk dat we zo gemakkelijk worden afgeleid.

→ Deep work

Geconcentreerd werk is dus in eerste instantie in strijd met de menselijke natuur. Desalniettemin vereisen de meeste beroepsmatige taken geconcentreerd werk of een dieper ingaan op een probleemstelling. Daarom beveelt Cal Newport aan om alle afleidingen te elimineren zodat er diepgaander kan worden gewerkt. Hij gebruikt hiervoor de term *deep work*. Het uitbannen van alle afleidingen is echter zelden mogelijk in echte werksituaties. Daarom is het concept van Cal Newport naar onze mening vrij ver verwijderd van het dagelijks leven en een in een bedrijfscontext nauwelijks te realiseren constructie. Zelfs als je alle externe afleidingen zou kunnen uitschakelen, de muren isoleren tegen geluid en digitale media links laten liggen, dan zijn er nog steeds de afleidingen in je hoofd.

Een deugdelijk compromis

Toch is het in een beroepsmatige omgeving zinvol om de afleidbaarheid te verminderen en zo het vermogen om je te concentreren te trainen. De omgeving heeft een grote invloed, want het brein heeft de neiging om de hele tijd heen en weer te springen. Het is er, zoals je in de vorige paragraaf hebt gelezen, niet op ingericht om zich lange tijd te concentreren. Integendeel: onze hersenen zijn nieuwsgierig en willen zoveel mogelijk informatie uit de buitenwereld halen om kennis op te doen. Nieuwsgierigheid is een van onze sterkste drijfveren! De hersenen nemen het voor lief dat ze door interessante dingen worden afgeleid, vooral als de huidige werktaak oninteressant of saai is. Daarom is het goed om afleidingen zoveel mogelijk te beperken. Hoe dat werkt, lees je in hoofdstuk 5.

Onderbrekingen zijn leuk

We laten ons niet alleen afleiden omdat de natuur dat noodzakelijk acht voor onze overleving. Veel afleidingen zijn ook leuk. Ze schijnen althans in veel gevallen aantrekkelijker te zijn dan de gebruikelijke werkroutine. We bedoelen met leuk niet het kraken van het kreupelhout tijdens een nachtelijke wandeling, maar verleidelijke afleidingen. Ongetwijfeld ben je weleens bezig geweest met een weinig boeiende werktaak en was je blij met elke onderbreking:

- » een collega die een taart meebracht voor zijn verjaardag;
- » gewoon een kopje koffie halen in de kantine;
- » een tip van een collega voor een restaurantbezoek in het weekend;

- een privé e-mail van een goede vriend(in);
- het toeterconcert van een bruiloftsstoet, die met versierde auto's voorbijrijdt langs het kantoorraam;
- de collega die terug is van vakantie en over de droomstranden in de Caraïben vertelt.

Uitstelleritis: het myopische effect

Soms zoeken we ook gericht naar afleidingen en gaan we naar het volgende bureau om even met een collega te praten over het regenachtige weer van de laatste dagen, of googelen we op internet mogelijke bestemmingen voor de volgende zomervakantie.

Eigenlijk weet je wel dat je tegen het einde van de week dat rapport af moet hebben. Toch geef je maar al te graag toe aan de dagelijkse kortetermijnverleidingen. Het bevredigende gevoel dat je het rapport hebt ingeleverd, komt pas aan het eind van de week. Maar er zijn nog 5 dagen te gaan waarin je meteen kunt genieten van de koffie uit de kantine of van het lekkere wegdromen in de sfeer van een vakantiehotel, dat zich op de website presenteert met aantrekkelijke foto's.

Wie voor zo'n kortstondige verleiding bezwijkt, ervaart een *myopisch effect*.

TECHNISCHE INFO

Het *myopische effect* is een speciale vorm van bijziendheid. In de toekomst liggende doelen worden gedevalueerd. Daarom lijken kortetermijnverleidingen vaak aantrekkelijker dan het werken aan een langdurige taak. Kortzichtigheid in deze zin kan dus niet worden verholpen met een bril of contactlenzen, maar vereist motivatie.

Motivatie helpt

Motivatie is het toverwoord, dat helpt om geconcentreerder bezig te zijn en niet permanent toe te geven aan kortstondige verleidingen. Hoe je motivatie opbouwt en gemotiveerd blijft, lees je in hoofdstuk 8. Uiteindelijk gaat het elke werkdag erom dat je motivatie opbouwt en je eigen luiheid overwint. Steeds weer opnieuw. Want er is altijd wel iets dat je van je werk houdt, desnoods de weinige slaap van afgelopen nacht of het slechte weer. Bij langetermijntaken komt daar nog bij dat de tevredenheid over het bereiken van het doel zover in de toekomst ligt, dat het voor de hersenen erg moeilijk is om weerstand te bieden aan afleidende verleidingen.

Nieuwe prikkels zijn beloningen voor je hersenen

Wat gebeurt er eigenlijk in je hersenen als je niet doet wat je van plan was te doen en je laat afleiden of probeert er nog andere taken naast te doen? Dit kan een whatsappbericht aan je vriendin zijn, dat je nog snel even op je smartphone tikt terwijl de lezing van de congresspreker al begonnen is. Of recepten googelen voor het avondeten terwijl je met een klant aan de telefoon zit.

Dopamine en het beloningssysteem in je hersenen

Telkens wanneer een nieuwe prikkel wordt waargenomen, laten je hersenen dopamine vrijkomen. Het is een neurotransmitter die werkt op het beloningssysteem van je hersenen om je goed te laten voelen. De nieuwe prikkel hoeft niet iets groots te zijn. Integendeel, kleine impulsen van je smartphone, tablet of computer zijn meestal al voldoende: binnenkomende e-mails, een reclamebanner op een website, een nieuwe like voor je laatste facebookpost of een nieuwe vakantiefoto van een vriend op Instagram.

In je hersenen leidt zo'n constante afgifte van dopamine tot een positieve feedbacklus. Dus je wordt beloond voor het feit dat je je niet langere tijd op één ding concentreert. Dit kan ertoe leiden dat je voortdurend op zoek gaat naar interessante externe prikkels - vergelijkbaar met het gedrag van een verslaafde. De gezochte stof levert in dit geval geen gevaar op voor je gezondheid, maar is wel van grote invloed op je concentratie. Elk geluid dat een binnenkomend mailtje of appje op je mobiele telefoon aankondigt, kan belangrijk zijn. Je hoopt op een bericht van je date van gisteren, de toezegging van een sollicitatiegesprek of een link naar een video waar je om kunt lachen. Allemaal kleine beloningen. Meerdere keren per dag. Wie de meldingen van sommige apps niet heeft uitgeschakeld, wordt bijna permanent geconfronteerd met geluiden die potentieel interessante informatie beloven. De meeste berichten zijn echter spam of oninteressant. Toch leidt alleen al het geluidje van de berichtenapp tot het vrijkomen van dopamine. Het gevolg is dat we steeds vaker op onze telefoon kijken, zelfs als er geen nieuwe berichten zijn binnengekomen. Het is immers denkbaar dat je het geluidje niet hebt gehoord.

Afleidingen in het hoofd

En als er geen geluiden van buitenaf komen, zoek je in je hoofd naar afleidingen, naar nieuwe inzichten. Je denkt erover na:

- welke route na het werk de snelste is om op tijd voor de voetbalwedstrijd thuis voor de tv te zitten;
- welke boodschappen je nog moet doen;
- welke grap je aan je collega's gaat vertellen op het bedrijfsfeest;
- welke smartphone je straks wilt aanschaffen.

Je hersenen waarderen afleidende prikkels en gedachten. Van colleges op universiteiten is bekend dat de meeste studenten nauwelijks langer dan 20 minuten bij de les kunnen blijven. Dan gaan ze dromerig uit het raam kijken, terwijl ze nadenken over wat ze gaan aantrekken voor het volgende feestje of waarom ze bij dit prachtige weer in een collegezaal zitten en niet in het zwembad. Sommigen halen hun mobiele telefoon uit hun broekzak en gamen totdat ze het volgende spelniveau hebben bereikt. Hiertegen helpt een collegestijl van de docent die ongeveer elke 20 minuten verandert en dus interessant blijft. Zo kan hij na een korte presentatie de aanzet geven tot een discussieronde, groepstaken verdelen of het onderwerp verdiepen in de vorm van een video.

Wat mensen zien als het hier en nu is wat er gebeurt in een periode van 2 tot 3 seconden. In deze paar seconden kun je je aandacht onverdeeld op iets richten, waarna er een korte pauze volgt waarin je nagaat of er iets nieuws is. Is er iets veranderd in de directe omgeving of is er gevaar? In deze korte aandachtspauzes liggen er in ons alledaagse werk te veel externe prikkels op de loer om ontdekt te worden.

Het zoeken naar externe stimuli en gedachten die zorgdragen voor overleving of tot nieuwe inzichten leiden, is daarom iets heel natuurlijks. Het overmatige aanbod van aantrekkelijke prikkels zorgt er echter voor dat de geest van hot naar her springt en niet meer weet wat hij echt wil.

Heb je je laten onderbreken tijdens het lezen?

Heb je onze suggestie gevolgd en geprobeerd hoofdstuk 2 zonder onderbreking te lezen? Is het je gelukt?

- Ja? Dan ben je al een concentratieprofessional. Als je echter af en toe toch concentratieproblemen hebt, kunnen stress (hoofdstuk 4 en 10), slaaptekort (hoofdstuk 11) of verkeerde voeding (hoofdstuk 13) de oorzaak zijn.
- Nee? Dan weet je nu waarom niet. In deel 2 en 3 van ons boek vind je allerlei tips over hoe je je concentratievermogen kunt verbeteren. En lees met name hoofdstuk 5 'Afleidingen tot een minimum beperken'.
- Je kunt je niet eens herinneren dat we je hebben voorgesteld om het hoofdstuk te lezen zonder je te laten onderbreken. Dan was dit hoofdstuk of niet belangrijk genoeg voor je of je hebt onoplettend gelezen. Werp eens een blik in hoofdstuk 18. Dat vertelt je hoe je met meer concentratie kunt lezen.

IN DIT HOOFDSTUK

Begrijpen waarom je niet twee veeleisende taken tegelijkertijd kunt uitvoeren

Aandacht besparen met routine

Je hersenen ontlasten met todolijsten

Hoofdstuk 3
Het sprookje van multitasken

Zoals je weet beginnen veel sprookjes met 'Er was eens ...' Dus doen wij dat ook.

Er was eens een toverspreuk die *multitasken* heette. Wie er gebruik van maakte, werd beloofd meerdere taken tegelijkertijd te kunnen uitvoeren en zeer efficiënt te zijn. Maar wat zo magisch klinkt, is waarschijnlijk één grote oplichterij.

Daarom willen we in dit hoofdstuk samen met jou op zoek gaan naar de waarheid. Is multitasken echt mogelijk?

Ben jij een multitasker?

Hoe vaak doe je twee dingen tegelijk? Bijvoorbeeld:

- » e-mails controleren en bellen;
- » autorijden en discussiëren met de passagier;
- » de krant lezen en naar een ochtendprogramma op tv kijken;

» woordjes leren en een nieuw liedje downloaden.

Als een van deze voorbeelden voor jou geldt, zou ik nog even geen T-shirt aantrekken met de tekst ‘Ik ben een multitasker’. Want eerst moeten we vaststellen wat multitasken überhaupt inhoudt.

Het begrip multitasken

De term multitasken komt oorspronkelijk uit het computerjargon en betekent het vermogen van een besturingssysteem om meerdere taken parallel uit te voeren. Het is ook bij mensen al lang gemeengoed om van multitaskers te spreken, dus mensen die beweren dat ze verschillende dingen tegelijk kunnen doen. Maar is dat wel mogelijk? Is het mogelijk om je gelijktijdig op meerdere taken te concentreren? Probeer als je wilt eens de volgende oefening.

EEN ONGEBRUIKELIJKE OPGAVE

OEFENING

Ga voor een flipover of schoolbord staan en schrijf met je dominante hand (je schrijfhand) je voor- en achternaam. Schrijf zo mooi mogelijk. Dat was eenvoudig, ook als mooi schrijven een groot deel van je aandacht in beslag neemt.

Nu voegen we er nog een andere, ongebruikelijke opdracht aan toe. Schrijf nogmaals je voor- en achternaam met je dominante hand. Til daarbij je been aan dezelfde kant omhoog en beschrijf met je voet een horizontaal figuur acht in de lucht. De acht is dus gekanteld en komt overeen met het oneindigheidsteken in de wiskunde. Stop niet met bewegen terwijl je aan het schrijven bent.

Wat valt je op?

Waarschijnlijk is je handschrift veel moeilijker te lezen als de tweede opdracht wordt toegevoegd. Of je hebt de beenbeweging verwaarloosd, om in een bewegingspauze een letter te schrijven.

Als je aan het begin van het hoofdstuk bijna begon op te scheppen dat je een multitasker was, begin je daar nu waarschijnlijk aan te twijfelen. En deze twijfels zijn gerechtvaardigd. *Omdat we slecht zijn in multitasken.*

TECHNISCHE INFO

Verschillen tussen mannen en vrouwen bij multitasken zijn, in tegenstelling tot wat velen beweren, niet of nauwelijks aanwezig. Ook in evolutionair of genetisch opzicht zijn er voor een dergelijk onderscheid geen aanwijsbare redenen.

Mensen vinden het moeilijk om twee of meer dingen tegelijk te doen of te denken.

Er zijn echter gevallen waarin multitasken wel werkt. Laten we daarom eens kijken wanneer multitasken mogelijk is en wanneer niet.

Wanneer multitasken werkt

Twee dingen tegelijk doen resulteert er meestal in dat ten minste één proces moet worden verwaarloosd om het andere foutloos voor elkaar te krijgen.

TIP

Een uitzondering moet alleen worden gemaakt voor routinematige taken die dermate geautomatiseerd verlopen dat ze praktisch vanzelf gaan. Dergelijke processen zijn als gedragsprogramma's opgeslagen in het onderbewustzijn en vereisen tijdens de uitvoering niet je volledige aandacht.

Als je een forens bent en met een schakelauto naar je werk rijdt, kun je waarschijnlijk niet meteen zeggen waar je achteruit zit; de handbeweging die je moet maken om de auto in zijn achteruit te zetten is opgeslagen in je hersenen. Je hoeft er ook niet over na te denken wat je moet doen om achteruit te rijden. Je doet het gewoon en kunt tijdens het uitparkeren zelfs naar het liedje op de radio luisteren. Hetzelfde geldt voor strijken: als je regelmatig je overhemden strijkt, kun je tegelijkertijd naar een niet al te veeleisende speelfilm kijken zonder belangrijke onderdelen van de plot te missen.

Multitasken is dus mogelijk als ten minste één van de twee taken een routinebezigheid is en daarom weinig of geen aandacht vereist. Je werkgeheugen is dus in zeer beperkte mate in staat om meerdere dingen tegelijk te doen.

Wanneer multitasken niet werkt

Wanneer je iets veeleisends of ongewoons doet, is het onmogelijk om tegelijkertijd iets anders te doen of te denken. Je aandacht is immers een beperkte hulpbron. Het bewustzijn kan op één moment maar op één complex proces gericht zijn. Het heeft op een bepaald moment maar één inhoud. Is je aandacht volledig gericht op een bepaalde activiteit, dan is je aandacht niet beschikbaar voor een andere activiteit. Als je tijdens een veeleisende of ongewone activiteit iets anders probeert te doen of te denken, dan begin je slordig te worden of ben je er niet helemaal bij met je hoofd. In deze gevallen heeft de poging tot multitasken fatale gevolgen voor je leervermogen en de kwaliteit van je werk. In de volgende twee paragrafen van dit hoofdstuk lees je hoe deze gevolgen eruitzien.

Je eigen vermogen tot multitasken oefenen, betekent bij uitdagende taken alleen het verhogen van de snelheid van de signaaloverdracht in de relevante geheugencentra, wat tot op zekere hoogte mogelijk is, maar nooit helemaal zonder verlies. De truc is om zo snel mogelijk en met zo min mogelijk tijdverlies heen en weer te schakelen tussen twee of meer dingen.

PAS OP

Mensen die verschillende dingen tegelijk kunnen, worden vaak benijd. Maar eigenlijk zou je eerder medelijden met hen moeten hebben. Onderzoekers van University College London hebben namelijk aangetoond dat bij mensen die regelmatig multitasken de zogenoemde grijze massa in de hersenen een kleinere dichtheid krijgt. Je wordt er op den duur dommer van.

Leerproblemen door multitasken

Als je probeert om verschillende dingen tegelijk te doen of te denken, dan strijden concurrerende prikkels om je aandacht en een plek in je hersenen. Soms gebeurt multitasken echter helemaal niet opzettelijk, namelijk wanneer er tijdens het leren een afleidende prikkel bij komt die een deel van je aandacht opeist.

Afleidingen storen bij het leren

Als je je iets wilt inprenten, bijvoorbeeld de inhoud van je geplande presentatie op het congres van volgende week, dan is dit een complex leerproces dat al je aandacht nodig heeft. Als je je daarbij laat afleiden door een aantrekkelijke prikkel of zorgelijke gedachten, dan:

- » is je aandacht niet langer alleen gericht op wat je wilt leren;
- » wordt die ook gebruikt voor het verwerken van de afleidingen.

Hoe je hersenen dingen onthouden

Waarom je vermogen om dingen te onthouden lijdt onder afleidende prikkels of gedachten, is beter te begrijpen als je snapt wanneer je hersenen nieuwe leerstof goed kunnen onthouden en wanneer niet.

Nieuwe herinneringen zijn vluchtig, vooral wanneer er sprake is van concurrerende en mogelijk aantrekkelijkere prikkels, die tegelijkertijd of direct erna om aandacht vragen.

Herinneringen zijn bij de overgang naar het geheugen verwikkeld in een concurrentiestrijd.

» Wanneer een stuk informatie in zijn eentje arriveert, kan de nieuwe informatie goed verankerd worden.

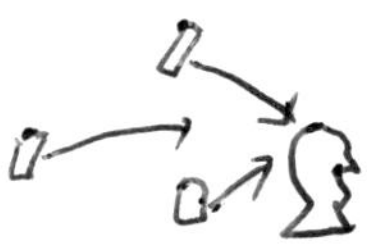

» Wanneer er echter, zoals bij afleidingen, meerdere stukjes informatie tegelijk arriveren, is het doorgaans het toeval dat beslist welke daarvan worden opgeslagen. Daarom is het bij leren nuttig om te voorkomen dat de hersenen worden blootgesteld aan andere prikkels en om afleidingen zoveel mogelijk te beperken (hoofdstuk 5).

TECHNISCHE INFO

HELEMAAL OPGAAN IN EEN BEZIGHEID

Leren wordt gemakkelijker als je je tijdelijk kunt losmaken van de buitenwereld, en dus bij het nadenken niet gestoord wordt door plotselinge telefoontjes of binnenkomende e-mail.

Hoe dieper je al verzonken bent in een bezigheid, hoe meer je brein zich afschermt van je huidige omgeving:

- Misschien was je in de trein op weg naar je werk bij het lezen al zo verdiept in een roman, dat je de vraag van de conducteur naar je ov-kaart helemaal niet hebt gehoord.
- Of je was bij het ontbijt zo verdiept in het sportkatern van de krant, dat je het verzoek van je partner om op weg naar de garage de vuilniszak mee te nemen gewoon niet hebt meegekregen.
- Kinderen gaan heel gemakkelijk op in een spel. Ouders reageren vaak boos als ze zelfs na drie keer roepen niet reageren op de opdracht om de tafel te dekken. De kinderen hebben het roepen van hun ouders waarschijnlijk niet eens opgemerkt.

Hoe meer je dus opgaat in een leeropdracht, hoe minder je door externe prikkels kunt worden afgeleid.

Kwaliteitsverlies door multitasken

Kwaliteit is een topprioriteit in bedrijven. Het foutenpercentage moet zo laag mogelijk zijn. Toch zijn er altijd individuele medewerkers die erover opscheppen dat ze kunnen multitasken en twee veeleisende taken tegelijkertijd kunnen uitvoeren. In tegenstelling tot jou zijn ze zich er niet van bewust dat ze hun bedrijf daar geen plezier mee doen. Zo'n werknemer kun je met de volgende oefening confronteren. Maar eerst moet je de oefening zelf eens proberen.

DE ZOETE DROMEN VAN EEN ZURE CITROEN

OEFENING

Probeer het volgende verhaaltje rustig te lezen en begrijpen en tegelijkertijd het aantal woorden hardop te tellen. Op hoeveel woorden kom je uit?

Er was eens een gele citroen,
die droomde 'ik ben een meloen'.
Het was haar taak om de wereld te zoeten,
om elke ochtend met een glimlach te begroeten.
Ze sliep in bedden van chocolade,
haar huis was beschilderd met marmelade.
Van marsepein waren de bladeren van de bomen,
en met poedersuiker besprenkeld haar nachtelijke dromen.
Toen ze likte aan haar duim,
leek die wel van slagroomschuim,
gemengd met kokosnoot en banaan,
het was haar nog nooit zo goed gegaan.
Toen ontwaakte geschrokken de gele citroen,
die van zichzelf droomde als een zoete meloen.
En besefte ondanks haar overmoed:
dat citroenen zuur zijn, en niet zoet.

Was je in staat om beide taken tegelijkertijd uit te voeren en ben je uitgekomen op 106 woorden? Zo niet, dan is het je vergaan zoals de meeste mensen. Want beide activiteiten – lezen en woorden tellen – maken gebruik van dezelfde neurale netwerken in de hersenen.

Beter taken na elkaar uitvoeren

Wanneer je via e-mail met een teamlid overlegt over een organisatorisch meningsverschil, zul je het moeilijk vinden om tegelijkertijd te antwoorden op vragen van een potentiële klant aan de telefoon.

Je aandacht springt dan snel heen en weer tussen de verschillende eisen die eraan gesteld worden. Tijdens dergelijke sprongen ontstaan tijdgaten die de kwaliteit van beide activiteiten onvermijdelijk nadelig beïnvloeden. Als dan ook nog eens de kantoordeur openzwaait en je baas ongeduldig en in een slecht humeur wacht tot je het telefoongesprek tot een goed einde brengt, is het meer dan waarschijnlijk dat je hersenen blokkeren en je aan de telefoon geen complete zinnen meer kunt uitbrengen.

Wie dus probeert om in zijn dagelijks werk verschillende taken gelijktijdig uit te voeren, raakt niet alleen gestrest (hoofdstuk 4), maar:

- doet vanwege de tijdsprongen langer over de taken dan wanneer hij ze na elkaar uitvoert;
- maakt meer fouten;
- heeft een lagere arbeidsproductiviteit.

Het is daarom beter om verschillende werktaken na elkaar uit te voeren.

TIP

Bij een uitdagende taak hebben je hersenen tijd en rust nodig, zodat er een goede oplossing kan worden gevonden. Het zou juist contraproductief zijn om de hersenen gelijktijdig met andere taken te confronteren.

Wanneer het zinvol is om tussen taken te schakelen

Er zijn echter ook gevallen mogelijk waarin het nuttig kan zijn om te schakelen tussen verschillende werkzaamheden. Dit kan zinvol zijn wanneer meerdere taken aan één en hetzelfde doel worden toegewezen en niet, zoals in de vorige paragraaf, aan meerdere doelen. Toen heb je geprobeerd om tegelijkertijd via e-mail met een teamlid en aan de telefoon met een potentiële klant te communiceren. Zowel je collega als de potentiële klant waren na afloop waarschijnlijk niet helemaal tevreden over het resultaat.

Als je echter als kok werkzaam bent, zul je onvermijdelijk tussen meerdere activiteiten moeten schakelen om uiteindelijk een compleet gerecht op het bord te krijgen, in de regel zelfs meerdere gerechten, zodat alle gasten van één tafel gezamenlijk kunnen eten en uiteindelijk het restaurant tevreden verlaten. Daarvoor moet je je aandacht afwisselend wijden aan de afzonderlijke pannen op het fornuis.

Ervaring maakt meer gelijktijdigheid mogelijk

Je weet nu dat multitasken werkt bij routinematige taken, maar bij veeleisende taken tot kwaliteitsverlies leidt, afgezien van taken ten behoeve van één enkel doel, waarvoor heen en weer schakelen tussen verschillende bezigheden noodzakelijk is. Veeleisende activiteiten hoeven niet altijd veeleisend te blijven. Als ze tot routine worden, is meer 'gelijktijdigheid' mogelijk.

Er is een factor die meer gelijktijdigheid in het dagelijks werk mogelijk maakt en ook het negatieve effect van afleidingen op je prestatievermogen beperkt. Deze factor is je *beroepservaring.*

Alle begin is moeilijk

Als leerling in het eerste jaar van je opleiding of op je eerste werkdag op een nieuwe afdeling zijn alle werkprocessen vreemd voor je. Alles wat je doet, doe je voor het eerst. Je bent in ieder geval nog niet vertrouwd met de werkwijze. Daar komt bij dat je een heleboel voorheen onbekende mensen ontmoet die in de toekomst je teamleden, superieuren of medewerkers zullen zijn. En natuurlijk moet je ook je nieuwe fysieke omgeving leren kennen.

Je voelt je op die eerste dag waarschijnlijk meerdere keren overweldigd, niet alleen door alle nieuwe namen die je moet onthouden, maar ook door onbekende computerprogramma's of functiebeschrijvingen. Je kunt je nog nauwelijks voorstellen dat alles wat je op je eerste dagen doet je ooit gemakkelijk zal afgaan.

Werkprocessen tot routine maken

Met je toenemende ervaring worden veel bezigheden echter een tweede natuur. Je hoeft er niet meer lang over na te denken over wat je hoe moet doen. Je doet het gewoon, omdat je weet hoe je het moet doen. Veel van wat in het begin zo ingewikkeld leek, is nu routine geworden. Iets wat veeleisend is, blijft dus niet noodzakelijkerwijs veeleisend op de lange termijn, maar zal met elke herhaling een steeds beter verankerde denk- of gedragsroutine worden. Hoofdstuk 2 laat zien dat we in ons dagelijks leven afhankelijk zijn van dergelijke routines, omdat we anders snel overbelast raken. Om quasigeautomatiseerde processen te laten ontstaan, is ervaring vereist:

- » In het begin van een professionele loopbaan is het onmogelijk om twee dingen tegelijk te doen. Elke afleiding verstoort je werk.
- » Met toenemende ervaring wordt meer gelijktijdigheid mogelijk. Routinetaken laten feitelijk gelijktijdigheid toe, aangezien ze niet je volledige aandacht opeisen en daarom maar weinig ruimte in beslag nemen in het werkgeheugen van je hersenen.
- » Bij langjarige ervaring gaat een afleiding niet meer in die mate ten koste van de kwaliteit als op je eerste werkdag.
- » Door je ervaring verlopen meer bezigheden van je dagelijks werk geautomatiseerd of onbewust. Deze geautomatiseerde activiteiten vereisen nauwelijks aandacht en kunnen zonder zichtbaar kwaliteitsverlies naast elkaar worden uitgevoerd.

TIP

Als je voor het eerst iets doet, heb je heel veel concentratie nodig. Herhaal nieuwe bezigheden zo vaak mogelijk, zodat ze al na een paar weken betrouwbaar kunnen worden opgeroepen uit het geheugen en routine worden.

Te veel taken in het hoofd

We hebben je aanbevolen om verschillende taken zoveel mogelijk na elkaar uit te voeren en niet gelijktijdig. Ook als je niet meerdere taken tegelijkertijd wilt uitvoeren maar zoals ons advies na elkaar, kan dit toch tot overbelasting leiden als het aantal taken te groot is.

Toekomstige taken belasten je hersenen

Ongeacht of werkzaamheden routine of juist veeleisend voor je zijn: als er heel veel taken op je liggen te wachten, kan dat feit alleen al ertoe leiden dat je hersenen gestrest zijn. Want al die taken zitten in je hoofd en nemen elk al een beetje aandacht in beslag, ook al komen ze pas later aan de beurt. Als je veel taken moet uitvoeren binnen een tijdsbestek van één dag, één week of één maand, is er sprake van een permanente belasting als je het gevoel hebt dat je al die taken in het achterhoofd moet houden en niets mag vergeten.

Het vermogen om alles te onthouden wat je later op de dag of in de komende dagen moet doen, noemen we *prospectief geheugen.*

Heb je veel dingen in je hoofd die je nog moet doen, dan weet je soms niet waar te beginnen, of blijft je geest afdwalen naar andere toekomstige taken. In je gedachten blijf je dus niet bij één onderwerp. Misschien begin je wel aan meerdere dingen, maar weet je er uiteindelijk niet een af te ronden.

Je concentratievermogen neemt af:

- » wanneer je tijdens een activiteit het grotere geheel in de gaten moet houden;
- » wanneer je te veel dingen tegelijk aan je hoofd hebt;
- » wanneer je bang bent dat je iets vergeet.

Je concentreren betekent dat je je volledig wijdt aan wat je aan het doen bent, ongeacht of het nu om een handeling of een denkproces gaat. De gedachte daarna iets anders te moeten doen, leidt je aandacht keer op keer af. De hersenen spelen pingpong en springen non-stop heen en weer tussen wat je nu doet en wat je later nog moet doen.

Takenlijsten ontlasten je hersenen

Todolijsten met prioriteiten kunnen je helpen om je aandacht op een taak of op een moment te richten zonder voortdurend bezig te zijn met de hele berg aan verplichtingen van de dag of week.

TIP

Als je met prioriteitenlijsten werkt, weet je zeker dat je niets vergeet en kun je alle activiteiten die voor later zijn gepland uit je hoofd bannen en je concentreren op je huidige bezigheid.

Natuurlijk heb je niet elke dag een todolijst nodig. Vooral op vakantie of in het weekend is het zinvol om de dag ook eens zonder planning te beginnen, want op een volledig ingeplande vakantiedag is geen ruimte meer voor spontaniteit. Wanneer een werkdag met verschillende taken en afspraken voor je ligt, is het wel de moeite waard om een prioriteitenlijstje op te stellen, zodat je je steeds volledig kunt concentreren op een activiteit, zonder voortdurend na te hoeven denken over alle taken die daarna nog moeten gebeuren.

ZO MAAK JE EEN PRIORITEITENLIJST

OEFENING

Trek aan het begin van een werkdag zo'n 10 minuten uit om een prioriteitenlijst voor die dag te maken, met bovenaan het belangrijkste en urgentste. Dat kun je met de hand doen, maar ook met timemanagementapps of een elektronische agenda. Dan heb je niet het gevoel dat je alles in één keer voor elkaar moet krijgen en kun je je beter op één zaak focussen.

Hoe ziet je prioriteitenlijst voor vandaag eruit?

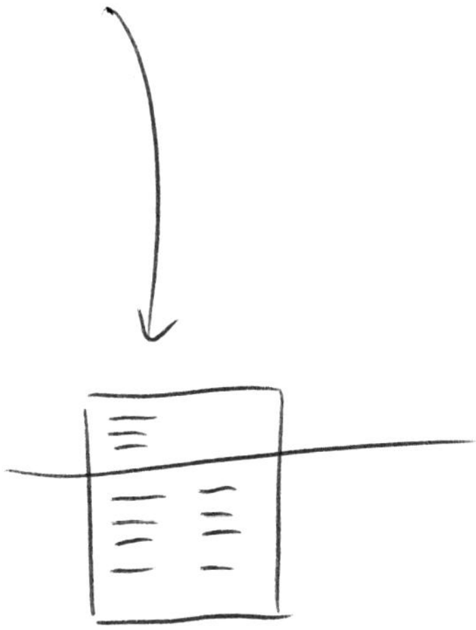

IN DIT HOOFDSTUK

- Stressoren van het dagelijks werk opsporen
- Blokkades van de grote hersenen bij acute stress begrijpen
- Concentratiegebrek als gevolg van langdurige stress begrijpen
- Strategieën om de concentratie te verbeteren door stressmanagement

Hoofdstuk 4
Hoe stress een concentratiekiller wordt

Wie op de vraag 'Hoe was je werkdag?' antwoordt met 'Heel ontspannen', loopt het risico te worden aangezien voor lui of werkend onder zijn niveau. Het is bijna bon ton geworden om gestrest te zijn. Veel werknemers zijn ook daadwerkelijk gestrest:

- 52% van alle werknemers ervaart tijdsdruk.
- 60% voelt zich bezwaard door het feit dat ze verschillende dingen tegelijk moeten doen.
- Elke vijfde persoon voelt zich volledig overbelast.
- En 40% van alle werknemers ziet af van een deel van hun lunchpauze om aan de gestelde prestatie-eisen te kunnen voldoen.

Stress is alomtegenwoordig, niet alleen in het beroepsleven. In dit hoofdstuk lees je welke effecten stress heeft op de hersenen en je concentratievermogen.

De pest van de 21e eeuw

'Stress is de pest van de 21e eeuw', beweert de Amerikaanse stressonderzoeker Cary L. Cooper. De Wereldgezondheidsorganisatie (WHO) verklaarde stress tot het grootste gezondheidsrisico van deze tijd.

Studies tonen het directe verband aan tussen stress en zogeheten beschavingsziekten zoals hartaanvallen, beroerten, rug- en gewrichtsziekten, ziekten van het maag-darmkanaal, oogziekten zoals glaucoom en stofwisselingsziekten.

In de volksmond komen we deze verbanden al lang tegen. Je kent vast uitdrukkingen als:

- » Dat werkt op mijn zenuwen.
- » Dat breekt mijn hart.
- » Dat slaat op mijn maag.
- » Het loopt me dun door de broek.
- » De stoom komt me uit de oren.
- » Daar krijg ik het Spaans benauwd van.

Tijdens een stressvolle carrière komt een burn-out, opgebrand zijn, steeds vaker voor.

De stress van het dagelijks werk

Wat belast je in je dagelijks werk? De volgende oefening kan je helpen om je stressoren te vinden.

OEFENING

ONTDEK JE STRESSOREN

Denk aan de situaties waarin je je ongemakkelijk, gespannen of overbelast voelt. Zoek uit wat je stress geeft. Je kunt je daarvoor een typische werkdag of werkweek voor de geest halen. Misschien zijn er ook bepaalde dagen in een maand of jaar die zeer stressvol zijn.

Misschien heb je aan een van de volgende voorbeelden gedacht:

- tijdsdruk (deadlines voor de voltooiing van projecten of verslagen);
- overuren;
- niet haalbare doelen;
- falen bij een werkprestatie;
- te weinig erkenning van je werkprestaties;
- angst voor ontslag of onzekerheid over het behoud van je baan;
- werken onder kunstmatige omstandigheden (geen daglicht, airconditioning);
- het introduceren van nieuwe computerprogramma's en werkmethoden;
- problemen met collega's of een pestcultuur;
- de verwachting van hoge (ook mobiele) flexibiliteit;
- een aanstaande beoordeling of audit;
- ongeduldige klanten;
- de file op weg naar het werk.

Dit alles kan een trigger zijn voor beroepsmatige stress. Stress is allang geen toestand meer die alleen betrekking heeft op het werk. Overvolle agenda's bepalen inmiddels ook onze vrije tijd. Naast de dagelijkse taken spreken we af met een vriendin of vriend om uit te gaan eten, met een ander willen we naar de bioscoop gaan, hoewel we eigenlijk ook nog naar de sportschool moeten! Onze andere vrienden verwachten een telefoontje of op zijn minst op Facebook of Instagram te kunnen lezen wat we nu aan het doen zijn. Daar komen nog taken in het huishouden bij, de ruzie met je partner, schoolproblemen van de kinderen of de zorg voor zieke familieleden.

Wat er bij stress gebeurt in het lichaam

In stressvolle situaties komen veel stresshormonen vrij. Een kleurrijke cocktail van stresshormonen komt in de bloedbaan, om je lichaam tijdelijk sterker en prestatiegerichter te maken. Als gevolg daarvan:

- klopt het hart sneller;
- stijgt de bloeddruk;

- neemt de spanning in de bewegingsspieren toe;
- geeft de lever meer suiker af in het bloed;
- wordt de spijsverteringsactiviteit in maag en darmen geremd, te beginnen met de vermindering van de speekselproductie, merkbaar aan de droge mond;
- wordt het waarnemingsvermogen beperkt en uitsluitend gericht op de stresssituatie;
- wordt het denkvermogen actief onderdrukt, omdat een te lange afweging je het leven kan kosten. Denken wordt in een stresstoestand dus verhinderd.

Waarom de grote hersenen hinderlijk zijn bij acute stress

In principe is de reactie van het lichaam op stress een slimme uitvinding van de evolutie. Probeer je eens even te verplaatsen in het leven in de steentijd: de vrouwen zaten rond een stookplaats, verzamelden bessen en zorgden voor de kinderen. Ondertussen gingen de mannen op jacht. In het stenen tijdperk waren er nog geen beoogde kwartaalcijfers, onaangename klantgesprekken of een project dat aan het eind van de week af moest zijn. Het was eerder de imposante verschijning van holenberen, sabeltandtijgers of mammoeten, waar de mensen uit de steentijd zich druk over maakten. Als zo'n dier de nederzetting naderde met een vijandige bedoeling, moesten ze bliksemsnel reageren.

De grote hersenen hebben in zo'n situatie veel te veel tijd nodig: ze wikken en wegen, zien voor- en nadelen van bepaald gedrag en aarzelen wellicht net een seconde te lang. Er waren in de steentijd nauwelijks gevaarlijke situaties waarin eerst eens rustig nadenken nuttig zou zijn geweest. Daarom wordt een ander mechanisme getriggerd dat ervoor zorgt dat de in een dergelijke situatie hinderlijke grote hersenen niet aan bod komen. Dit programma is verankerd in je *reptielenbrein* en staat bekend als de *vecht-of-vluchtreactie* (fight-or-flight). Dus aanvallen of vluchten. De vrouwen vluchtten met de kinderen een boom of een grot in, terwijl de mannen het gevecht aangingen. In sommige situaties was ook verstijven (freeze) een verstandige overlevingsstrategie, bijvoorbeeld als er een giftige slang opdook. Als je terugdenkt aan de situatie van onze voorouders, wordt duidelijk waarom in geval van gevaar lichaamsfuncties zo snel mogelijk moesten worden veranderd. Alleen op deze manier waren ze in staat om het er levend vanaf te brengen. Daarom kwamen in het organisme van de mens cruciale mechanismen tot ontwikkeling: in bedreigende situaties reageert het lichaam steeds met de voorbereiding op een aanval of een vlucht.

Zelfs nu nog wordt je lichaam voorbereid om te vechten of te vluchten in elke situatie die als stressvol wordt ervaren. Dit komt omdat een deel van je hersenen nog steeds werkt op het niveau van de steentijd. Natuurlijk hebben de grote hersenen zich sindsdien verder ontwikkeld en reageren ze flexibel op nieuwe eisen. Maar de oudere delen van de hersenen, zoals het *limbisch systeem* (het *reptielenbrein*) en de hersenstam, konden de relatief snelle veranderingen in de omstandigheden van de leefomgeving niet bijbenen.

Je beweegt je dus met dit vooraf geïnstalleerde vechten-of-vluchtenprogramma door je dagelijkse werk, ook al kom je in de lift op weg naar de vijftiende verdieping van een kantoorgebouw geen holenberen meer tegen. In plaats daarvan word je geconfronteerd met een slecht gehumeurde chef, een ontevreden klant of een bijna onbeheersbare stortvloed aan e-mail. De sabeltandtijger van weleer heeft plaatsgemaakt voor de opvliegende baas of de berg dossiers die dringend aangepakt moet worden.

Het vechten-of-vluchtenprogramma wordt geactiveerd zodra je hersenen stress of angst registreren, ook al heeft vluchten of aanvallen in ons dagelijks werk in de meeste gevallen geen zin. Je kunt als je je baan wilt houden de onaangename klant geen klap verkopen of weglopen voor een stressvolle taak en je onder de dekens verstoppen. Toch klopt je hart sneller en wordt er spanning opgebouwd in je spieren. Tegelijkertijd wordt je denkvermogen verminderd, hoewel in tegenstelling tot de steentijd even een stap terugdoen en nadenken in de meeste stressvolle situaties een verstandige strategie zou zijn. Wat vandaag de dag stress veroorzaakt, zijn meestal geen fysieke aanvallen maar niet-fysieke problemen. Deze worden door de automatische stressreactie niet gemakkelijker opgelost, maar er juist door bemoeilijkt.

Je concentratievermogen lijdt onder het feit dat in stressvolle situaties de grote hersenen niet zo goed werken als je gewend bent. Het reptielenbrein neemt het over en richt je aandacht op alles wat je kan helpen om de lastige situatie te vermijden, weg te lopen of aan te vallen. Je gedachten dwalen af van het rapport of van de gegevens waar je je eigenlijk mee bezig moet houden. In plaats van geconcentreerd te blijven typen, denk je aan de personeelsbijeenkomst van morgen waarop je wordt geïnformeerd over noodzakelijke personeelswisselingen, aan de ruzie met je partner die oplaaide voordat je naar kantoor ging, of aan hoe je de vervelende klant van zonet beentje kunt lichten.

Concentratiegebrek en andere langetermijngevolgen van stress

In tegenstelling tot de steentijd, toen na een korte alarmfase een aanval of een vlucht met een daaropvolgende herstelfase plaatsvond, kan stress vandaag de dag veel langer aanhouden. Je vervelende collega aan het bureau tegenover je verdwijnt niet zomaar, je opvliegende baas verdwijnt niet in het niets en de onverwerkte berg dossiers is geen oud papier voor de versnipperaar. Op deze manier wordt het lichaam voortdurend in een verhoogde staat van alertheid gehouden. De spanning in de acute stresssituatie wordt niet gevolgd door ontspanning. De stress is er permanent en heeft gevolgen:

- verkrampingen en daarmee gepaard gaande spierpijn, vooral in schouders, nek en rug;
- permanent hoge bloeddruk;
- maag- en darmproblemen;
- slapeloosheid;
- vervormde waarneming en oordeelsvorming;
- chronisch gebrek aan concentratie;
- vergeetachtigheid.

TECHNISCHE INFO

Maakt stress je op de lange termijn echt dommer? Dit is de vraag die onderzoekers van de Harvard Medical School in Boston stelden. Het antwoord is ja. Want bij langdurige stress wordt de spiegel van het hormoon cortisol verhoogd. Cortisol maakt niet alleen de slaap onrustig zodat de slaapfasen die nodig zijn voor de verankering van nieuwe informatie niet optimaal verlopen, maar valt ook de hersencellen aan. Vooral in de hippocampus, een gebied van de hersenen dat betrokken is bij de vorming van het geheugen en dat onbelangrijke zintuiglijke waarnemingen wegfiltert. Gestreste mensen worden daardoor vergeetachtiger. Als de stress enkele maanden aanhoudt, gaan er zelfs zenuwcellen in de hippocampus afsterven. Dus als je jezelf jarenlang onder druk zet, word je in zekere zin dommer.

Ook het immuunsysteem wordt door chronische stress verzwakt, omdat ontstekingsbevorderende cytokinen (boodschapperstoffen) in grotere hoeveelheden worden geproduceerd. Een hogere gevoeligheid voor infecties is het gevolg. Je weet zelf dat een verkoudheid of griep niet bepaald goed is voor je concentratievermogen. Elke hoestprikkel of grijpen naar een zakdoek is een afleiding.

TIP

Maak jezelf er steeds weer bewust van dat een hoog stressniveau van invloed is op je concentratievermogen. Probeer stress te verminderen en zo een goede basis te creëren om geconcentreerd te werken.

Chronische stress ontstaat vaak omdat we de hoogste prioriteit toekennen aan weliswaar urgente, maar niet noodzakelijkerwijs belangrijke taken. Dit zijn:

» **e-mails,** tenminste de meeste ervan;

» **whatsappberichten,** die vaak irrelevant zijn;

» **posts op Facebook of Instagram;**

» **telefoontjes van minder belangrijke personen.** Als je elk telefoontje beantwoordt zonder je af te vragen of je überhaupt met de persoon aan de andere kant wilt spreken, besteed je mogelijk te veel tijd aan het voeren van zinloze en daarom storende telefoongesprekken;

» **post** die je eigenlijk niet hoeft te lezen: je hoeft ook niet elke envelop te openen. Post lijkt altijd dringend. Als een brief duidelijk ongewenste reclame is, moet je weerstand bieden aan de impuls om naar de briefopener te grijpen;

» **vergaderingen** hebben ook al zo'n urgentielabel. Om 5 voor 10 moet je alle activiteiten onderbreken om op tijd voor de vergadering te zijn. Maar vergaderingen zijn lang niet altijd zo belangrijk als ze lijken. Als je weet dat de vergadering alleen door de deelnemers wordt gebruikt om uitspraken voor de tiende keer te herhalen en dat het onwaarschijnlijk is dat er besluiten worden genomen, kun je je tijd verstandiger besteden;

» **tv-programma's** zoals het achtuurjournaal of de volgende aflevering van een serie op dinsdagavond zijn voor veel mensen topprioriteiten. Sommigen onderbreken een zinvolle activiteit of gaan helemaal niet sporten om het nieuws van 8 uur of de eerste minuten van het nieuwe serieseizoen niet te missen. En dit terwijl zowel het nieuws als de serie tegenwoordig op elk gewenst moment online beschikbaar zijn;

» **huishoudelijke taken** zoals dagelijks stofzuigen of het schoonmaken van de wasbak voor het avondbezoek, kun je zo nodig ook uitstellen of delegeren. Anders loop je het risico dat je nauwelijks tijd overhoudt voor jezelf, voor lichaamsbeweging of voor gezonde voeding.

De meeste mensen besteden te veel aandacht aan dringende maar niet belangrijke taken, waardoor ze te weinig tijd overhouden voor andere zaken. Chronische stress ontstaat wanneer je deze taken altijd vóór de belangrijke, maar niet urgente taken uitvoert. Deze laatste taken dringen zich helaas niet op, maar worden vaak pas aangepakt als het bijna te laat is. Uiteindelijk word je misschien wel Werknemer van de Maand, want je hebt nooit nee gezegd tegen je chef, je hebt alle klanten goed geholpen en je hebt elke binnenkomende e-mail in recordtijd beantwoord, maar ondertussen wijst je weegschaal een paar kilo extra aan, zijn je bloedwaarden slecht en is je partner in een rothumeur of al vertrokken. Met andere woorden: je hebt stress.

Niet elke potentiële stressor leidt tot een stressreactie

We moeten toegeven dat we in de vorige beschrijving van het stressgebeuren een belangrijk aspect voor je hebben achtergehouden. Het zou naïef zijn om te geloven dat elke potentieel stressvolle situatie automatisch leidt tot een stressreactie. Of dit het geval is, hangt af van de mate waarin je deze situatie daadwerkelijk als een overbelasting of bedreiging ervaart:

- » Mogelijk ontslag wegens een dreigend faillissement is voor de ene persoon een doemscenario, terwijl een ander de situatie aangrijpt om zich om te scholen en van baan te veranderen. Tot nu toe heeft diegene altijd een nieuwe baan gevonden en is er zeker van dat het deze keer weer gaat lukken.
- » De file op weg naar het werk maakt sommige mensen razend, terwijl anderen weten dat ze de situatie toch niet kunnen veranderen en in plaats daarvan de wachttijd met een interessante podcast doorbrengen.
- » De berg weg te werken dossiers is voor de ene persoon een bijna onneembaar obstakel, terwijl een ander prioriteiten stelt en de belangrijkste en tegelijkertijd urgentste dossiers het eerst verwerkt.
- » Terwijl de ene persoon op zondag niet meer kan ontspannen omdat het begin van de volgende werkweek al dreigend dichtbij is, geniet de andere van de avond in een sauna en verheugt zich erop maandag zijn leuke collega's weer te zien.
- » De een kan de nacht voor het sollicitatiegesprek nauwelijks slapen, terwijl de ander al een alternatief aanbod op zak heeft en het rustig op zich af laat komen.

Het hangt dus grotendeels af van je instelling – en niet in de laatste plaats van je eerdere positieve of negatieve ervaringen – of een stressor daadwerkelijk leidt tot de hiervoor beschreven stressreacties. Als je herhaaldelijk in dezelfde vermeend gevaarlijke situatie terechtkomt, die altijd weer onschadelijk blijkt te zijn, zal de stressreactie steeds verder afnemen.

TECHNISCHE INFO

DE EERSTE PRESENTATIE VOOR PUBLIEK: EEN BEETJE ZOALS IN EEN SPOOKHUIS

Als je voor het eerst in je leven een lezing moet geven voor een groot publiek, zul je waarschijnlijk erg nerveus zijn. Je kunt het zien als een spookhuis op de kermis. De eerste keer dat je door een spookhuis gaat, schrik je nog voortdurend, maar met elke rit word je minder bang op de enge plekken. Omdat je de plekken kent waar de spoken gaan verschijnen.

Zo gaat het ook met je lezing: met elke volgende lezing waarbij je zorgen over het niet vinden van de juiste woorden onterecht blijken, zal je nervositeit afnemen.

Een gemiddeld spanningsniveau is goed voor de concentratie

Misschien denk je nu dat het goed is om volledig ontspannen te zijn tijdens je dagelijks werk. Echter, niet alleen een te hoog spanningsniveau, maar ook een te laag spanningsniveau veroorzaakt een concentratiedip. Yerkes en Dodson hebben dit verband al beschreven.

» **Als het spanningsniveau op het werk erg laag is,** ben je je waarschijnlijk aan het vervelen of heb je een dag waarop je helemaal geen zin hebt om te werken. Je motivatie is tot het nulpunt gedaald. In zo'n situatie laat je je gemakkelijk afleiden, surf je lukraak op internet of staar je verlangend uit het raam en denk je aan het zwembad waar je later die dag heen gaat. Met meer motivatie kun je je concentratievermogen vergroten. Als je je vaak ongemotiveerd voelt, ga dan naar hoofdstuk 8: daar geven we je enkele tips om je concentratie te verhogen door meer motivatie.

» **Bij een gemiddeld spanningsniveau** ben je zeer goed in staat om te presteren en je te concentreren. Je voelt je niet onder- of overbelast. Je hersenen leveren veeleisende en tegelijkertijd haalbare prestaties. Deze situaties lijken beheersbaar te zijn. Dus als je op basis van ervaringen uit het verleden gelooft dat je het project de komende week kunt afronden, zorgt een realistische deadline voor een uitdagende situatie en helpt je om ondanks de beperkte tijd niet als een kip zonder kop in een overspannen situatie terecht te komen. Matige stress kan dus zeker een positief effect hebben op je concentratievermogen, zolang je maar regelmatig pauzes neemt en de tijdsdruk niet te groot is. Het is vergelijkbaar met de lichte plankenkoorts van een acteur of muzikant voor een optreden.

Het zorgt voor een zeer goede concentratie, zolang het gemiddelde spanningsniveau niet overgaat in overspanning.

» **Een te hoog spanningsniveau** komt overeen met een hoog stressniveau, vaak gecombineerd met een gevoel van overbelasting, ergernis of angst. Je weet al dat een hoog stressniveau je prestatie- en concentratievermogen vermindert. Je hersenen registreren een gevaarlijke situatie: je reptielenbrein neemt het over en schakelt het werkend vermogen van je grote hersenen grotendeels uit. In extreme gevallen heb je een black-out en ben je zo gespannen dat je de woorden waar je al dagen aan werkt niet meer kunt vinden. In geval van te veel innerlijke spanning helpen onze ontspanningstips in hoofdstuk 10 je verder.

Wat je kunt doen tegen de concentratiekiller stress

Anders dan in de steentijd, toen je voorouders intense spanning ondervonden in het gevecht met de sabeltandtijger, waarop echter steeds weer een herstelfase volgde, leven we vandaag de dag vaak in constante stress. Als rust, ontspanning en herstel ontbreken, wordt het lichaam voortdurend in een staat van verhoogde spanning gehouden, en zijn klachten en stemmingsstoornissen onvermijdelijk. Daar hoort ook een verminderd concentratievermogen bij.

In principe zijn er vier dingen die je kunt doen tegen stress:

» **Instrumenteel stressmanagement.** Je kunt proberen een stressfactor te elimineren.

» **Cognitief stressmanagement.** Je kunt je houding ten opzichte van de stressor veranderen, dat wil zeggen in de toekomst datgene wat je belast anders beoordelen.

» **Regeneratief stressmanagement.** Je kunt de spanning die door de perceptie van stress wordt opgebouwd verminderen met ontspanningstechnieken.

» **Defensief stressmanagement.** Je kunt stress uit de weg gaan.

Instrumenteel stressmanagement: individuele stressoren elimineren

Bij instrumenteel stressmanagement ga je actief aan de slag met de stressor.

- » In een gesprek met een collega ga je in op de zaken die je dwarszitten en probeer je gedragsregels voor de toekomst op te stellen.
- » Je overweegt hoe je de volgende keer met een stressvolle situatie (zoals een aanstaande audit) omgaat.
- » Je bouwt persoonlijke vaardigheden op, met name sociale en communicatieve vaardigheden. Met een spreekvaardigheidscursus kun je bijvoorbeeld je schroom voor een voordracht overwinnen.
- » Je versterkt je zelfvertrouwen, zodat je in staat bent om nee te zeggen als je leidinggevende je ondanks een overvol werkschema nog een andere taak in de maag wil splitsen.

TIP

Leer om grenzen te stellen:

- » Zeg nee. Niet nu! Ik kan dit niet! Ik wil het niet! Het is niet goed voor mij!
- » Wees niet permanent en overal beschikbaar voor iedereen.
- » Gebruik vaste tijden voor afspraken en gesprekken.
- » Zet je werktelefoon vanaf een bepaald moment uit.

Cognitief stressmanagement: verander je instelling

Je instelling ten opzichte van een stressor heeft een aanzienlijke invloed op de vraag of er überhaupt een stressreactie plaatsvindt. Na een acute stressreactie en herwonnen denkvermogen kun je overwegen of het de moeite waard is je instelling te veranderen, zodat de volgende ontmoeting met de stressor anders uitpakt.

- » In plaats van de vijandige houding van je chef persoonlijk op te vatten, kun je tegen jezelf zeggen: 'Hij is waarschijnlijk gewoon in een slechte bui', of: 'Misschien heeft hij ruzie met zijn vrouw en moet hij zich op iemand afreageren.'
- » Perfectionisme veroorzaakt stress! Neig je tot perfectionisme? Dan moet je oefenen in het accepteren dat je fouten maakt, zonder daarbij te ver-

vallen in onzorgvuldigheid en slordigheid. Indien goed gekanaliseerd, kan de wens om iets goed te doen leiden tot nauwgezetheid en nauwkeurigheid. Je gevoel van eigenwaarde moet echter niet afhankelijk zijn van erkenning door middel van prestaties. Fouten en zwakheden toegeven aan jezelf en aan anderen is menselijk en wordt sympathiek gevonden. Leg de lat voor jezelf niet te hoog, geniet van de kleine stapjes en richt je altijd weer op wat al goed is en niet voortdurend op wat nog niet af is. Zeg tegen jezelf: *nobody is perfect*. Vergissen is menselijk. Of: je leert van fouten.

» Als je je vaak ergert aan hetzelfde, kun je dit gevoel gebruiken om iets te leren voor de toekomst. Ergernis is meestal het resultaat van een onvervulde verwachting van anderen of van jezelf. Je kunt dus ofwel je verwachtingen bijstellen, ofwel meer ontspannen zijn over situaties die je niet kunt veranderen. Daar horen ook de onverwachte file of de vertraagde trein bij. Bij ergernis zie je vaak alleen de negatieve kanten van een situatie. Probeer je bij opkomende ergernis te focussen op waar je op dat moment dankbaar voor kunt zijn of wat goed is aan de situatie. In een file kun je blij zijn met de onverwachte pauze en genieten van een audioboek in plaats van je te ergeren aan het feit dat het al minutenlang helemaal vast staat. Je leven is niet in gevaar en je zult je dit moment over 10 jaar niet meer herinneren. Vraag je dus serieus af of het echt de moeite waard is om je druk te maken over een file of een vertraagde trein.

OEFENING

ER IS NIETS MIS MET DE MAANDAG

Je houding ten opzichte van situaties of personen is gemakkelijker te veranderen dan de situatie of de persoon zelf, omdat het veranderen van je houding binnen je eigen invloedssfeer ligt. Waarom probeer je niet je houding ten opzichte van de door velen gehate maandag te veranderen? Zie de maandag niet als het moeizame begin van een nieuwe werkweek, maar als een dag die een verscheidenheid aan mogelijkheden biedt. Kijk uit naar de volgende maandag en ontdek de schoonheid van deze zo vaak verfoeide dag. Waar kun je op maandag naar uitkijken? Je kunt ongetwijfeld iets bedenken, al was het maar het einde van de dag. Maak dus een bewuste keuze om op maandagavond iets leuks te doen en vier de eerste dag van de werkweek.

Regeneratief stressmanagement: spanning verminderen

Als je ontspanningstechnieken beheerst, lukt het je stresshormonen uit de bloedbaan te verwijderen en kun je daarna weer helderder denken. Geschikte ontspanningsmethoden zijn:

- » autogene training;
- » progressieve spierontspanning;
- » meditatie;
- » lichaamsbeweging;
- » shinrin-yoku ('bosbaden').

In hoofdstuk 10 laten we zien hoe je deze methoden voor jezelf kunt gebruiken om je in stressvolle situaties weer te kunnen concentreren.

Defensief stressmanagement: stresssituaties vermijden

Menigeen probeert een stressvolle situatie te vermijden of er letterlijk uit te ontsnappen.

- » Je kunt een vervelende collega uit de weg gaan en pas na de lunchpauze van de medewerker naar de kantine gaan.
- » Je kunt je ziekmelden op de dag van je presentatie.
- » Je kunt het onvoltooide werk bij het beginnen van je vakantie gewoon uit je handen laten vallen. Eerst eens 2 weken relaxen!

Je begrijpt natuurlijk dat deze vorm van stressmanagement hooguit effect of zin heeft op de korte termijn. Want de werkelijkheid zal je steeds weer inhalen. Op een gegeven moment zul je die vervelende collega weer tegenkomen, de volgende presentatie zal zich weer aandienen en je vakantie duurt ook niet eeuwig. Intussen is de berg onafgewerkte taken nog hoger geworden, zodat je op je eerste werkdag 's middags alweer naar je volgende vakantie verlangt. In plaats hiervan kun je het volgende doen:

- » Regel een gesprek met die collega om jullie problemen uit te praten.
- » Om de volgende presentatie op een ontspannen manier te kunnen geven, kun je een cursus volgen voor spreken in het openbaar of een

ontspanningstechniek leren om de spanning in angstsituaties te verminderen.

- Deel je tijd anders in om de berg met onafgewerkte taken vóór je vakantie te verkleinen (hoofdstuk 6).

Het gaat dus om het verminderen, veranderen of herinterpreteren van stressoren of het verzachten van de negatieve gevolgen van stress door het toepassen van ontspanningstechnieken. Anders wordt stress niet alleen een concentratiekiller, maar op den duur zelfs een bedreiging voor je gezondheid.

2 Geconcentreerder werken

IN DIT DEEL . . .

Deel 2 is het hart van ons boek. Hier leer je alles wat je moet weten om zo geconcentreerd mogelijk te werken. We laten je eerst zien hoe je afleidingen tot een minimum kunt beperken (hoofdstuk 5). Effectieve timemanagementstrategieën (hoofdstuk 6) en rekening houden met je bioritme (hoofdstuk 9) kunnen je helpen het juiste te doen op het juiste moment. Aandachtsoefeningen (hoofdstuk 7) kunnen je helpen om je concentratievermogen te verbeteren, terwijl onze motivatietips uit hoofdstuk 8 je kunnen helpen om met meer motivatie geconcentreerder te werken. Met de hersteloefeningen uit hoofdstuk 10 leer je efficiënt gebruikmaken van pauzes om daarna versterkt terug te keren naar je werkplek. Als slaapproblemen de oorzaak zijn van je concentratietekort, kun je terecht bij onze inslaapoefeningen in hoofdstuk 11. Hoofdstuk 12 bevat concentratiebevorderende tips over lichaamsbeweging, voordat hoofdstuk 13 alle belangrijke feiten over brainfood samenvat. Waar wil je beginnen om je concentratievermogen te verbeteren? Begin gewoon met het hoofdstuk waar je het meeste uit hoopt te halen.

IN DIT HOOFDSTUK

Hoofdstuk 5

Afleidingen tot een minimum beperken

Concentratie en afleiding zijn als yin en yang. Twee absolute tegenpolen. Zelfs als het wenselijk zou zijn om je volledig te concentreren in je dagelijks werk, staan er allerlei afleidingen klaar om je van je werk te houden. De telefoon gaat, je collega staat bij je bureau en wil met je praten over haar problemen, je e-mailprogramma laat met een geluidje weten dat er weer iets is bijgekomen in je inbox, en de glazenwasser hangt aan twee touwen voor je raam op de tiende verdieping en zwaait charmant naar je.

In dit hoofdstuk laten we zien hoe je jezelf effectief kunt beschermen tegen frequente afleidingen.

Het geheim van de succesvolle afleiding

Als je een potentiële afleiding was, wat zou je dan doen om je naam eer aan te doen? Je zou waarschijnlijk:

- » zo vaak mogelijk de aandacht op je vestigen;
- » je op een bijzonder interessante manier presenteren;
- » er tegelijkertijd voor zorgen dat degene die je wilt afleiden zich verveeld of overbelast voelt.

Wie zich onder- of overbelast voelt, laat zich erg gemakkelijk afleiden. Achter deze uitspraak gaat de zogeheten *flowtheorie* schuil, die door de sociaal psycholoog Csikszentmihalyi is ontwikkeld. Deze stelt dat je je als volgt het snelst met volle concentratie kunt wijden aan een activiteit:

- » als de taak je interesseert;
- » als de activiteit uitdagend is, dus je noch onder- noch overbelast.

Je weet dit misschien van hobby's waarbij je volledig opgaat in een bezigheid en alles om je heen vergeet. Beroepsmatige activiteiten worden daarentegen niet altijd geassocieerd met plezier. Op dagen dat je iets moet doen wat je niet leuk vindt, werk je halfslachtig of verveel je je. Het is juist op dit soort momenten dat afleidingen hun slag slaan.

Ga maar eens na voor jezelf. Wanneer word je graag afgeleid? Wanneer je je enthousiast inzet voor een taak of wanneer je taken moet uitvoeren die je vermoeiend vindt en liever had geweigerd?

TECHNISCHE INFO

Afleidingen zijn tijdrovers. In een gezamenlijke studie van de University of California en het Institut für Psychologie van de Humboldt-Universität in Berlijn werd vastgesteld dat kantoorpersoneel ongeveer om de 3 minuten wordt afgeleid van het werk. Tot de meest voorkomende afleidingen behoren privégesprekken, smartphones, e-mails en verkeerd ingerichte werkplekken. Gemiddeld duurt het 23 minuten voordat een werknemer weer net zo geconcentreerd aan het werk is als voor de onderbreking.

Dus laten we zeggen dat je een achturige werkdag hebt. Tijdens je werkdag word je in ons voorbeeld zes keer afgeleid. Je hebt telkens 23 minuten nodig voordat je je weer op je taak kunt concentreren. Hoeveel werkuren worden er zo van je gestolen?

Hoe je je tegen afleidingen kunt beschermen

Sommige auteurs propageren om alle afleidingen tot nul te reduceren, zodat diepgaand werk (*deep work*) überhaupt mogelijk is. Dit zou echter onrealistisch zijn, vooral omdat een mobiele telefoon of e-mails aan de ene kant afleidend kunnen zijn, maar aan de andere kant je werk ook gemakkelijker maken. Het zou dus een beetje te simpel zijn om alle afleidingen in algemene zin te verketteren. Maar het is wel zinvol om na te gaan hoe je afleiding tot een minimum kunt beperken.

You've got mail: afleiding door e-mails vermijden

Ken je dat? Je schuifelt vermoeid en zonder je geliefde kopje koffie of thee naar je bureau, start je pc op en ontdekt een zakelijke mededeling linksonder op je beeldscherm: 'U hebt 123 ongelezen e-mailberichten.' Een motiverende start van de werkdag! Zo verfrissend en helemaal niet stressvol! Je glimlacht om je vermogen tot ironie in de vroege ochtend en vraagt je af of je de inbox überhaupt moet openen.

Onmiddellijk meldt zich je schuldige geweten. Want je wilt schitteren in je werk en niet achteropraken bij je hardwerkende collega's. Dus je volgt je geweten en begint de 's nachts binnengekomen e-mails te lezen, om het twintig e-mails later gestrest op te geven.

- » Vijftien reclamemails zijn ontsnapt aan het spamfilter.
- » Een collega stuurt vakantiegroeten vanuit Mallorca.
- » Je chef informeert je per groepsmail dat de audit morgen begint en herinnert je eraan om in pak te verschijnen.
- » Een andere afdeling nodigt je uit voor een drankje vanavond en vraagt om een bevestiging.
- » Je collega vertelt je dat ze slechts tot de middag aanwezig is omdat haar man haar mee uitneemt voor de lunch.
- » De secretaresse bij de receptie schrijft dat ze hoofdpijn heeft en vandaag misschien niet zo vriendelijk reageert als gewoonlijk.

Niet één echt belangrijke boodschap. Boven aan je prioriteitenlijst staat de voorbereiding van de vergadering van 12 uur. Je wijdt je dus aan de bestanden die je gelezen moet hebben voor de vergadering. Toch blijf je afdwalen. Je kunt de 103 ongeopende e-mails in je inbox niet uit je hoofd zetten. Zit er misschien toch een belangrijke boodschap tussen? Moet je je ochtendpauze opgeven om op zijn minst nog een paar e-mails te verwerken? Op hetzelfde moment hoor je de onmiskenbare toon die de komst van een andere e-mail aankondigt. Niet alleen de gelezen maar nog onverwerkte e-mails leiden af, maar ook elke nieuw binnenkomende e-mail of whatsappbericht dat zijn komst aankondigt.

TECHNISCHE INFO

Weet je hoeveel e-mails er dagelijks wereldwijd worden verstuurd? Het zijn er bijna 300 miljard, en het worden er steeds meer. Elke dag! Had je dat verwacht? 80 procent van alle e-mails bestaat echter uit spam. En een derde van alle kantoormedewerkers voelt zich overspoeld met e-mail.

Zou het niet beter zijn om uit dat hamsterwiel van miljarden verzonden en ontvangen e-mails te stappen en e-mail in de ban te doen, zodat je een rustiger leven kunt leiden zonder digitale afleidingen? Nee! Want e-mail is een van de belangrijkste beroepsmatige communicatiemiddelen en heeft veel voordelen. E-mails:

- zijn kostenbesparend;
- worden binnen een paar seconden bezorgd;
- vereisen een kortere verwerkingstijd dan gewone brieven;
- bieden de mogelijkheid om bestanden verder te bewerken en te beheren.

Maar je moet wel de baas blijven over je inbox en je niet onder druk laten zetten door de stortvloed aan e-mails. In de volgende tips hebben we samengevat hoe dit zeer goed werkt:

Mest dagelijks je inbox uit!

Stel je voor dat je je brievenbus thuis opent en naast rekeningen en een ansichtkaart ook brochures, flyers en twee brieven die niet aan jou maar aan je buren gericht zijn ontdekt. Hoe reageer je?

Waarschijnlijk ga je eerst sorteren. Alles wat niet belangrijk is, gaat direct bij het oud papier. De post voor de buurman doe je in zijn brievenbus. Van je persoonlijke post open je eerst de brieven met de belangrijkste afzenders, terwijl de ansichtkaart een mooi plaatje is voor je koelkastdeur.

Wat bij fysieke post als vanzelfsprekend wordt beschouwd, lijkt bij digitale post omslachtig te zijn. Daarom doen veel bezitters van een e-mailaccount geen moeite om te sorteren, maar kiezen ze de gemakkelijkste weg en bekijken ze de e-mails achter elkaar in de inbox en laten die daar achter zonder ze te verwijderen of op een zinvolle plaats op te slaan. Dat is alsof je thuis je post uit de brievenbus haalt, leest en weer terug in de brievenbus stopt. In plaats van alle e-mail in je inbox te hamsteren, dien je deze zo mogelijk dagelijks uit te mesten, vooral als je veel e-mail krijgt. Onbelangrijke mails moeten worden verwijderd. Als je niet zeker weet of je een e-mail permanent wilt verwijderen, raden wij aan om deze eerst op proef te verwijderen.

TIP

Verwijder irrelevante e-mails op proef! Als je bang bent dat je op een bepaald moment in de toekomst een verwijderde e-mail toch weer nodig hebt, gebruik dan gewoon de truc met de oude doos:

» Maak een map met de naam 'Oude doos'.

» Verplaats daar alle e-mailberichten heen die vanuit je huidige perspectief waarschijnlijk irrelevant zijn.

» Mest regelmatig de map 'Oude doos' uit door alle berichten te verwijderen die ouder zijn dan één jaar.

Gebruik je algemene inbox niet als takenmap!

Een overvolle inbox is meestal een teken dat je deze gebruikt als een uitgedijde takenmap. Doe dit niet, zeker niet als je echt veel e-mail ontvangt. Denk nog eens aan je brievenbus thuis. Daar laat je je brieven ook niet voor langere tijd liggen, maar neem je de voorgesorteerde post mee naar je bureau om deze op basis van relevantie te verwerken. De volgende oefening biedt een mogelijke sorteerhulp. Met behulp van deze oefening ontlast je je algemene inbox, omdat anders ongesorteerde mails daar maar blijven staan om verwerkt te worden en zo permanent een deel van je aandacht in het achterhoofd opeisen.

OEFENING

E-MAILSORTERING VOLGENS HET KANBANPRINCIPE

Laat niet alle e-mails in de algemene inbox staan. Sorteer je e-mails en maak verschillende mappen aan in je e-mailaccount. Een mappenstructuur op basis van het kanbanprincipe is zeer nuttig gebleken. Hiervoor heb je naast de inbox nog vier mappen nodig:

1. **Taken.** Naar deze map verplaats je alle e-mails die je wilt gaan verwerken. Deze e-mails zitten nu in de pijplijn en wachten op je antwoord.
2. **In bewerking.** Hier bevinden zich alle e-mails die je in bewerking hebt en die nog niet zijn afgehandeld.

3. **Wachten.** Hier stop je alle e-mails in die je nog niet kunt verwerken omdat je nog cruciale informatie van andere personen mist. Dit betekent dat het moment van verwerking niet afhankelijk is van jou, maar van andere mensen. Een voorbeeld is de afspraak voor de volgende afdelingsvergadering. Zolang er nog bevestigingen ontbreken, kun je geen dag en tijd bekendmaken. Wie al een bevestiging heeft gestuurd, kan van jou nog geen antwoord krijgen.
4. **Afgehandeld.** Aan deze map voeg je alle e-mails toe die je al hebt beantwoord of verwerkt.

Je kunt ook je eigen mappenstructuur ontwerpen en de mappen een passende naam geven voor je werk. Let er echter op dat je niet te veel mappen maakt. Controleer met regelmatige tussenpozen of je ook daadwerkelijk al je mappen gebruikt. Als dit niet het geval is, verwijder dan onmiddellijk de ongebruikte map.

Uiteindelijk is alleen belangrijk dat je inbox alleen de nieuw ontvangen en nog niet gesorteerde e-mails bevat.

Schakel alle akoestische en optische signalen uit!

Stel je voor dat je postbode niet één keer per dag langskomt, maar om de paar minuten, of het nu gaat om een belangrijke brief of een reclamefolder. Telkens wanneer hij iets in je brievenbus stopt, belt hij ook aan. Wat zou je uiterlijk na een paar dagen doen? Met hem praten en zeggen dat hij dat niet moet doen? De bel uitzetten? Een klacht indienen bij het postkantoor? Je zou hoe dan ook actie ondernemen om een einde te maken aan het constante gebel, zodat je weer verder kunt met je dagelijkse routine. Waarom doe je niet hetzelfde als je op je computer werkt? Waarom laat je je steeds weer afleiden door het geluidje van een binnenkomende e-mail of een automatisch verschijnend pop-upvenster? Schakel daarom indien mogelijk alle akoestische en optische signalen op je computer uit. Je zult de stilte waarderen en je beter kunnen concentreren.

Gun jezelf vaste leestijden!

Hoe vaak controleer je thuis je brievenbus om te zien of je post hebt? Twintig keer per dag? Of doe je dat liever één keer per dag?

Wie verlangt van je dat je elk halfuur je inbox controleert? Is twee keer per dag niet genoeg? Neem jezelf voor om je binnenkomende e-mail twee keer per dag op vaste tijdstippen te controleren, te lezen en te verwerken. Natuurlijk is daar enige zelfdiscipline voor nodig, maar je hebt wel heel veel tijd bespaard en met verve weerstand geboden aan de permanente afleiding van e-mails.

Altijd bereikbaar: smartphones continu in gebruik

De smartphone is een constante verleiding, want hij is niet alleen bedoeld om mee te bellen: hij biedt een veelgebruikt platform voor whatsappberichten, facebookberichten, zoeken op internet (zelfs op afgelegen locaties) en natuurlijk games en spelletjes. Het gemiddeld dagelijkse gebruik van de smartphone is 3¼ uur, en neemt toe. Dat is meer dan een vijfde van je dag, als je jezelf zo'n 8 uur slaap toestaat!

De smartphone wordt niet alleen in de vrije tijd gebruikt, maar is ook een alomtegenwoordige metgezel geworden in vele beroepen. Veel bedrijven verwachten dat je ook na het werk of op vakantie bereikbaar bent. De grens tussen werktijd en vrije tijd vervaagt steeds meer.

Hoe kun je het gebruik van je smartphone verminderen zonder dat dit sociale gevolgen heeft?

» Als je je smartphone niet per se nodig hebt op je werk, zet hem dan uit of op stil en leg hem in een bureaula. Laat het aan je voicemail op de werkplek over om telefoontjes aan te nemen.

» Maak een duidelijk voicemailbericht. Laat je bellers bijvoorbeeld weten dat ze buiten kantooruren bellen, maar wel een bericht kunnen achterlaten of een e-mail sturen.

» Luister hooguit twee of drie keer tijdens de werkdag je voicemail af.

» Als je in geval van nood bereikbaar moet zijn voor belangrijke bellers (bijvoorbeeld je kinderen), kun je een aparte beltoon instellen voor deze telefoonnummers en direct horen wanneer je daadwerkelijk je werk moet onderbreken.

» Koop een dualsimsmartphone. Op deze manier kun je in je vrije tijd werkgerelateerde gesprekken vermijden.

» Denk goed na over wie je je mobiele nummer geeft, vooral je privénummer. Bedenk dat collega's niet automatisch ook vrienden zijn! Hoe meer mensen je mobiele nummer kennen, hoe groter de kans dat je gestoord wordt.

» Aangezien de smartphone meestal niet alleen wordt gebruikt voor het voeren van telefoongesprekken, maar ook voor het onderweg verwerken van e-mails of het verzenden en ontvangen van whatsappberichten, gelden soortgelijke regels als voor het afhandelen van e-mails op de computer.

- » Schakel zoveel mogelijk audiowaarschuwingen uit op je smartphone en bepaal zelf wanneer je binnenkomende whatsappberichten of facebookberichten wilt lezen.
- » Controleer niet voortdurend of er nieuwe berichten op het scherm van je smartphone staan.
- » Koop een eenvoudig polshorloge of zet een analoge wekker op je bureau in plaats van alleen je smartphone te gebruiken om te zien hoe laat het is. Anders is de verleiding groot om het display van de smartphone om de paar minuten uit de slaapstand te halen om de tijd te zien en terloops een of andere app te openen.
- » Bepaal een maximale tijd voor het googelen of het bekijken van youtubevideo's. Laat je, indien nodig, door een timer herinneren aan het eigenlijke werk. Dit verkleint het risico dat een Google-advertentie je uiteindelijk toch naar een hotel laat zoeken voor je volgende vakantie of dat je je door YouTube laat verleiden om toch weer een volgende voorgestelde video te bekijken.
- » Gebruik je smartphone niet elke keer als je ergens moet wachten of in de bus zit. Verzet je tegen het automatisch naar je broekzak grijpen en kijk voor de verandering eens naar je omgeving, lees een boek of maak een praatje met een aardig persoon.

Omgaan met geluiden

Geluiden kunnen je afleiden en je uit je concentratie halen. Daartoe behoren natuurlijk ook de ringtone van je mobiel of het geluidje dat de komst van een e-mail aankondigt. Je weet al uit de vorige paragrafen hoe je met deze afleidingen om kunt gaan. Maar er zijn nog meer geluiden die je in de loop van een werkdag kunnen storen. Het grootste afleidingspotentieel hebben geluiden die je niet kunt beïnvloeden, mede omdat ze vaak gepaard gaan met een gevoel van ergernis. In tegenstelling tot het rinkelen van een smartphone of het geluid van een binnenkomende e-mail kunnen sommige geluidsbronnen niet zomaar worden uitgeschakeld:

- » het privégesprek van twee collega's bij de deur, dat al minuten aan de gang is;
- » de bouwplaats voor je kantoorgebouw;
- » de heavy metal muziek van de buurjongen, wanneer je thuis aan het werk bent;
- » het verkeerslawaai, als je alleen met een open raam kunt werken op een warme zomerdag.

Wat kun je doen om ervoor te zorgen dat dergelijke geluiden zo weinig mogelijk afleiden?

- » Eerst en vooral: wind je niet op over lawaai of vervelende geluiden! Want waar je op gaat letten, wordt alleen maar versterkt! Wees zo onverschillig mogelijk voor geluiden die je niet kunt veranderen. Zelfs als je het niet gelooft: het zou zelfs zinvol zijn om te denken: 'Elk geluid verbetert mijn concentratie.' Verras je hersenen met een paradoxale reactie en wees blij met het straatlawaai of de renovatiewerkzaamheden een verdieping lager. Probeer het maar eens! Dit alles is beter dan je te ergeren aan het lawaai.
- » Je kunt oordopjes gebruiken.
- » Je kunt geluid dat niet kan worden beïnvloed ook tegengaan met een geluid dat je zelf produceert, bijvoorbeeld instrumentale muziek. In een kantoortuin kun je een koptelefoon gebruiken.
- » Misschien heb je ook de mogelijkheid om naar een ander vertrek te gaan. Gebruik tijdelijk de kamer van een collega die op vakantie is, maar wiens kantoorraam naar de binnenplaats is gericht en niet naar de straat.
- » Leg saaie of te veeleisende taken even opzij en wijd je aan een uitdagende en interessante bezigheid. Dan neemt de kans toe dat je aandacht meer en meer bij de taak komt te liggen en je het lawaai vergeet. Kinderen die helemaal opgaan in een boeiend spel horen niet eens het luide roepen van hun ouders als ze moeten komen eten.

Er zijn werkplekken waar je vaker met lawaai wordt geconfronteerd dan in andere werkomgevingen. Dit geldt met name voor het werk in open kantoortuinen. In hoofdstuk 14 kijken we daarom opnieuw naar lawaai en laten we zien hoe je met meer concentratie kunt werken in open kantoorruimtes.

Een oor voor alle gevallen

Je tijd is kostbaar. Dit geldt ook voor je werktijd. Elke onderbreking door een collega is niet alleen een potentieel welkome afleiding, maar kost je ook werktijd. Natuurlijk hoef je je werkdag niet helemaal zonder collegiaal contact door te brengen. Dit zou niet alleen heel onmenselijk zijn, maar je op den duur ook ziek maken. Wij mensen zijn nu eenmaal kuddedieren. Het is dus goed om af en toe een sociale uitwisseling te hebben. Je moet echter niet toestaan dat de kwaliteit van je werk daaronder lijdt.

- » Maak afspraken met je collega's over vaste tijden waarop je professioneel of privé contact hebt. Benadruk dat deze tijden echt moeten worden aangehouden. Anders worden 10 minuten al snel 30 minuten. Als je collega's onverbeterlijk zijn, kun je ook een zandloper gebruiken waarbij de tijd die je hebt ingesteld zichtbaar wegloopt. Zo ontlast je niet alleen jezelf, maar ook je collega's.

» Hang een stoplichtbord op de deur van je kantoor of aan je bureau. Als het stoplicht rood is, wil je niet gestoord worden, als het groen is, mogen collega's binnenkomen of je aanspreken als ze iets willen bespreken of vragen. In vakjargon wordt dit soort aanpak 'proactieve communicatie' genoemd. Als je het idee van het stoplicht niet passend vindt, kun je natuurlijk op bepaalde tijdstippen een briefje op de deur plakken met de woorden 'Gelieve niet te storen' of je collega's tijdens de lunchpauze laten weten dat je je die middag moet concentreren op een belangrijke taak en dat je niet gestoord wilt worden.

» Spreek af met collega's voor een lunchpauze of voor een biertje na het werk, om sociale contacten te onderhouden en te praten over privézaken. Als je dan tijdens werkuren privévragen krijgt, verwijs dan vriendelijk naar de lunchpauze of naar de borrel van de volgende avond.

TIP

Als je gesprekspartners hebt die jouw tijdslimieten weglachen, introduceer dan een Meeting Cost Timer-app die gesprekstijd omrekent in geld en zo de kosten van een gesprek laat zien. Je zult verbaasd staan hoeveel van je gesprekspartners je ervoor ontvankelijk kunt maken om hun én jouw gesprekstijd efficiënt te gebruiken.

Prikkelarm, maar niet prikkelloos: de werkplek inrichten

De werkplek biedt een scala aan concentratiekillers en tijdvreters, van een te koude of te warme binnentemperatuur tot een rommelig of ongeordend bureau en een ongemakkelijke zithouding die nekklachten veroorzaakt. Daarom laten we je zien hoe je je werkplek kunt inrichten op een manier die goed is voor je rug en die de concentratie bevordert.

Nekpijn vermijden

Een gespannen nek en rugpijn behoren tot de meest voorkomende oorzaken van concentratieproblemen. Je kunt iets doen om te voorkomen dat er überhaupt nek- en rugklachten ontstaan. Naast regelmatige lichaamsbeweging en ontspanningstechnieken (hoofdstuk 10) kun je ook met de juiste zithouding zorgen dat er geen pijnlijke verkrampingen ontstaan.

Laat je lichaam tijdens je werkuren niet in een positie dwingen die allesbehalve natuurlijk is. Als je de hele tijd verkeerd zit, zul je je lichaam zo zwaar belasten dat er langdurige schade optreedt.

De juiste bureaustoel

Het vinden van de juiste bureaustoel is een uitdaging vanwege het enorme aanbod. Waar moet je op letten als je een bureaustoel koopt?

1. **Je stoel moet in zithoogte verstelbaar zijn.** Stel de zithoogte zo in dat:
   - je rug de rugleuning raakt;
   - je voetzolen de grond raken;
   - je dijbeen licht afloopt naar de knie toe. Je kunt de schuine lijn controleren door een glazen knikker van je dij naar je knie te laten rollen.
2. **De zitting moet worden aangepast aan je zitvlak.** Zorg ervoor dat de zitting een voor jou comfortabele breedte heeft. De zitdiepte is optimaal ingesteld wanneer je bekken de rugleuning raakt en er drie tot vier vingers tussen de voorste rand van de zitting en je knieholte zitten.
3. **De rugleuning is een steun voor je rug.** Die moet zowel vast als in hoogte verstelbaar zijn. Activeer de wipfunctie van je rugleuning alleen als je langere tijd belt. Bij het werken aan een bureau of scherm dien je de rugleuning te vergrendelen om ervoor te zorgen dat je rug optimaal wordt ondersteund. In het onderste gedeelte heeft de rugleuning van een bureaustoel een kromming ter ondersteuning van de onderrug: de zogenoemde *lordose-steun*. Je kunt de juiste hoogte van je rugleuning vinden als de sterkste kromming van de rugleuning zich ter hoogte van je heuplijn bevindt.

De hoogte van je bureau

De hoogte van je bureaublad is ook belangrijk en kan bij een verkeerde afstelling tot verkrampingen leiden. Kies daarom indien mogelijk voor een in hoogte verstelbaar bureau.

TIP

Hoe stel je de optimale tafelhoogte in?

1. **Ga rechtop op je bureaustoel zitten, die je vooraf op de juiste zithoogte hebt ingesteld.**
2. **Laat je armen recht naar beneden hangen.**

3. **Houd je onderarmen bij de elleboog in een rechte hoek naar voren.**
4. **Strek je handpalmen uit.**
5. **Het bureaublad moet nu in hoogte zo worden afgesteld dat je handpalmen het tafelblad zachtjes aanraken.**

De grootte van je tafelblad is slechts van ondergeschikt belang. Zorg ervoor dat je bureau de ruimte biedt die aan je wensen voldoet. Een L-vormig bureau is zeer aan te bevelen, omdat je hiermee een deel uitsluitend als computerwerkplek kunt gebruiken.

Verstandig gepositioneerde kantoorbenodigdheden

Computermonitor, muis en toetsenbord zijn slechts drie van de vele kantoorbenodigdheden die je elke dag tijdens je werk gebruikt. Gebruik ze ergonomisch correct. Twee regels zijn erg nuttig gebleken:

- **Plaatsing van je beeldscherm.** Neem plaats op je optimaal afgestelde bureaustoel en rol deze naar het bureau totdat je buik de rand van het bureau raakt. Strek je armen uit. De monitor dient op de plaats van je vingertoppen te staan.
- **Plaatsing van je toetsenbord.** Rol je bureaustoel weer naar het bureau totdat je de rand van het bureau tegen je buik voelt. Leg je onderarmen volledig op tafel. Plaats je toetsenbord zo dat je vingertoppen het toetsenbord kunnen aanraken.

TECHNISCHE INFO

HET TIENVINGERSYSTEEM

Helaas heeft zich in onze samenleving de opvatting verspreid dat het tienvingersysteem bij typen op een toetsenbord achterhaald en niet meer nodig is. We willen dit met klem tegenspreken. Want door het tienvingersysteem:

- kunnen verkrampingen in het schouder- en nekgebied aantoonbaar worden vermeden, omdat bij dit systeem de onderarmen op het tafeloppervlak rusten en de schouders dus niet hoeven te worden opgetrokken;
- heb je een enorm voordeel ten opzichte van anderen. Je werkt veel sneller en kunt de zo gewonnen tijd gebruiken voor andere activiteiten. Het tienvingersysteem is meestal twee keer zo snel als het tweevingersysteem;

- kun je je beter concentreren op de inhoud van wat je typt. Zelfs als je een strikte voorstander bent van het tweevingersysteem: iedereen die bedreven is in het tienvingersysteem:
  - denkt er niet over na waar zich welke toets bevindt;
  - wordt nooit afgeleid door het zoeken naar een bepaalde letter en;
  - kan zich daarom helemaal op de inhoud van de tekst concentreren.

Gebruik daarom indien mogelijk het tienvingersysteem. Er zijn uitstekende klassikale cursussen, online cursussen en succesvolle apps waarmee je het tienvingersysteem in zeer korte tijd kunt aanleren.

Ga indien mogelijk niet met je rug naar de deur zitten

Als je de keuze hebt, richt je werkplek dan zo in dat je niet met je rug naar de deur of de gang zit. Verplaats je om dit te begrijpen nog eens in het leven van de mensen uit de steentijd. Onze voorouders leefden in grotten, die meestal maar één ingang hadden. Ze rustten op een plaats in de grot van waaruit ze een goed zicht hadden op de ingang van de grot. Niemand zou instinctief met zijn rug naar de ingang van de grot zijn gaan zitten, omdat dat hem misschien zijn leven had gekost.

Dit evolutionaire erfgoed sluimert nog steeds in ons.

Als je met je rug naar de deur of het gangpad zit, is het zwakste deel van je lichaam, de nek, volledig onbeschermd. Je doet je schouders een beetje omhoog om jezelf te beschermen. Je draait je om zodra je een geluid bij de deur hoort. Je focus ligt op de potentiële vijand die je op elk moment van achteren kan aanvallen. Dus als je met je rug naar de deur of de gang werkt, is het vooral belangrijk om steeds weer oefeningen voor je nek, schouders en rug te doen om verkrampingen en de daaruit voortvloeiende concentratieproblemen te vermijden.

Een opgeruimd bureau

Je bureau is de spiegel van je ziel. Deze uitdrukking klinkt niet alleen poëtisch, maar bevat ook meer waarheid dan je denkt. Stel dat je al dagen bedolven wordt onder het werk. Hoe ziet je bureau er dan uit? Brandschoon? Alles netjes gesorteerd en je documenten gealfabetiseerd? Of is het een chaos? Staan er lege koffie- of theekopjes op je bureau? Reikt de berg dossiers op je bureau tot aan het plafond?

Als je bureau eruitziet als een rommelige keuken na een wild feest, dringen zich drie vragen op:

» Zit je nog wel lekker achter je bureau?
» Is het gemakkelijk voor je om je op één ding te concentreren als er ook dingen op je bureau liggen die niets te maken hebben met waar je mee bezig bent?
» Kun je alles wat je nodig hebt voor je werk meteen vinden?

Jaren geleden ontdekte het Fraunhofer-Institut für Produktionstechnik und Automatisierung uit Stuttgart dat 10 procent van de werktijd wordt verspild door ontbrekende werkmaterialen of door het zoeken ernaar. Een afgeladen bureau maakt niet alleen het zoeken naar documenten moeilijker, maar leidt ook enorm af. Het oog krijgt een overvloed aan prikkels te verwerken, waardoor het moeilijk is om je te concentreren op de dingen die op dat moment relevant zijn.

Natuurlijk zijn er mensen die goed kunnen leven met chaos en zelfs in deze puinhoop een bepaalde structuur hebben aangebracht die niet herkenbaar is voor buitenstaanders. Voor alle anderen is het de hoogste tijd om weer orde in de chaos te scheppen!

OEFENING

TABULA RASA

1. Haal een of meer dozen.
2. Begin met het opruimen van het bureaublad. Maak een tabula rasa (schone lei) en leg alles wat zich op, in, onder en naast je bureau bevindt in de doos. Behalve natuurlijk alle elektrische apparaten zoals computermonitors of printers.
3. Maak je tafelblad schoon.
4. Verlaat je werkplek om een pauze te nemen van minstens 15 minuten.
5. Kijk na de pauze aandachtig in de doos:
   - Heb je echt al die spullen nodig? Zijn twee pennen niet genoeg in plaats van tien?
   - Zitten er voorwerpen bij die je afleiden?
   - Hoe ziet je bureauonderlegger eruit? Is alles wat je erop hebt geschreven relevant voor je dagelijkse werkzaamheden? Of zijn sommige notities verouderd en bestaan ze uit telefoonnummers van collega's die jaren geleden al met pensioen zijn gegaan?
   - Liggen er ook kapotte voorwerpen in je doos?

- Zijn er voorwerpen bij die je al meer dan 6 maanden niet meer hebt gebruikt?

6. Richt je bureau nu opnieuw in. Zorg ervoor dat je alleen de voorwerpen terugzet die je daadwerkelijk nodig hebt voor je dagelijks werk.
7. Wat doe je met de spullen die nog in de doos zitten? Pak een vuilniszak en gooi er alles in wat je met zekerheid niet meer nodig hebt. Alle andere items blijven in de doos. Schrijf de huidige datum op de deksel. Archiveer de doos. Als je de resterende inhoud niet in de komende 52 weken nodig hebt gehad, gooi de doos dan over precies een jaar weg.

Je bureau is keurig uitgemest! Lukt het je ook om het in perfecte staat te houden en niet na een paar dagen weer aan een afgeladen vol bureau te zitten? Doe je voordeel met de volgende adviezen.

Het klerenkastprincipe

Ken je het klerenkastprincipe? De mode ontwikkelt zich in hoog tempo en omdat iedereen graag met de mode meegaat, barst de kledingkast vaak al snel uit zijn voegen. Om dit te voorkomen, hoef je slechts één enkele regel toe te passen: koop pas dan een nieuw kledingstuk als er een hanger beschikbaar is. Dit betekent dat je eerst iets moet wegdoen voordat je iets nieuws koopt.

Op dezelfde manier kun je ook orde op zaken stellen op en in je bureau. Plaats er alleen een nieuw voorwerp op als je een ander item weglegt.

Het notitieboekje

Haal een klassiek notitieboekje en plaats het in de bovenste la van je bureau. We hebben niets tegen digitale notities, maar hier bedoelen we een echt notitieboekje waarin je belangrijke dingen noteert voor je dagelijks werk. De voordelen van zo'n notitieboekje liggen voor de hand:

» Je ontziet je bureauonderlegger, waarop je anders na korte tijd al het overzicht over je notities kwijtraakt. Zo'n bureauonderlegger is meer een afleiding dan iets nuttigs.

» In een handomdraai vind je alle informatie die je nodig hebt op één plek. Noteer in je boekje belangrijke telefoonnummers, vergadertijden of contactpersonen die je nodig hebt voor je dagelijkse werkzaamheden.

» Je hebt geen werkende computer of smartphone nodig om toegang te krijgen tot de informatie. Dit vermindert ook het risico dat je tijdens het werk wordt afgeleid door je smartphone.

Van links naar rechts

Herinner je je nog de beroemdste Italiaanse loodgieter uit de jaren tachtig en negentig van de vorige eeuw? Super Mario? Ging hij altijd van links naar rechts of van rechts naar links? Precies, van links naar rechts! Psychologen van de Lancaster University hebben in een uitgebreide studie op basis van Super Mario aangetoond dat de hersenen de voorkeur geven aan bewegingen van links naar rechts. Het brein is blij als het van links naar rechts kan werken.

Orden daarom je bureaudocumenten van links naar rechts. Leg aan de linkerkant van je bureau alle stukken waaraan je nog moet werken en aan de rechterkant alle stukken die je hebt afgehandeld en die moeten worden gearchiveerd. Het is gemakkelijker om een ordelijke structuur te behouden die op deze manier is gecreeërd dan een structuur die tegen de voorkeuren van je hersenen ingaat.

Minder zoektijd, minder teleurstelling

Stel je voor dat je in je keuken staat en dat er in je oven een heerlijke pizza met al smeltende en glimmende goudgele kaas ligt. Je wilt de pizza uit de oven halen, maar helaas mis je de ovenwant. Waar heb je die gelaten? In oma's oude keukenkast, waar haar porseleinen borden en kopjes netjes staan opgestapeld, of in de besteklade, waar je verzameling messen, vorken en lepels een bescheiden bestaan leidt? Nee. De ovenwant bevindt zich binnen handbereik aan een haakje in de onmiddellijke nabijheid van je oven.

Precies zo dienen ook de kantoorbenodigdheden te worden gerangschikt op je bureau. Elk item moet een vaste plek hebben. Balpennen, nietjes, markers, paperclips of ordnerstrips moeten binnen handbereik zijn, bijvoorbeeld in de bovenste la. Deze voorwerpen gebruik je immers regelmatig, zodat je er snel bij moet kunnen. Printcartridges of kopieerpapier kunnen daarentegen ook in de onderste lade worden opgeborgen, omdat ze niet voortdurend nodig zijn.

Voldoende licht op de werkplek

Helaas is niet elke werkplek voorzien van honderd procent daglicht. Let daarom op een mix van verschillende natuurlijke en kunstmatige lichtbronnen. Het is belangrijk dat je lichtbronnen niet te veel verschillen in helderheid, anders kunnen je ogen eronder lijden. Daglichtlampen verdienen dan ook bijzondere aanbeveling.

Een concentratiebevorderende temperatuur

Zorg ervoor dat de temperatuur in je kantoor tussen de 18 en 22 graden Celsius ligt. Een hogere binnentemperatuur is vooral in de koude wintermaanden heel behaaglijk, maar hogere temperaturen leiden ook tot dufheid en loomheid. Aan de andere kant mag het ook niet te koud zijn: wie het koud heeft, is ook afgeleid. Het ervaren van warmte en kou is echter voor iedereen verschillend. Het is daarom vooral in werkruimten met veel mensen erg moeilijk om een voor iedereen even optimale werktemperatuur in te stellen.

Frisse lucht

Niet alleen de temperatuur van de lucht, maar ook het zuurstofgehalte beïnvloedt je concentratievermogen op de werkplek. Verbruikte lucht versnelt het ontstaan van vermoeidheid, concentratieproblemen en hoofdpijn.

Als de luchttoevoer niet door een airconditioner wordt geregeld, vergeet dan niet om met regelmatige tussenpozen te ventileren. Open elke 2 tot 3 uur alle deuren en ramen een paar minuten om in de kortst mogelijke tijd zoveel mogelijk frisse lucht binnen te laten.

Let er bovendien tijdens de wintermaanden op dat binnen de luchtvochtigheid tussen 40 en 65 procent ligt om geïrriteerde slijmvliezen, jeuk en hoofdpijn te voorkomen. Je kunt de luchtvochtigheid meten met een hygrometer, die voor weinig geld verkrijgbaar zijn. Vaak helpt al een luchtbevochtiger of sfeervolle kamerfontein in je thuiskantoor, die de lucht in de kamer permanent bevochtigt.

Onopgeloste conflicten vermijden

Natuurlijk gaat het niet lukken om ruzies en meningsverschillen voor altijd uit je leven te bannen. Dat willen we ook niet. Integendeel. Winston Churchill heeft ooit gezegd: ‘Als twee mensen het altijd met elkaar eens zijn, is één van hen overbodig.’

Wees je ervan bewust dat elk conflict ook een kans inhoudt. Een conflict is emotioneel minder afleidend als je de positieve kanten van een ruzie kunt zien. Conflicten geven je de mogelijkheid om:

- een relatie verder te ontwikkelen;
- grenzen te stellen;
- je mening te uiten;
- je eigen belangen te behartigen;
- een einde te maken aan misstanden.

Waarom conflicten afleiden

Toch lukt het de meeste mensen tijdens een onopgelost conflict niet om de kansen van het conflict in het oog te houden. In plaats daarvan komen emoties zoals boosheid, wrok of angst naar voren. Negatieve emoties zijn echter zeer afleidend. Probeer dus zo rustig mogelijk om te gaan met een smeulend conflict en dit constructief op te lossen.

Conflicten oplossen

Niet elk conflict kan worden opgelost. Dit is het geval wanneer elke persoon alleen zijn of haar standpunt juist acht en geen van beide conflictpartijen bereid is een compromis te sluiten. Dan is vaak de enige optie die overblijft het verlaten van een conflictsituatie en het zoeken naar afstand. Een bekend voorbeeld is een werknemer die zijn ontslag indient omdat hij niet met de nieuwe baas overweg kan en een verhelderend gesprek niet mogelijk is of geen aanvaardbaar resultaat oplevert.

De meeste conflicten op het werk kunnen echter worden opgelost als je je aan enkele regels houdt. Je kunt de volgende beschrijving van een conflictoplossingsproces toepassen op veel conflicten tussen leidinggevenden en werknemers.

Stel je voor dat je op een zeilschip zit met een eenzelvige kapitein. Er is een grote storm op komst en zowel de kapitein als de bemanning waarvan je deel uitmaakt staan onder grote spanning. Er is veel te doen om het schip onder controle te houden. In deze situatie word je er volgens jou ten onrechte door de kapitein van beschuldigd dat je je werk niet zorgvuldig genoeg uitvoert. Wat doe je?

1. **Haal de wind uit de zeilen.** Luister gewoon. Blijf kalm en laat je niet provoceren. Zeg de kapitein niet dat hij moet kalmeren. Luister gewoon. In het midden van de opstekende storm moet je geen discussie beginnen of de kapitein het gevoel geven dat hij de situatie verkeerd heeft gezien. Stel de discussie over het conflict tot een later tijdstip uit.

2. **Ga je kapitein niet uit de weg.** Wees niet bang om de komende uren en dagen je kapitein tegen te komen. Zodra de grote storm voorbij is en de emoties zijn weggeëbd, maak je een afspraak met de kapitein om het conflict zakelijk te bespreken.

3. **Verplaats je in de rol van je kapitein.** Voorafgaand aan het oplossingsgesprek dien je je af te vragen waarom de kapitein zo'n uitspraak deed in die kritieke situatie. De kapitein is geen buitenaards wezen, maar net als jij een mens met gevoelens en behoeften, ook al zijn die niet altijd zichtbaar.

   - Staat hij zelf onder druk van zijn superieuren?
   - Maakt hij zich zorgen om zijn baan?
   - Is hij overbelast?
   - Heeft hij problemen thuis?

   Als je die verandering van perspectief moeilijk vindt, kun je ook advies inwinnen bij een niet-betrokken derde partij. De mening van een derde partij kan zeer nuttig zijn als je je gekwetst voelt en vindt dat alleen je eigen waarneming van de situatie de juiste is.

4. **Ga naar de hut van de kapitein en praat erover.** Ook nu is het belangrijk om je kalmte niet te verliezen en af te spreken elkaar te laten uitpraten. Ook al is het moeilijk voor je: ga niet in de tegenaanval.

   - Beschrijf hoe je de situatie hebt beleefd, wat je stoorde en hoe je de reactie van je kapitein hebt ervaren. Gebruik ik-uitspraken in plaats van u/jij-uitspraken en vermijd woorden als voortdurend, altijd, constant of nooit.
   - Vraag je conflictpartner hoe hij de situatie zag. Accepteer dat je kapitein een andere perceptie heeft dan jij. Luister naar je conflictpartner en doe moeite om hem ook echt te begrijpen.
   - Richt aansluitend de blik van het verleden naar de toekomst. Hoe zou een oplossing eruit kunnen zien? Hoe kun je in de toekomst met elkaar omgaan in vergelijkbare situaties? Wat kun je beter doen?
   - Kom tot een oplossing die voor beide partijen aanvaardbaar is en een goede toekomstige samenwerking mogelijk maakt.

TECHNISCHE INFO

Waarom moet je in conflictsituaties ik-uitspraken gebruiken in plaats van u/jij-uitspraken? De volgende u/jij-uitspraken werken als een beschuldigende vinger:

» U zou eens ...

» Altijd moet jij zo nodig ...

» Waarom doet u niet ...?

Je gesprekspartner reageert met afkeer, rechtvaardiging, gekwetstheid of ergernis. In conflictsituaties leiden jij-uitspraken juist vaak tot een escalatie van het conflict.

Een ik-uitspraak is een techniek om communicatie constructief te maken:

- » Ik heb me eraan geërgerd dat ...
- » Ik zou willen dat ...

Op ik-uitspraken reageert de ander met ontsteltenis, bedachtzaamheid en de bereidheid om tot een oplossing te komen.

Afleidingen in het hoofd

Tot nu toe hebben we ons beziggehouden met storende factoren van buitenaf: e-mails, de smartphone, collega's die je storen tijdens het werk, een rommelig bureau of een conflict. Je hebt al verschillende manieren geleerd om dergelijke afleidingen van buitenaf tot een minimum te beperken. Maar naast externe afleidingen bevindt zich ook in jezelf een aantal afleidingen:

- » Terwijl je naar het computerscherm op je bureau kijkt, droom je van je volgende vakantie of herbeleef je in gedachten het prachtige tuinfeest van afgelopen zaterdag.
- » Je bent begonnen met het maken van aantekeningen voor een presentatie. Toch ligt je pen al minuten roerloos in je hand terwijl je met gerimpeld voorhoofd uit het raam staart. Bezorgde of angstige gedachten cirkelen rond in je hoofd. Waarom wil je baas je vanmiddag onder vier ogen spreken? Is je baan bij deze dalende omzet nog wel veilig? Kun je je die hoge kosten voor je nieuwe woning op de lange duur wel veroorloven?

Je hebt altijd de keuze: of je laat je afdwalen en geeft toe aan je dromerij, laat je afleiden door zorgelijke gedachten en verliest werktijd door het daaruit voortvloeiende concentratieverlies. Of je past de 'stopregel' toe.

TIP

De stopregel is een eenvoudig maar effectief instrument om mijmeringen of bezorgde gedachten energiek te onderbreken. Zeg of denk 'Stop!' zodra je jezelf betrapt op een afleidende innerlijke dialoog.

Beslis na het gebruiken van de stopregel wat je nu kunt doen, zodat je je weer op je werk kunt concentreren:

- Als je allang zonder pauze hebt gewerkt voordat je begon weg te dromen, kun je je concentratievermogen weer terugkrijgen met een korte bewegings- of ontspanningsoefening (hoofdstuk 10 en 12).
- Je kunt belastende gedachten in een notitieboekje schrijven en ze zo gemakkelijker van je afzetten.
- Je kunt angsten tegengaan met zelfbekrachtigingszinnen als: 'Ik kan dit!'
- Als je te veel taken in je hoofd hebt die nog moeten worden uitgevoerd, kan een takenlijst je helpen om ze uit je hoofd te houden (zie hoofdstuk 3).
- Na een fase van afleidende gedachten kun je een geur gebruiken die de concentratie bevordert, zodat je je weer kunt concentreren op je werktaak.

Geuren gebruiken die de concentratie bevorderen

Stel je voor dat je een vakantiedag aan zee doorbrengt en na een lange, zonnige en ontspannende wandeling een klein, rustiek café ontdekt. Als je de houten deur opent, stroomt er een geur van kaneel, kardemom en vanille in je neus. Waar denk je aan? Een stressvolle, gespannen werkdag? De dagelijkse file? Zeker niet! Het is veel waarschijnlijker dat je denkt aan een feestelijk versierde kerstboom, lachende kinderen die met hun ouders vanillecroissants bakken, kerstliedjes of een gezellige winteravond, knus opgerold in een deken.

Geuren hebben een heel bijzondere eigenschap. Ze helpen om zelfs lang verloren gewaande emotionele herinneringen uit de diepste krochten van je hersenen terug te halen.

TECHNISCHE INFO

Waarom roepen geuren herinneringen op? Wetenschappers van de Brown University in Providence, VS, die de psychologie van de geur hebben bestudeerd, ontdekten dat de reukzin direct verbonden is met het emotionele centrum van je hersenen. Geuren komen ongefilterd in dit deel van de hersenen terecht. Ze worden daar opgeslagen en gekoppeld aan de huidige situatie. Met de koppeling, ook wel associatie genoemd, worden herinneringen gecreëerd.

Minder afgeleid door stimulerende geuren

We laten je nu zien hoe je met behulp van bepaalde etherische oliën geconcentreerder kunt werken en hoe je potentiële externe en interne afleidingen op het werk kunt vermijden. Als je niets hebt met geuren, kun je dit gedeelte natuurlijk overslaan. Zoals overal in ons boek geldt ook hier: kies alleen de tips die je aanspreken.

Wereldwijd zijn er meer dan 300 verschillende etherische oliën. Elke olie heeft een ander effect: niet elke geur is even geschikt om de concentratie te verhogen. Sommige geuren zijn van nature meer ontspannend dan stimulerend. Dit geldt voor lavendel, marjolein of hopolie. De concentratie wordt door deze oliën hoogstens indirect bevorderd wanneer door een herstelfase het prestatievermogen weer wordt opgebouwd.

Wij willen je nu een selectie etherische oliën voorstellen die geschikt zijn voor een directe verhoging van de concentratie:

- **Eucalyptus.** Eucalyptusolie is een van de bekendste oliën. Waarschijnlijk maakt het al deel uit van je dagelijks leven: eucalyptusolie zit vaak in tandpasta, mondwater of zelfs medicijnen tegen verkoudheid, omdat het de verspreiding van ziektekiemen tegengaat. Maar het heeft ook een stimulerend, concentratiebevorderend en tegelijkertijd opwekkend effect.
- **Kruidnagel.** Deze kruidige, aardse, zoet ruikende olie zou niet alleen een sterk antiseptisch, krampstillend en pijnstillend effect hebben, maar helpt ook bij een afgenomen denkvermogen.
- **Pepermunt.** Deze frisse olie heeft een stimulerend effect bij mentale uitputting, overwerktheid of geheugenproblemen en helpt ook de concentratie te verbeteren. De geur van citroengras heeft een vergelijkbaar effect.
- **Rozemarijn.** Een van de oudste en veelzijdigste etherische oliën is rozemarijnolie. Het stimuleert de bloedsomloop en is een effectieve stimulans voor de hersenen. Aan de geur van rozemarijn wordt een zeer concentratiebevorderend effect toegeschreven, dat lusteloosheid tegengaat.
- **Sparappel.** Deze frisse, licht harsachtige geur roept niet alleen kersthеrinneringen op, maar helpt ook om beter na te denken.
- **Verbena.** De naar citroen geurende etherische olie mag alleen worden gebruikt in geurlampen of geurverspreiders vanwege mogelijke huidirritatie. Het bevordert de concentratiebereidheid en stimuleert de motivatie.
- **Citroenolie.** De citroengeur verhoogt je concentratievermogen. Citroenolie is zeer geschikt voor analytische opgaven en bij het schrijven van documenten. Amerikaanse studies tonen aan dat het aantal spelfouten

met 50 procent daalt zodra testpersonen worden blootgesteld aan de geur van citroenen. De geur van bergamot heeft een vergelijkbaar effect als die van citroen.

» **Geurmengsel.** Natuurlijk kun je ook essentiële oliën met elkaar mengen en een geurmengsel samenstellen dat voor jou aangenaam is. Een beproefd concentratiebevorderend geurrecept is het mengsel van vijf druppels verbena met vijf druppels rozemarijn.

PAS OP

Wees voorzichtig bij de aankoop van etherische oliën. Helaas zitten er onder de etherische oliën ook zwarte schapen, die niet alleen na korte tijd hun geur verliezen maar ook gevaarlijk zijn voor de gezondheid. Probeer schadelijke stoffen zoveel mogelijk te vermijden en koop alleen hoogwaardige etherische oliën.

Zorg ervoor dat de etherische oliën afkomstig zijn van gecontroleerde biologische teelt, honderd procent zuiver zijn en dus niet synthetisch worden geproduceerd. Bestel de etherische oliën rechtstreeks bij de fabrikant of koop ze bij een apotheek of een natuurwinkel.

Geuren op de werkplek inzetten

Laten we aannemen dat je nu de gelukkige eigenaar bent van een flesje etherische olie. Nu is het de vraag hoe je de etherische olie het best kunt gebruiken.

PAS OP

Breng de etherische oliën alleen uitwendig aan! Steeds meer aromatologen raden het inwendige gebruik van etherische oliën af, omdat dit tot gezondheidsproblemen kan leiden. De sterk geconcentreerde stoffen kunnen een ontsteking van de maag- en darmslijmvliezen veroorzaken en de lever en de nieren beschadigen als ze in de verkeerde dosering worden gebruikt.

In de volgende lijst hebben we enkele ideeën verzameld voor de uitwendige toepassing van concentratiebevorderende etherische oliën.

» **Geurzakdoek.** Laat gewoon drie tot vier druppels van je etherische olie op een zakdoek vallen en snuif er af en toe aan. Dit valt nauwelijks op: voor een buitenstaander lijkt het alsof je je neus aan het snuiten bent.

» **Geurpleister.** Doe vijf tot zes druppels etherische olie op een pleister. Plak haar op je pols en ruik er af en toe aan.

» **Geurglazen.** Neem een kleine, lege jampot of honingpot en een gewone huishoudspons. Snijd de spons in kleine stukjes en vul daarmee je jam- of honingpotje. Druppel vervolgens vier tot acht druppels olie in het potje. Sluit de pot af met een deksel en laat hem minstens één nacht staan. Open het potje telkens wanneer je afgeleid bent en je je weer wilt concentreren. Het zal je verbazen hoelang de geur in het potje blijft hangen.

» **Geurlamp/geurverspreider.** Doe drie tot tien druppels van een concentratieverhogende olie in je geurlamp of geurverspreider. De dosering is afhankelijk van de grootte van de ruimte. Het nadeel van deze toepassing is dat deze over het algemeen niet geschikt is voor grote kantoortuinen, omdat niet alle collega's enthousiast zullen zijn over je geurkeuze. Misschien associeert een collega de geur met een onaangename ervaring of kan hij de geur niet verdragen. Als je de geurlamp/geurverspreider toch op kantoor wilt gebruiken, vraag dan eerst of de geur aangenaam is voor iedereen die zich er in de buurt van bevindt. In je thuiskantoor kun je natuurlijk naar hartenlust gebruikmaken van geurlampen en geurverspreiders.

» **Geursteen.** Geurstenen bestaan vaak uit absorberende klei. Ze zijn vergelijkbaar met geurdispensers die vaak aan achteruitkijkspiegels van auto's te vinden zijn. Je kunt geurstenen kopen in apotheken en natuurwinkels.

TIP

Ken je de verfrissende tissues die bij elke drogist te koop zijn? Dergelijke doekjes maken een snelle en praktische toepassing van etherische oliën mogelijk. Als je afgeleid bent, leg dan gewoon een van deze verfrissende tissues op je nek of voorhoofd en sluit een minuut je ogen.

IN DIT HOOFDSTUK

- **Begrijpen waarom minder meer is**
- **Het paretoprincipe toepassen**
- **Nee leren zeggen**
- **Werkprocessen beter organiseren**

Hoofdstuk 6
Geconcentreerder werken door organisatie

Hoe beter je jezelf en je werk organiseert, hoe meer tijd je hebt om je geconcentreerd aan één ding te wijden:

» Heb je voor het slapengaan vaak het goede gevoel dat je hebt bereikt wat je voor die dag gepland had?

» Of schoppen onverwachte gebeurtenissen je voornemens altijd weer in de war?

» Kun je ondanks de zware werklast genoeg tijd voor jezelf vrijmaken? Of zou je dag meer dan 24 uur moeten duren om tijd te hebben voor sport, ontspanning of hobby's?

We nodigen je uit om samen met ons een aantal strategieën te ontdekken om je beroepsleven nog beter te organiseren. Zoals altijd beslis je zelf welke van onze adviezen voor jou geschikt zijn.

Ontmasker je tijdrovers

Vraag je je vaak af wat je eigenlijk de hele dag hebt gedaan? Of heb je het gevoel dat je je tijd hebt verspild? Dan ben je een zeer verraderlijke schurk tegengekomen: een dief die voor zijn daden nooit veroordeeld zal worden, ook al steelt hij elke dag iets heel waardevols van je: je tijd!

Tijdrovers zijn meestal geen mensen, maar vooral activiteiten en gewoonten die veel tijd kosten maar weinig opleveren. Als je elke dag een onbeperkte hoeveelheid tijd tot je beschikking had, zou dit niet erg zijn. Maar omdat je dag maar 24 uur heeft, veroorzaken tijdrovers aanzienlijke schade:

» Je verspilt een deel van je kostbare tijd.

» Je hebt te weinig tijd om je op belangrijke taken te concentreren.

» Overwerken wordt meer regel dan uitzondering.

Ga het gevecht aan met deze ellendelingen! Als je erin slaagt om je persoonlijke tijdrovers te identificeren en in toom te houden, of zelfs te elimineren, zul je merken dat je efficiëntie toeneemt en dat je meer tijd tot je beschikking hebt.

OEFENING

TIJDROVERS OPSPOREN

Tijdrovers zijn vaak goed gecamoufleerd en verschuilen zich graag achter gekoesterde gewoonten.

1. Schrijf gedurende een week precies op wat je hoelang doet.
2. Identificeer vervolgens de drie grootste tijdrovers: waar heb je veel tijd aan besteed zonder er iets aan te hebben?
3. Schrijf deze drie tijdrovers in hoofdletters op een A4-tje en denk na over hoe je die schurken kunt elimineren.
4. Werk er daarna voortdurend aan om deze drie tijdrovers te stoppen of te beperken.

We hebben de meest voorkomende tijdrovers op het werk voor je op een rijtje gezet. Dat zijn:

» onduidelijke of ontbrekende doelen;

» gebrek aan motivatie (hoofdstuk 8);

» geen planning;
» ontbrekend overzicht van alle nog niet voltooide taken;
» het stellen van de verkeerde prioriteiten;
» perfectionisme;
» te weinig delegeren;
» geen nee kunnen zeggen;
» lange telefoongesprekken;
» doelloze vergaderingen;
» een slecht archiveringssysteem.

Meer tijd voor geconcentreerd werken

We hebben de neiging om tijd te verspillen aan onbelangrijke zaken en zo de deur voor tijdrovers open te zetten. Met goed timemanagement daarentegen win je tijd en kun je je gemakkelijker op de hoofdzaken concentreren.

Less is more

Veel werknemers geloven nog steeds dat ze alleen succesvol zijn als ze de klok rond beschikbaar zijn voor hun bedrijf en werken tot ze niet meer kunnen. Overwerk wordt nog steeds gezien als een zinvolle manier om hogerop te komen.

Overwerk maakt je niet productiever. Te veel overuren zijn eerder schadelijk dan nuttig. Ook managementprofessor Morten Hansen kwam tot de conclusie dat prestaties niets te maken hebben met de hoeveelheid gewerkte uren.

TECHNISCHE INFO

In een vijfjarig onderzoek heeft Morten Hansen 5.000 werkenden onderzocht op hun werkprestaties en manier van werken. Hij stelde vast dat alle proefpersonen die tussen 30 en 50 uur per week werkten een hogere werkprestatie leverden dan de proefpersonen die meer dan 50 uur werkten. De proefpersonen die meer dan 65 uur per week werkten, vertoonden zelfs een afnemende arbeidsprestatie. Morten Hansen kwam tot de conclusie dat men anders moest werken in plaats van meer.

Sneller is niet altijd beter

Wie zijn werktempo omlaag brengt, wordt niet noodzakelijkerwijs langzamer. Het gaat er bij timemanagement dus niet alleen om zo snel mogelijk te werken, maar ook om zorgvuldig te werken. Anders worden er fouten gemaakt die uiteindelijk meer tijd kosten om op te lossen of te herstellen dan de tijd die nodig is voor meer zorgvuldigheid.

Bij complexe taken hebben kleine fouten vaak een grote invloed op het eindresultaat. Iedereen die ooit zelf meubelstukken in elkaar heeft gezet, weet hoe belangrijk het is om vanaf het eerste moment je aandacht erbij te houden en liever een keertje extra in de instructies te kijken. Als je een plank verkeerd vastschroeft en dit pas op het einde opmerkt, moet je wellicht alle tussenliggende stappen ongedaan maken om de plank uiteindelijk op de juiste plek te krijgen. Je bent veel later klaar met de montage dan wanneer je vanaf het begin meer tijd had genomen.

Wie iets langzamer, maar nauwgezetter werkt, is een zogeheten *slobby*. De afkorting staat voor 'slower but better working people'.

Goed timemanagement kenmerkt zich dan ook door te onderscheiden:

» wanneer het zinvol is om snel te werken (meestal bij eenvoudige taken of tijdsdruk);

» wanneer het beter is om het tempo te verlagen (vooral bij complexe taken);

» wanneer pauzes noodzakelijk zijn voor de gezondheid en om de concentratie weer op te bouwen (hoofdstuk 10).

TECHNISCHE INFO

Tijl Uilenspiegel werd ooit op een kruispunt door een man met paard en wagen gevraagd: 'Wat is de snelste weg naar de volgende stad?' Tijl Uilenspiegel antwoordde: 'Als je snel gaat, een halve dag. Als je langzaamaan doet, een uurtje.' De man schudde zijn hoofd in verbazing en haastte zich weg. Uilenspiegel haalde hem al snel in, want een wagenwiel was gebroken door de vele kuilen.

Gebruik de $ 25.000-methode

Je hebt jezelf veel doelen gesteld voor een werkdag, en voor je het weet staat je collega bij je deur om je op te halen voor de lunch. Je werpt een moedeloze blik op je paginalange todolijst. Je bent heen en weer gesprongen tussen verschillende taken, hebt ondertussen een paar e-mails beantwoord en een handvol telefoongesprekken gevoerd. Maar je kunt alleen een vinkje zetten achter de vergadering van 10 uur, die zoals zo vaak langer duurde dan gepland.

In 1918 had de bedrijfsadviseur Ivy Lee een eenvoudig maar briljant idee waarmee je je tijd op het werk effectiever kunt gebruiken. Hij werd in de arm genomen door een van de indertijd rijkste mannen ter wereld: Charles Schwab, president van de op één na grootste staalproducent van de VS. Schwab had een probleem: hij had gemerkt dat er door zijn managers veel tijd werd verspild aan onbelangrijke zaken en dat belangrijke zaken werden genegeerd.

Charles Schwab was wanhopig op zoek naar een effectieve manier om zijn managers productiever te laten werken en beter gebruik te laten maken van de werkdag. Ivy Lee stelde hem een nog onbekende methode en een ongewone deal voor. Het overeengekomen honorarium van $ 25.000 hoefde alleen te worden betaald als Schwab na een testfase van 3 maanden volkomen tevreden was. Na 3 maanden kreeg Ivy Lee daadwerkelijk een cheque van $ 25.000.

Dit is hoe Ivy Lee's methode werkt:

- Schrijf aan het einde van een werkdag de zes belangrijkste taken voor de volgende dag op een lijst.
- Rangschik deze zes taken in volgorde van belangrijkheid.
- Werk de volgende dag net zolang aan de eerste opdracht tot je deze hebt voltooid. Concentreer je in die tijd alleen op de eerste taak en negeer de andere taken.
- Zodra een taak is voltooid, begin je met de volgende taak op de lijst.
- Aan het einde van de werkdag maak je een nieuwe lijst met de zes belangrijkste taken voor de volgende dag. Belangrijke kandidaten zijn natuurlijk de taken waar je op de huidige dag niet aan toe bent gekomen. Het is echter mogelijk dat zich ondertussen een nieuwe, nog belangrijkere taak heeft aangediend die nu boven aan de lijst staat.

Ivy Lee's methode heeft een aantal voordelen:

- Je wordt gedwongen beslissingen te nemen over de prioriteit en de urgentie van de taken.
- Bij het begin van een werkdag weet je meteen met welke activiteit je moet beginnen. Want die beslissing heb je de avond ervoor al genomen. Als je daarentegen 's morgens niet weet met welke taak je moet beginnen, is het risico groot dat je eerst iets doet wat niet belangrijk of dringend is.

» Je kunt je gemakkelijker concentreren op een enkele taak.

Dat aantal van zes is natuurlijk niet in steen gebeiteld. In plaats van zes taken kun je Ivy Lee's methode ook toepassen met vijf, vier of drie taken.

Taken op de onderste plaatsen hebben een hoger risico om regelmatig te worden uitgesteld naar de volgende dag. Dus als een taak steeds weer terechtkomt op de lijst van de volgende dag, moet je je afvragen of deze kan worden gedelegeerd of geannuleerd, want kennelijk is deze niet zo belangrijk als eerst werd aangenomen. Als je tot de conclusie komt dat de taak toch belangrijk is, moet je deze boven aan de lijst voor de volgende dag zetten, zodat je die eindelijk kunt afvinken.

PAS OP

Natuurlijk zijn er op een dag niet alleen die zes belangrijkste taken.

Je zult bij je leidinggevende niet kunnen afdwingen dat niemand je meer mag bellen omdat je de methode van Ivy Lee gebruikt. Pas de methode daarom aan aan je werksituatie. Neem bijvoorbeeld 's morgens de tijd voor de belangrijkste taken en stel onbelangrijke zaken uit tot de middag. Of reserveer tijdvensters waarin je je uitsluitend aan je lijst wijdt.

Houd het overzicht!

Soms komen er zo veel taken op je af dat je hersenen al overbelast zijn voordat je aan het werk bent. Een manier om dit gevoel van overbelasting zoveel mogelijk te verminderen is het zogeheten *kanbanbord*, dat op dezelfde manier werkt als de in hoofdstuk 5 gepresenteerde methode van e-mailverwerking. Een kanbanbord helpt je om:

» een overzicht te krijgen;

» de hoeveelheid taken te visualiseren;

» je werkproces zichtbaar te maken, te begrijpen en je op de essentie ervan te concentreren.

HET KANBANBORD

OEFENING

Je hebt drie A4-tjes nodig, gele, roze en groene plakbriefjes, plakband en een muur of ander oppervlak..

1. Geef de drie A4-vellen de volgende namen: 'Nog te doen', 'Wordt uitgevoerd' en 'Voltooid'.
2. Plak de A4-tjes met plakband naast elkaar in drie kolommen.

3. Schrijf op een geel plakbriefje een belangrijke en tegelijkertijd dringende taak die je deze week af moet hebben.
4. Schrijf nu op de roze plakbriefjes taken die belangrijk maar niet dringend zijn. Deze taken kunnen eventueel ook de volgende week worden uitgevoerd.
5. Schrijf dringende maar minder belangrijke taken op de groene plakbriefjes. Deze taken moet je zo mogelijk delegeren. Schrijf op deze briefjes de naam van de persoon aan wie je de taak hebt gedelegeerd.
6. Als delegeren niet mogelijk is, reserveer dan één keer per dag een beperkt tijdsbestek voor de groene taken. Overschrijd deze limiet niet, zodat er genoeg tijd overblijft voor de gele en roze taken.
7. Plak de beschreven briefjes in de kolom 'Nog te doen'.
8. Bepaal hoeveel taken je parallel wilt uitvoeren. Stel een limiet in voor het aantal briefjes dat in de kolom 'Wordt uitgevoerd' mag staan. Hoe minder taken je tegelijkertijd uitvoert, hoe beter je je kunt concentreren op de afzonderlijke taken.
9. Bepaal nu wat je als eerste wilt aanpakken en plak de bijbehorende briefjes in de kolom 'Wordt uitgevoerd'. Besluit om eerst te werken aan belangrijke en tegelijk dringende taken.
10. De taken op de groene briefjes die je hebt gedelegeerd, komen na het delegeren ook in de kolom 'Wordt uitgevoerd'. Deze taken belasten je echter niet meer.
11. Als een taak gedaan is, verhuist die naar de kolom 'Voltooid'.
12. Kijk elke avond even naar je kanbanbord en controleer of je taken na vandaag nog in de juiste kolom staan.
13. Aan het einde van de week moeten zoveel mogelijk van je plakbriefjes in de kolom 'Voltooid' staan, met name de gele. Als de roze briefjes maar niet in de kolom 'Voltooid' terecht willen komen, dien je specifieke tijden te reserveren om alleen de roze taken te voeren.

TIP

Ken je de tweeminutentruc? Deze truc werkt volgens het motto: 'Wat weg is, is weg.' Als je iets in minder dan 2 minuten kunt doen en het belangrijk is, doe het dan meteen. Stel het niet uit. Zo vermijd je dat de berg van onvoltooide taken je boven het hoofd groeit en houd je uitstelgedrag op afstand.

Vereenvoudig beslissingen

Ga ik vandaag op de fiets of met de auto naar het werk? Breng ik mijn volgende vakantie door op Mallorca of liever op de Canarische Eilanden? Kan ik morgenavond beter thuisblijven of ga ik uit met mijn vrienden? Moet ik deze opdracht nog afmaken of is het mooi geweest voor vandaag?

Elke dag neem je, bewust of onbewust, honderden kleine en grote besluiten. Maar soms stel je beslissingen uit, omdat je bang bent:

- dat je later spijt krijgt van een genomen besluit;
- dat men je niet meer aardig vindt;
- dat je iets verliest.

Die angst is heel begrijpelijk, want elke beslissing die je neemt, heeft een prijs. Als je bijvoorbeeld besluit om op vakantie te gaan naar de Malediven, zie je op hetzelfde moment af van een reis naar Cuba, of als je 's avonds laat doorwerkt, mis je de bedtijd van de kinderen.

Bovendien kost een besluitvormingsproces tijd. Het kan dus een verstandige strategie zijn om het aantal noodzakelijke beslissingen te verminderen of de beschikbare keuzen te beperken.

OEFENING

WELKE ALLEDAAGSE BESLISSINGEN KUN JE VEREENVOUDIGEN?

Kruip in de huid van Sherlock Holmes en ontdek welke beslissingen in je leven je kunt vereenvoudigen.

Een voorbeeld: als je alleen één soort zwarte sokken koopt, bespaar je niet alleen tijd bij het ophangen van de was. Je hoeft 's morgens niet lang na te denken over welke kleur je vandaag wilt aantrekken.

Twee prominente voorbeelden:

- Steve Jobs droeg in zijn tijd als CEO van Apple bijna uitsluitend jeans, sneakers en een zwarte coltrui.
- De oprichter van Facebook, Mark Zuckerberg, is bijna altijd in hetzelfde T-shirt te zien.

Gebruik het paretoprincipe

Ben je een perfectionist in je werk? Amerikaanse wetenschappers hebben ontdekt dat perfectionisten zeer gemotiveerd en toegewijd zijn, vaak tot laat in de nacht werken en 24 uur lang bereikbaar zijn. Maar ze doen meestal evenveel werk als ieder ander. Perfectionisten op het werk gunnen zich immers nauwelijks pauzes en worden daardoor vaker ziek.

» Ze zijn bang dat ze niet kunnen voldoen aan hun eigen hoge standaard om altijd 100 procent te geven.

» Ze hebben last van stress en worden vaker door een burn-out getroffen dan anderen.

Perfectionisme komt niet alleen op het werk voor, maar ook in het privéleven: het streven om een perfecte moeder of vader te zijn, de eis om zelfs aan een pakketbezorger een brandschoon appartement te moeten presenteren, of om er ook bij het boodschappen doen perfect opgemaakt uit te zien.

Wat zou er gebeuren als je een dag lang niet perfect was? Zou je aanzien eronder lijden? Zou je bestaan worden bedreigd? Of zouden de mensen slecht over je spreken?

OEFENING

HET NIET-PERFECTE UUR

Laat jezelf minstens één keer per dag een uur lang niet perfect zijn. Wees in dat uur met opzet onvolmaakt:

- Sta jezelf toe om fouten te maken.
- Ga het huis uit zonder make-up.
- Laat je smartphone per ongeluk op de keukentafel liggen.
- Eet snoep en laat de wikkels op de bank liggen voor de duur van je niet-perfecte uur.

Weet je dat je niet perfect hoeft te zijn om je werk goed te doen? De Italiaanse econoom Vilfredo Pareto kwam al in de 19e eeuw tot dit inzicht. Hij kwam erachter dat 80 procent van een resultaat kan worden bereikt met 20 procent van de inspanning. Om een 100-procentresultaat te bereiken, heb je veel meer tijd nodig. Deze 80-20-regel kan op veel gebieden van het leven worden toegepast:

» In veel bedrijven wordt 80 procent van de omzet gegenereerd door 20 procent van de producten.

» In 20 procent van de tijd slaag je erin om 80 procent van je woning op te ruimen.

» In 80 procent van de gevallen gebruik je slechts 20 procent van je keukengerei.

» In 20 procent van de tijd die nodig is om een overhemd of blouse te strijken, krijg je het 80 procent kreukvrij. Wie merkt het als je shirt of blouse niet 100 procent kreukvrij is?

» Met slechts 20 procent van de woordenschat kun je je voor 80 procent uitdrukken in een vreemde taal.

» 80 procent van het online verkeer is gericht op 20 procent van de websites.

» 20 procent van de wegen verwerkt ongeveer 80 procent van het verkeer.

» Met slechts 20 procent van alle inspanningen kan met de juiste prioriteiten vaak al 80 procent van het werk worden gedaan.

OEFENING

NIET PERFECT, MAAR GOED

Ongetwijfeld kun je ook voorbeelden uit je eigen leven bedenken. Voor welke van je dagelijkse taken is het voldoende om slechts 80 procent ervan te doen?

De 80-20-regel wordt ook wel het *Pareto-principe* genoemd en is een beproefde timemanagementmethode om efficiënter te werken en slimme prioriteiten te stellen, vooral als er veel gedaan moet worden in weinig tijd. Natuurlijk is de verhouding niet altijd 80-20. Maar het is niet ongewoon dat we zitten te zwoegen op de minder belangrijke deeltaken of ons verliezen in details en zo geen vooruitgang boeken in het eigenlijke project.

TIP

» **Wees blij met fouten.** Elke fout die je in de loop van je leven maakt, brengt je verder en maakt je de persoon die je bent. Fouten maken is absoluut niet erg zolang je jezelf de kans geeft om ervan te leren.

» **Vergelijk jezelf niet met anderen.** Accepteer dat iedereen andere talenten heeft. Gebruik dit inzicht. In plaats van iemand te willen kopiëren, kun je beter op een vruchtbare manier met hem/haar samenwerken.

» **Bedenk dat er niet één echt perfecte persoon bestaat op deze planeet.** Als er iemand is die verwacht dat je perfect bent, neem dan afstand of glimlach erover.

» **Durf anderen om hulp te vragen.** Geef je eigen zwakheden toe en laat je helpen.

» **Wees niet bang om aan de slag te gaan, ook al zijn je plannen nog niet perfect.** Ga gewoon aan de slag en maak het niet ingewikkeld.

Durf ook eens nee te zeggen

Kun je mr. Verhoeven even naar het vliegveld brengen? Kun je in de lunchpauze iets voor me meebrengen van de supermarkt? Heb je tijd om de zaal klaar te zetten voor de vergadering? Kun je even koffiezetten voor mijn cliënt? Kom je na het werk mee een biertje drinken? Ongetwijfeld ken je dit soort vragen wel. Meestal worden ze gesteld als je er geen tijd voor hebt omdat je net met iets anders bezig bent.

Hoe vaak is het niet gebeurd dat je eigenlijk nee had willen zeggen maar dat toch niet hebt gedaan?

We verraden je nu hoe je ook eens 'nee' kunt zeggen, zonder een schuldig geweten.

Blijf vriendelijk

Een manier om de ander voorzichtig nee te verkopen is het zogenoemde *beleefde nee.*

Het beleefde nee bestaat uit drie stappen.

1. **Je zegt nee.**

   Nee.

2. **Je geeft een korte, duidelijke en eerlijke reden.**

   Ik heb vanavond al een afspraak.

3. **Je noemt twee of drie alternatieven waaruit de ander kan kiezen.**

   Maar wat dacht je ervan om volgende week af te spreken of morgen samen te lunchen?

Door de alternatieven die je voorstelt, voelt je gesprekspartner zich niet gekrenkt in zijn trots en zal hij of zij je nee accepteren.

Accepteer je grenzen

Het is gemakkelijker om nee te zeggen als je je vooraf bewust bent van je grenzen. Dit geldt ook voor je lichaam. Als je regelmatig meer van jezelf verwacht dan je aankunt, doen zich waarschuwingssignalen voor die je niet mag negeren:

- Je voelt je 's avonds vaak uitgeput en kunt je niet ontspannen.
- In je vrije tijd heb je geen zin meer om af te spreken met vrienden of familieleden.
- Je hebt moeite met slapen, vooral in de nacht van zondag op maandag.
- Je wordt vaak ziek.
- Je hebt steeds meer moeite om je te concentreren.
- Je hebt zelfs voor simpele taken meer tijd nodig dan normaal.

Blijf bij je nee

Ook al is het soms moeilijk en voel je je niet prettig zodra je nee hebt gezegd: blijf bij je nee. Neem je nee nooit terug en denk aan de voordelen van dit nee, bijvoorbeeld dat je meer tijd hebt voor belangrijkere taken.

Creëer een tijdbuffer

Neem de tijd als iemand je vraagt iets te doen wat je niet echt wilt doen. Laat je niet opjagen en vraag om enige bedenktijd. Neem niet onmiddellijk een beslissing. Zeg bijvoorbeeld tegen de ander: 'Ik ben net druk met iets. Dat ga ik eerst afmaken. Als je dan nog steeds hulp nodig hebt, laat het even weten. Dan kijk ik of ik het kan doen.' Je zult merken dat deze strategie diplomatiek en doelgericht is. Want de ander is in de tussentijd waarschijnlijk op zoek naar een alternatief en zal niet willen wachten tot jij je beslissing hebt genomen.

Een voorbeeld: een kennis vraagt je of zij je auto mag lenen voor het weekend. Je voelt daar weinig voor en zou haar verzoek het liefst meteen weigeren. Maar je wilt haar niet krenken en zegt dat je pas morgen een beslissing kunt nemen. Als je je kennis de volgende ochtend belt, vertelt ze opgelucht dat alles al geregeld is. Haar buurman leent haar zijn auto.

TIP

Als je je niet laat overrompelen en pas na een vertraging (bijvoorbeeld na een nachtje slapen) instemt met een verzoek, zal je ja veel waardevoller lijken.

Luister naar je onderbuikgevoel

Als je een sterke innerlijke afwijzing voelt als je een verzoek krijgt, wacht dan niet. Zeg onmiddellijk nee. Wanneer je bezig bent met de taak die je met tegenzin op je hebt genomen, erger je je op zijn minst groen en geel dat je er weer ingetrapt bent. En boosheid zorgt zeker niet voor concentratie, zodat je waarschijnlijk veel langer nodig hebt voor de taak dan je dacht.

OEFENING

OEFEN OM NEE TE ZEGGEN

Ongetwijfeld kun je meteen een of meer vragen of verzoeken bedenken waarbij het moeilijk is om nee te zeggen.

- Schrijf deze vragen of verzoeken op.
- Sluit nu je ogen en stel je een situatie voor waarin zo'n vraag wordt gesteld.
- Zeg 'nee!' in je hoofd.
- Hoe zou de ander hierop reageren? Wat zou hij in het ergste geval zeggen? Zou jullie relatie hierdoor echt gevaar lopen?

Geconcentreerder door betere organisatie

Vergeet niet dat een dag 1440 minuten heeft. Dat zijn een heleboel minuten. En toch verspillen we er veel van. Door bepaalde werkprocessen, zoals telefoongesprekken of vergaderingen, beter te organiseren of te structureren, kun je je concentreren op de essentie van een proces en bovendien veel tijd besparen.

Effectiever telefoneren

We besteden een aanzienlijk deel van onze tijd aan telefoongesprekken, die we met enkele basisregels en planning niet alleen sneller maar ook met betere resultaten kunnen afhandelen.

- » Groepeer (indien mogelijk) telefoongesprekken in blokken en handel ze een voor een af.
- » Noteer voor een telefoongesprek in trefwoorden je doelen en vragen voor het gesprek.
- » Denk vóór telefonische onderhandelingen na over tegenargumenten en alternatieve voorstellen voor de argumenten van je gesprekspartner.
- » Houd de voor het telefoongesprek benodigde stukken bij de hand.
- » Zeg meteen aan het begin van het gesprek waar het over gaat.
- » Houd het kort en beëindig zakelijke gesprekken snel. Toch kun je daarbij vriendelijk blijven.

» Aantekeningen tijdens het gesprek besparen je gênante vragen. ('Wanneer was die afspraak alweer?')

» Noteer de resultaten en vervolgactiviteiten van het gesprek.

Als je wordt gebeld, geldt:

» Kap smalltalk af als je haast hebt. De vraag: 'Wat kan ik voor je doen?' is de snelste manier om bij de echte reden van het gesprek te komen.

» Als het gesprek te lang duurt of je bezet bent, kun je het gesprek ook onderbreken en aanbieden om terug te bellen.

TIP

Als je werkplek het toelaat, raden wij je aan om stille uren in te stellen. Je collega kan je telefoon opnemen, en daarna neem jij de zijne over. Uiteraard kun je ook het secretariaat of de telefooncentrale laten weten dat je pas op een bepaalde tijd weer bereikbaar bent.

Vergaderingen tijdbesparend plannen

Als je aardige mensen wilt ontmoeten, je belangrijk wilt voelen, indruk wilt maken op je collega's, het samen wachten op een verlate collega een prettig tijdverdrijf vindt en wilt genieten van gratis drankjes en hapjes, dan raden we je een slecht georganiseerde bijeenkomst aan.

Met enkele eenvoudige, maar vaak genegeerde regels kun je vergaderingen effectiever maken:

» Stel vooraf een duidelijke, schriftelijke agenda op.

» Stel doelen. Beschrijf ook welke resultaten moeten worden bereikt.

» Zorg ervoor dat alle stukken ruim van tevoren en niet pas aan het begin van de vergadering worden uitgereikt.

» Houd vergaderingen met een zo klein mogelijk aantal deelnemers. Hoe groter het aantal deelnemers, hoe inefficiënter de vergadering doorgaans is.

» De deelnemers moeten weten hoe ze zich op de vergadering kunnen voorbereiden.

» Wijs een gespreksleider aan voor de vergadering. Deze komt tussenbeide als de discussie in een zijstraat belandt, als meningsverschillen vastlopen of als er overhaaste beslissingen worden genomen.

» Houd altijd vast aan de begin- en eindtijd.

- Bepaal de sancties voor te laat komen (wie te laat is, moet later de lunch voor iedereen betalen of de vergaderzaal opruimen).
- Spreek regels af voor de communicatie. Dit geldt ook voor spreektijden en regels voor de besluitvorming.
- Visualiseer vragen en tussentijdse resultaten op flip-overs of white-boards.
- Soms is een korte pauze beter dan proberen om een probleem direct op te lossen. Pauzes en frisse lucht verhogen de aandacht weer.

Efficiënter e-mails schrijven

De volgende schrijftips voor zakelijke e-mails besparen niet alleen jou tijd, maar ook de geadresseerden:

- Vul altijd de onderwerpregel in en kies hiervoor korte en krachtige formuleringen.
- Vermijd onnodige antwoordmails, zoals: 'Bedankt voor het sturen van het protocol', voor elk kleinigheidje in het zakelijke verkeer.
- Gebruik praktische afkortingen, bijvoorbeeld FYI (for your information), wat aangeeft dat er geen antwoord wordt verwacht.
- Wis bij het beantwoorden van het oorspronkelijke bericht alles wat niet absoluut noodzakelijk is om je antwoord te begrijpen.
- Formuleer zo bondig mogelijk. Gebruik voor de opmaak alinea's met zinvolle witregels.
- Houd de bijlagen klein en hun aantal laag.
- Stuur alleen een kopie naar andere mensen of naar een mailinglijst als dat absoluut noodzakelijk is.
- Gebruik het automatische afwezigheidsbericht als je op vakantie of op zakenreis bent, zodat klanten en collega's weten dat je het bericht pas vanaf de opgegeven datum kunt lezen.

TIP

Het is beter om mondeling dan schriftelijk te communiceren! Vermijd het om conflicten, meningsverschillen of complexe kwesties schriftelijk via e-mail op te lossen. Gebruik in plaats daarvan de telefoon.

Plan anticyclisch

Zwem tegen de stroom in. Als je flexibele werktijden hebt:

- rijd je naar je werk voor of na de spits;
- doe je wat je moet doen wanneer je medemensen dat niet doen. Doe bijvoorbeeld je boodschappen tijdens een uitgebreide lunchpauze en werk 's avonds 30 minuten langer door;
- vermijd je de files aan het einde van de werkdag en de vaak lange rijen bij de supermarkt tussen 17.00 en 18.00 uur.

Een goede dagplanning kan je veel tijd besparen!

IN DIT HOOFDSTUK

Begrijpen wat mindfulness is

Mindfulness inzetten om aandacht bewust te sturen

Automatismen doorbreken met mindfulness

Oefeningen voor het versterken van aandacht

Hoofdstuk 7
Met mindfulness naar meer aandacht

Je vraagt je misschien af of het echt de moeite waard is om dit hoofdstuk te lezen. Is aandachts- of mindfulnesstraining niet iets voor lezers met een nogal esoterische inslag? Dan heb je het bij het verkeerde eind. Het onderwerp mindfulness is inmiddels vanuit wetenschappelijk oogpunt zeer goed onderzocht. En wat dan nog, denk je nu misschien. Waarom zou je je, als ervaren vrouw of man, inlaten met mindfulnessoefeningen?

- » omdat je je vermogen om je te focussen traint en daarmee gerichte aandacht gemakkelijker voor je maakt;
- » omdat mindfulness je beschermt tegen overbelasting;
- » omdat mindfulness je lichaamshouding verbetert;
- » omdat mindfulness concentratieverminderende denk- en gedragspatronen blootlegt;
- » omdat mindfulness je vermogen om alert te blijven traint, ook als je een tekst of lezing in eerste instantie niet begrijpt.

Hebben we je nieuwsgierig gemaakt? Dan ben je nu klaar voor hoofdstuk 7.

De bouwstenen van mindfulness

Mindfulness is een veelgebruikte term. Er zijn echter maar weinig mensen die weten wat erachter schuilgaat. De eenvoudigste definitie van mindfulness is: als ik theedrink, drink ik thee. Achter deze eenvoudige definitie gaan de drie bouwstenen van mindfulness schuil:

- **Het bewust richten van de aandacht op een ding of een activiteit.** In het voorbeeld is dit het drinken van thee.
- **De waardering van het moment.** Als je theedrinkt, denk dan niet na over wat je daarna moet doen.
- **Het vermogen om iets waar te nemen zonder onmiddellijk te reageren of te oordelen.** Categoriseer de thee na de eerste slok niet meteen als 'smaakt' of 'smaakt niet' en kieper in het geval van 'smaakt niet' de thee niet direct weg in de gootsteen. Het is mogelijk dat het aroma zich pas later ontwikkelt: in dit geval zou dat het wachten waard zijn. Of je neemt de tijd om op internet te zoeken naar andere meningen over de theesoort en ontdekt dat je bij de bereiding ervan de verkeerde watertemperatuur hebt gekozen.

Laten we de mindfulnessbouwstenen eens van dichterbij bekijken.

Bewust richten van de aandacht

In hoofdstuk 1 hebben we concentratie gedefinieerd als bewust gerichte aandacht over een langere periode. Toevallig of niet, maar de eerste mindfulnessbouwsteen bevat ook precies deze bewust gerichte aandacht.

Onze aandacht bepaalt wat we registreren en wat we buitensluiten.

Het richten van onze aandacht gebeurt echter vaak niet bewust, maar wordt bepaald door externe en aantrekkelijke prikkels. Zo draai je onwillekeurig in de richting van waaruit je een onverwacht geluid hoort. *Bewuste aandachtssturing* is daarentegen vergelijkbaar met de lichtbundel van een toneelschijnwerper. Stel je voor dat je:

- niet alleen de rol van een lichttechnicus vervult die de instructies van een regisseur moet opvolgen;

- maar zelf de regisseur bent. Dus je beslist zelf welke delen van het toneel je wilt uitlichten.

Dan volgt het licht geen automatismen meer: in een toestand van mindfulness, ben je in staat om de plekken te selecteren die moeten worden verlicht.

Je kunt je aandacht richten op:

- een activiteit;
- een taak;
- een gedachte;
- een object;
- een persoon;
- een gevoel;
- je eigen adem;
- bepaalde delen van het lichaam.

Ongetraind vinden mensen het nogal moeilijk om zich lang op één zaak te concentreren. De steentijdmens in jou is er nog steeds (hoofdstuk 2 en 3). Zonder het oefenen van bewuste aandachtssturing is de geest als een rusteloos rondspringende aap die getemd moet worden.

Als je deze rondspringende aap wilt temmen, kun je je adem gebruiken als oefenpartner. Probeer je aandacht voor een langere periode uitsluitend te richten op de in- en uitstroom van je adem. In het begin zal je aandacht waarschijnlijk steeds weer afdwalen. Met elke oefening wordt het gemakkelijker om je focus vast te houden. Hierdoor worden pauzes tussen afleidende gedachten langer.

Een mindfulnesstraining traint daarom eerst je vermogen om je aandacht consistenter en betrouwbaarder te richten, en is daarom een waardevol instrument om je concentratiespier te trainen (hoofdstuk 1). Als je wilt, kun je meteen een oefening in aandachtig ademen (*mindful breathing*) uitproberen. Met behulp van de volgende oefening leer je:

- om je te concentreren op je adem;
- om afleidende gedachten te registreren en verminderen;
- om na afleidingen bewust terug te keren naar een activiteit;
- om je concentratievermogen te verbeteren.

DE ADEMHALING GADESLAAN

OEFENING

Neem de tijd om een goede zithouding te vinden.

Je handen kunnen op je schoot rusten of los langs je lichaam hangen.

Sluit je ogen en richt je aandacht op de bewegingen van je ademhaling. Verplaats jezelf in de rol van een onderzoeker die met belangstelling kennisneemt van alle bewegingen.

- Waar voel je de adem in je lichaam?
- Welke delen van het lichaam worden bewogen door de adem?
- De borstkas?
- De buik? Komt de buikwand omhoog als je inademt? Gaat hij weer omlaag als je uitademt?

Ga nu met je aandacht naar de sensaties die de ademhaling veroorzaakt in het neusgebied. De fijne sensaties van de stroom van de adem langs de neusvleugels, misschien minimale oprekking en ontspanning.

Het kan ook zijn dat je de luchtstroom opmerkt aan de bovenlip.

Kies uit dit gebied een sensatie die je goed kunt waarnemen. Een punt waarop je je aandacht kunt laten rusten.

Als je een punt hebt gevonden, blijf dan daar met je aandacht.

Neem gewoon alleen maar waar.

Het in- en uitademen. In zijn geheel eigen ritme.

Je hoeft niets te veranderen.

Laat alles zoals het is.

Wanneer je merkt dat je gedachten gaan afdwalen, kun je er even kennis van nemen en dan bewust weer teruggaan naar je ademhaling en aandachtspunt.

Laat de focus van de waarneming daar rusten.

Ga na 2 tot 3 minuten met je aandacht terug naar de kamer waarin je zit.

Haal een paar keer diep adem en open je ogen.

Als je tijdens de oefening moeite had om met je aandacht bij je adem te blijven, kun je opkomende gedachten benoemen. Het labelen van gedachten als 'gedachten' kan je helpen de gedachten te onderbreken en terug te keren naar de gekozen focus.

De waardering van het ogenblik

De tweede bouwsteen van mindfulness beschrijft het aspect van het huidige ogenblik, het hier en nu.

Ons dagelijks leven wordt gevormd door gedachten over de toekomst of het verleden. Voor sommige zijn we bang, van sommige worden we weemoedig, en vergeten daarbij dat het leven zich uitsluitend in het heden afspeelt. We denken op zondag al aan maandag en op maandag beginnen we al met het aftellen van de dagen tot het weekend.

Mindfulness betekent dat je je richt op het huidige moment.

Soms wordt zo'n waardering van het moment vergeleken met de waarneming van een kind dat iets voor het eerst ziet.

Met zo'n houding train je een open, nieuwsgierige en geïnteresseerde benadering van elke actuele activiteit, of het nu gaat om een klantgesprek, de voorbereiding van een lezing of het vertrouwd raken met een nieuw computerprogramma.

Probeer je dagelijkse werk te bekijken door de nieuwsgierige en enthousiaste ogen van een kind dat voor het eerst een kopieermachine of een printer ziet (zie hoofdstuk 20 voor een geschikte oefening). Je kent waarschijnlijk een dergelijke manier van ontdekken wanneer je aankomt op een voorheen onbekende vakantiebestemming. Je komt verwachtingsvol je hotelkamer binnen, test het comfort van het bed en opent nieuwsgierig het raam. Kun je de zee echt zien zoals beloofd in de brochure? Er is veel te ontdekken op een eerste vakantiedag.

In ons dagelijks werkend leven staan ons echter alleen schijnbaar vertrouwde dingen te wachten. We kijken maar half en besteden geen aandacht meer aan bekende objecten en bezigheden. De volgende oefening gaat over het met geïnteresseerde ogen kijken naar wat al bekend en vertrouwd is en het opnieuw ontdekken van je persoonlijke omgeving. Op deze manier breek je automatismen af die in het geval van werkroutine snel tot onoplettendheid leiden: je kijkt niet goed en ziet mogelijk belangrijke details van een taak over het hoofd.

HET VERTROUWDE MET ANDERE OGEN WAARNEMEN

OEFENING

Kies een alledaagse situatie die voor jou pure routine is. Dit kan je ochtendritueel zijn, de gebruikelijke weg naar je werk of de bereiding van een maaltijd.

Verzamel zoveel mogelijk indrukken en let bewust op kleine dingen. Vallen je dingen op die je nog nooit bewust hebt opgemerkt of waar je nog nooit aandacht aan hebt besteed?

Hoe ziet de steel van je tandenborstel eruit? Welke vorm heeft de handgreep van de douchekraan? Is er iets op weg naar werk dat je nog nooit eerder hebt opgemerkt? Kun je iets nieuws ontdekken als je uit het kantoorraam kijkt?

Besteed tijdens je gebruikelijke activiteiten vanaf nu eens aandacht aan dingen waar je anders niet op zou letten.

Het vermogen om dingen van een afstand te bekijken

Stel je voor dat je op een vlot zit op een traag stromende rivier. Je ligt te dommelen op de houten planken wanneer het vlot plotseling begint te versnellen. De stroom wordt met elke seconde sterker. Je springt op en probeert peddelend de oever te bereiken. Met je laatste kracht maak je het vlot aan een boomstam vast met een touw en klim je de oever op. Je gaat een beetje stroomafwaarts en ontdekt gevaarlijke stroomversnellingen achter de volgende bocht. Als je je gewoon had laten meedrijven, zouden jij en je vlot in een 10 meter diepe afgrond zijn gestort.

Figuurlijk gezien laat deze korte verbeeldingsoefening zien dat het gevaarlijk kan zijn om je te laten meeslepen als het vaarwater van het leven in emotionele beroering raakt. Het zou verstandiger zijn om bewust de voortrazende stroom van woede, wrok of angst te verlaten en zo het vlotperspectief in te ruilen voor het oeverperspectief. Vanuit het perspectief van de oever zie je gevaren en alternatieve gedragsopties die je vanuit het oogpunt van het vlot niet of te laat zou hebben opgemerkt.

De derde mindfulnessbouwsteen moedigt je aan om in emotioneel geladen situaties:

» **Impulsief handelen te vermijden.** Lukt het je om weerstand te bieden aan een overhaaste en ondoordachte impuls om te handelen en te wachten tot je weer helderder kunt denken?

» **Het standpunt van een meer neutrale waarnemer in te nemen.** Hoe zou een buitenstaander de situatie zien?

Dan kun je kortsluiting vermijden en de situatie van een tijdelijke of emotionele afstand beter bekijken en verstandiger beslissingen nemen of een nauwkeuriger oordeel vellen. Een nauwkeurige blik is immers de voorwaarde om een probleem op een op kennis gebaseerde en intelligente manier aan te pakken.

TIP

Woede leidt af en beperkt het waarnemings- en concentratievermogen. Wat je doet onder invloed van een acuut gevoel van boosheid leidt vaak tot verkeerde beslissingen of conflictescalatie.

Als je je ergert aan een e-mail van een collega, is je eerste impuls waarschijnlijk om meteen een antwoord terug te schrijven. Je wilt de afzender laten weten dat hij te ver is gegaan. Met stoom uit de oren stuur je een e-mail waar je misschien de volgende ochtend al spijt van hebt.

Daarom raden we je aan om niet meteen emotioneel geladen e-mails te sturen, maar ze in de concepten op te slaan en er een nachtje over te slapen. De volgende ochtend kun je dan nog eens met enige afstand, minder boosheid en geconcentreerd naar de e-mail in de conceptenmap kijken:

» Wil je de e-mail echt zo versturen of wil je er toch iets aan veranderen?

» Was je woordkeuze zakelijk genoeg of is het verstandig om de inhoud te combineren met een de-escalerende schrijfstijl?

» Wil je de e-mail aan een neutrale derde partij laten zien voordat je hem uiteindelijk verstuurt?

Wanneer je jezelf in emotioneel geladen situaties de vraag stelt 'Wat moet ik doen?', krijg je andere opties voor een oplossing dan wanneer je jezelf dezelfde vraag stelt met een beetje afstand en in een meer ontspannen staat. Kalmte biedt de mogelijkheid de kwaliteit van het denken en spreken te verhogen en daarmee geconcentreerder te werken.

GEWOON EENS VERANDEREN VAN PERSPECTIEF

OEFENING

De derde mindfulnessbouwsteen betreft het vermogen om situaties op afstand en vanuit een ander oogpunt te bekijken. Oefen daarom regelmatig om een ander perspectief te hanteren dan je gewend bent.

- Stel je je huidige standpunt voor vanuit vogelperspectief.
- Bedenk hoe je kantoor er ondersteboven uit zou zien.
- Verruil voor een dag van werk met een collega of je chef. Dit is natuurlijk niet altijd zonder meer mogelijk.

TIP

Als je in staat bent om een taak niet meteen te bestempelen als 'wil ik niet' of 'begrijp ik niet', vermijd je negatieve gevoelens zoals ergernis of faalangst en de daarmee gepaard gaande mentale blokkades en verminderde concentratie. Dus probeer altijd iets goeds uit elke taak te halen.

Mindfulnessoefeningen voor het dagelijks werk

Veel mindfulnessoefeningen kun je direct integreren in je dagelijkse werkroutine en zo je concentratievermogen en focus verbeteren.

Mindful aan de werkdag beginnen

Een werkdag begint vaak al hectisch. Je hebt de wekker ingesteld op de laatst mogelijke tijd en komt in een slecht humeur uit bed. Nu moet het snel gaan: een snelle sprong onder de douche, 5 minuten om je aan te kleden, een snel ontbijt en met gehaaste stappen naar de bus. Je voelt je al gestrest voordat je op kantoor bent. Het hectische tempo van de ochtend werkt vaak de hele werkdag nog door. Je vermoedt het al: je hebt geen goede basis gelegd voor een geslaagde werkdag.

Probeer met de volgende oefening de dag anders te beginnen dan gebruikelijk.

OEFENING

ANDERS OPSTAAN

Laat je een kwartier eerder dan normaal wekken.

Open je ogen en ga rechtop zitten. Deze positie voorkomt dat je weer in slaap valt.

Adem een paar keer diep in en uit.

Gedachten kunnen komen en gaan. Houd gedachten niet vast.

Voel dan je lichaam vanbinnen. Wat voel je in welk deel van je lichaam?

Neem je stemming waar zonder te oordelen.

Na ongeveer 5 minuten rek je je goed uit. De dag kan beginnen.

Ondanks de 5 minuten durende mindfulnessoefening in bed heb je nu 10 minuten meer tijd, bijvoorbeeld voor het volgende:

- Geniet in alle rust van je douche.
- Trek voor de spiegel je mondhoeken naar boven. En verdraaid: je spiegelbeeld kan het niet laten om te glimlachen.
- Neem ook wat meer tijd voor het ontbijt.
- Vertrek vroeg genoeg om op een ontspannen manier naar je bus, tram of trein te gaan. Hetzelfde geldt natuurlijk voor reizen met de auto of de fiets: vertrek niet op het laatste moment, zodat je niet bij elk rood stoplicht het gevoel krijgt dat je niet op tijd op je werk komt.
- Neem op weg naar je werk bewust iets moois waar: ontdek een vlinder aan de kant van de weg, laat je aansteken door het gelach van een kind of luister naar het ochtendgezang van een vogel in de boom naast de bushalte.

Mindful zitten

De volgende mindfulnessoefening, mindful zitten, helpt je om je te concentreren vlak voor je aan het werk gaat of in een korte pauze. Bovendien krijg je meer aandacht voor verkeerde houdingen en gespannen lichaamsdelen en kun je met een aangepaste zithouding of progressieve spierontspanning (hoofdstuk 10) gerichte tegenmaatregelen nemen, voordat rug- of nekpijn je van het werk afleiden.

OEFENING

CHECK-UP VOOR JE ZITHOUDING

Kies een zo recht mogelijke zithouding en sluit je ogen. Plaats je voeten of schoenen op de vloer. Je handen rusten op je bovenbenen.

Breng je aandacht naar je voeten of schoenen.

Raak je de grond met je hele voet- of schoenzool?

Op welk deel van de voet of schoen is het contact met de vloer het meeste merkbaar?

Ga met je aandacht over je enkels en kuiten tot aan je bovenbenen.

Neem de plekken waar waar je lichaam contact maakt met je (kantoor)stoel.

Zit je rechtop?

Voel je de rugleuning van je stoel?

Maken je bovenbenen contact met de stoel?

Neem de tijd die je nodig hebt en doe dan je ogen weer open.

Rechtop staan

Als je vaak lezingen geeft of een staand beroep hebt, dien je te letten op een rechte lichaamshouding. Een rechte lichaamshouding voorkomt verkrampingen, versterkt je gevoel van eigenwaarde en verbetert je uitstraling. Als je gewend bent om nogal slungelig en ingezakt te staan, probeer dan deze geautomatiseerde houding met een bewust rechte houding tegen te gaan. Hoe ziet een rechte lichaamshouding eruit?

- Ga niet slungelachtig of voorovergebogen staan, maar ook niet stijf of gespannen. Stel je voor dat je kruin je lichaamsgewicht vanuit je voeten omhoogtrekt.
- Houd je schouders ontspannen, trek ze niet op. Knijp ook niet krampachtig je schouderbladen naar elkaar toe. Strek in plaats daarvan in je verbeelding de borstkas uit: naar voren en naar boven.

» Houd je kin natuurlijk, stabiel en horizontaal. Niet optillen! Dat ziet er aanmatigend uit en stoot juist af.

Bewust de trap op lopen

Trappenlopen is voor veel mensen een onderdeel van de dagelijkse routine. Ook dit kun je mindful doen.

OEFENING

STAP VOOR STAP

Neem (bijvoorbeeld op weg naar je kantoor op de tweede verdieping) langzaam één trede tegelijk en richt je aandacht uitsluitend op je voetenwerk en je ademhaling.

Kies een bepaald ademhalingsritme en adem bijvoorbeeld twee treden diep in en de volgende twee treden uit.

Deze gemakkelijk uit te voeren oefening versterkt niet alleen je vermogen om je te concentreren, maar zorgt er ook voor dat je beweegt voordat je aan je werk begint en zo je hersenen beter voorziet van zuurstof.

IN DIT HOOFDSTUK

- Het verband tussen motivatie en concentratie
- Meer plezier beleven aan het werk
- Motivatietechnieken toepassen

Hoofdstuk 8

Geconcentreerder door motivatie

Er zijn dagen dat je al met tegenzin naar kantoor rijdt. Aangekomen bij je bureau, ligt er een bijna onoverzienbare berg onverwerkte dossiers op je te wachten. Je opent op de automatische piloot de dichtstbijzijnde map en na een paar minuten betrap je jezelf erop dat je al verlangend naar de klok kijkt. Als je kon, zou je de tijd het liefst 8 uur vooruit draaien. Of in ieder geval tot de lunchpauze. Telkens weer zit je te dagdromen en je kunt je nauwelijks concentreren. Iedereen heeft weleens zo'n dag meegemaakt waarop je werkmotivatie ver te zoeken was.

Als je ongemotiveerd bent, werk je langzamer en minder geconcentreerd. Motivatie en concentratie zijn namelijk nauw met elkaar verbonden. Het is daarom slim om technieken te kennen voor het opbouwen van werkmotivatie. We hopen dat je nu gemotiveerd genoeg bent om hoofdstuk 8 te lezen. Je concentratie zal je er dankbaar voor zijn.

De grote broer van concentratie

Zonder motivatie wordt het niets. Je hebt deze zin waarschijnlijk al eerder gehoord. Wie zonder motivatie werkt, vindt het moeilijker om zich te concentreren. Ja, je zou kunnen zeggen dat motivatie zoiets is als de grote broer van concentratie. Dus laten we deze grote broer van concentratie eens van dichterbij bekijken.

Wat is motivatie?

Men heeft het vaak over motivatie, maar iedereen bedoelt er weer iets anders mee en bijna niemand kan de term echt definiëren.

Motivatie is de richting, de intensiteit en de duur van een gedragsbereidheid naar doelen toe of ervan weg. Wat op het eerste gezicht vrij ingewikkeld klinkt, is eigenlijk heel eenvoudig. Want deze definitie is gebaseerd op niet meer en niet minder dan drie centrale uitspraken:

- Zonder doel is gemotiveerd handelen niet mogelijk.
- Afhankelijk van het belang of de urgentie van het doel kan motivatie juist zwak of sterk zijn.
- Motivatie kan van korte of lange duur zijn.

Je hebt dus een doel nodig, of het nu om een werkdoel op lange termijn gaat of een alledaags kortetermijndoel. Hoe belangrijker en urgenter dit doel is, des te sterker en aanhoudender is de daaruit voortkomende motivatie.

Vormen van motivatie

In principe maakt men onderscheid tussen:

- intrinsieke motivatie;
- extrinsieke motivatie.

Intrinsiek betekent ‘van binnenuit’, terwijl extrinsiek ‘van buitenaf’ betekent. Als je intrinsiek gemotiveerd bent, vind je het gewoon leuk wat je doet, heb je er plezier in of vind je het interessant. Intrinsieke motivatie is dus een goede zaak.

Helaas is dit op het werk niet altijd het geval. Anders hadden we ons de moeite kunnen besparen om dit hoofdstuk te schrijven. Want dan zou motivatie vanzelfsprekend zijn en demotivatie net zo onwaarschijnlijk als het winnen van de loterij.

Ontmasker je demotivatoren

Demotivatoren zijn de oorzaken van een zwakke motivatie. Als je je demotivatoren kent, weet je wat je kunt veranderen om je motivatie en daarmee je concentratie te versterken.

Het in Texas gevestigde National Business Research Institute heeft onderzocht wat werknemers het vaakst demotiveert:

- **Disrespect.** Iedereen wil gewaardeerd worden voor zijn of haar werk en zich erkend voelen. Wie zich een ongeluk werkt en niet eens een bedankje krijgt, werkt de volgende keer alleen nog maar volgens het boekje.
- **Permanente druk.** Stress die meerdere weken aanhoudt is niet alleen een gevaar voor de gezondheid, maar vermindert waarschijnlijk ook de motivatie om naar je werk te gaan.
- **Baanonzekerheid.** Zelfs als outsourcing of fusies vanuit zakelijk oogpunt zinvol zijn, gaan deze maatregelen bij de werknemers altijd gepaard met angst. Wie zich ondanks goede prestaties zorgen moet maken over ontslag, zal niet meer gemotiveerd werken en afgeleid worden door angst voor de toekomst.
- **Oneerlijke beloning.** Wie bovengemiddeld goed presteert zonder dat dit tot uitdrukking komt op het loonstrookje, wordt steeds gedemotiveerder.
- **Gebrekkige communicatie.** Niets frustreert medewerkers meer dan leidinggevenden die zich achter hun kantoordeur verstoppen, niet luisteren of te weinig hun waardering uitspreken. Als werknemers het gevoel hebben dat hun leidinggevende niet in hen is geïnteresseerd, is demotivatie onvermijdelijk.
- **Pessimisme.** Als je op het werk omringd wordt door zeurpieten en pessimisten, die in elke soep een vlieg vinden en zich over alles negatief uitlaten, dan is het moeilijk om gemotiveerd te blijven. Waarom zou je je best doen als het uiteindelijk waarschijnlijk toch allemaal fout gaat?
- **Slechte werksfeer.** Tevreden medewerkers zijn ook gemotiveerde medewerkers. Wie zich echter onprettig voelt op het werk of gepest wordt, komt 's morgens al zonder motivatie het bedrijf binnen.
- **Onduidelijke doelen.** Duidelijk omschreven doelstellingen zetten ons aan om die ook te bereiken. Hoe vager de doelen zijn, hoe meer een werknemer in de war en gedemotiveerd raakt.
- **Onaangename taken.** Bij bezigheden die niet erg leuk of saai zijn, ligt er een grote beer op de weg naar je bureau. Natuurlijk kan niet elke taak aangenaam zijn. Te veel onaangename taken verminderen echter aanzienlijk de motivatie om te werken.

- **Verspilde tijd.** Lange vergaderingen die aan het eind geen zichtbare vooruitgang opleveren, werken net zo op de zenuwen als voortdurende veranderingen in werkprocessen.
- **Onaangenaam gedrag van leidinggevenden.** Een chef die zijn stem verheft en tegen zijn medewerkers schreeuwt, verliest niet alleen het respect van zijn medewerkers, maar zet ook de motivatie van het team op het spel.

OEFENING

JE PERSOONLIJKE DEMOTIVATOREN

Ga voor jezelf na:

- Wat demotiveert jou persoonlijk?
- Wat weerhoudt je ervan om gemotiveerd aan je bureau te zitten?
- Bij welke bezigheden ben je minder geconcentreerd dan bij andere bezigheden?

Vind je motivatoren

Het Manpower-onderzoek 'Arbeitsmotivation' heeft in 2018 de belangrijkste motivatoren op de werkplek in kaart gebracht. Daartoe behoren:

- flexibele werktijden;
- een goede relatie met leidinggevenden en collega's;
- teamwork;
- kleine attenties (bijvoorbeeld gratis drankjes);
- gezondheidsbevorderende maatregelen vanuit het bedrijf;
- een aantrekkelijke interieurinrichting (bijvoorbeeld planten in het kantoor).

OEFENING

WAT JE AANSPOORT

Ontdek wat je drijft. Denk daarbij niet alleen aan je werk.

Bedenk voor welke bezigheden je zeer gemotiveerd bent en waarom. Speel een beetje voor detective. De beloning voor je zoektocht zijn eerste ideeën over hoe je je motivatie op het werk kunt verbeteren.

Gemotiveerder werken

Als je vaak ongemotiveerd aan het werk bent, kun je daar iets aan doen. Bekijk onze motivatietips en kies één of twee tips die je morgen wilt uitproberen. Het is niet genoeg om onze suggesties te lezen en ze goed te vinden. Je moet ze ook toepassen. Wacht dus niet tot je de inhoud van dit hoofdstuk alweer bent vergeten, maar begin morgen al aan een gemotiveerdere werkdag.

Stel doelen voor jezelf

Gemotiveerd handelen zonder doelen is niet mogelijk. Dus stel jezelf doelen en hou ze altijd in gedachten als je werkt. Als je een doel voor ogen hebt, zijn alle activiteiten die nodig zijn om dat doel te bereiken zinvol. Werk dat je doel dient, zul je gemotiveerder uitvoeren dan ander werk.

Zelfs als een bepaalde werktaak op het eerste gezicht niet veel zin lijkt te hebben, maakt deze deel uit van je werk. Vraag je in dit geval af waarom je baan (niet die afzonderlijke taak!) zinvol is en ten dienste staat van jouw gewenste levenssituatie.

Als je doelen niet duidelijk zijn, kun je ze met een van de volgende drie oefeningen achterhalen. Kijk gewoon welke oefening het best bij je past.

OEFENING

DE GOEDE FEE

Sta je ons toe dat we voor één keer een gekke gedachte uitwerken?

Stel dat er komende nacht een fee aan je verschijnt. Een fee die alle wensen kan vervullen. Welke wens komt als eerste bij je op? Vertel de fee deze wens.

Uit het toverstokje van de fee verschijnen enkele fonkelende sterren: je wens is vervuld.

- Wat zou dit wonder veranderen aan je gedrag, je denken, je gevoel?
- Wat zou je precies anders doen dan voorheen?
- Wie zou behalve jijzelf de verandering het eerst opmerken?
- Waaraan precies?

Laten we er nu van uitgaan dat je wens niet door de fee maar door je eigen optreden in vervulling is gegaan:

- Wat heb je daarvoor gedaan?

- Welke stappen waren noodzakelijk?
- Is het de moeite waard om vandaag al gemotiveerder aan dit doel te werken?

OEFENING

TERUGKIJKEN

Stel je voor dat je de pensioengerechtigde leeftijd hebt bereikt en geniet van de eerste dagen van je nieuwe levensfase. Kijk terug en schrijf op een A4-tje een fictieve terugblik op je werkzame leven (en als je wilt ook je privéleven).

Zo'n fictieve autobiografie onthult je motieven en doelen in het leven. Het helpt je om je bewust te worden van waar je naartoe wilt in het leven.

OEFENING

EEN TOEKOMSTVISIE ONTWIKKELEN

Stel je voor dat je de kans krijgt om precies 5 jaar in de toekomst te springen. Ontwikkel een visie op hoe dat leven er over 5 jaar uitziet.

- Welke doelen wil je bereiken?
- Hoe belangrijk zijn deze doelen voor je?
- Wat kun je vandaag al doen om het bereiken van deze doelen waarschijnlijker te maken?

Werk met deadlines

We hebben de neiging om onaangename taken zo lang mogelijk voor ons uit te schuiven. Als het moment naderbij komt dat ze klaar moeten zijn, slagen we er onder de druk van de tijd eindelijk in om in actie te komen.

Je kunt van dit fenomeen gebruikmaken door jezelf deadlines te stellen. Onze tweede motivatietip sluit daarmee direct aan bij de eerste. Deadlines zijn ook doelen, strikt genomen kortetermijndoelen. Dus plan wat je bereikt wilt hebben tegen het einde van de werkdag.

TIP

Schrijf 's morgens op een todolijstje wat je tegen lunchtijd of het einde van de dag gedaan wilt hebben. Dit is motiverender dan alleen maar door de werkdag te hobbelen. Items op todolijsten kunnen één voor één worden afgevinkt of je kunt voltooide taken doorstrepen. Alleen al het vooruitzicht om aan het eind van de dag alle items op de todolijst te hebben afgevinkt of doorgestreept werkt motiverend.

Een andere functie van todolijsten heb je al leren kennen bij het lezen van hoofdstuk 3.

De kans is nog groter dat je je aan een todolijstje houdt als je er melding van maakt aan je collega's. Uiteindelijk staat je eigen geloofwaardigheid op het spel en die wil je niet zelf ondermijnen.

PAS OP

Hoe zinvol deadlines ook zijn: bouw voldoende tijdbuffers in. Want te veel tijdsdruk leidt tot stress! En stress vermindert weer je concentratievermogen (zie hoofdstuk 4).

Deel uitgebreide taken op in hapklare brokken

Als je op een bergwandeling een lange weg te gaan hebt met een groot hoogteverschil, zoek je automatisch naar tussentijdse etappebestemmingen. Het is gemakkelijker om etappes af te leggen dan vanaf het begin steeds de hele afstand voor ogen te hebben. Na elke etappe kun je een pauze inlassen en iets eten of stoppen bij een berghut. Vertaald naar je werksituatie lijkt een uitvoerige taak in het begin nauwelijks haalbaar en daarom niet erg aantrekkelijk. Opgedeeld in hanteerbare onderdelen ziet de taak er haalbaarder uit en is het gemakkelijker voor je om eraan te beginnen.

TIP

Vermijd het gevoel dat je iets niet af gaat krijgen door een groot project in verschillende etappes op te splitsen en die één voor één af te werken.

Snijd aan wat je demotiveert

Veranderingen van buitenaf kunnen alleen plaatsvinden als je ter sprake brengt wat je demotiveert. Als je je ergert aan oneerlijke beloning, een ondoordachte uitspraak van je leidinggevende of lange vergaderingen zonder resultaat, dan moet je de moed hebben je onbehagen te uiten. Het mogelijke gevolg zou kunnen zijn:

- dat je een loonsverhoging krijgt;
- dat je leidinggevende zich respectvoller tegenover jou gedraagt;
- dat vergaderingen in de toekomst gestructureerder verlopen of aan een tijdslimiet gebonden zijn.

Natuurlijk is het ook mogelijk dat je tegen dovemansoren praat en dat er niets verandert. In dit geval heb je het tenminste geprobeerd. Of zoals het gezegde luidt: niet geschoten is altijd mis.

Meer plezier in het werk

Aan elke taak valt minstens één interessante kant te ontdekken. Wat je graag doet, leidt meestal tot betere resultaten dan datgene wat je verveelt. En als je goede resultaten kunt leveren, ga je met een voldaan gevoel weer naar huis.

TIP

Het plezier in het werk is het grootst als een taak je niet onder- of overbelast. Bij een uitdaging overheerst het gevoel dat we de bijbehorende taak aan het eind onder de knie hebben gekregen. Uitdagende taken leiden tot diepgaander werk, gecombineerd met het vrijkomen van endorfinen, ofwel gelukshormonen. Psychologen spreken van een *flow*: je bent gefocust en gaat helemaal op in de taak. Een prettig neveneffect is dat de tijd subjectief sneller voorbijgaat bij uitdagende activiteiten. Je werkdag lijkt aanzienlijk korter dan bij saaie taken.

Geef jezelf, indien mogelijk, uitdagende taken om de motivatie en concentratie hoog te houden.

Ook bij eentonig werk kan de motivatie behouden blijven. In plaats van je neer te leggen bij je lot, dien je erover na te denken hoe je er het beste van kunt maken voor jezelf. Vaak is er de mogelijkheid om naast de nogal onderbelastende bezigheid een meer voldoening gevende opgave in het bedrijf op je te nemen:

- Doe een vervolgopleiding tot stressmanager van het bedrijf.
- Organiseer de volgende kerstborrel.
- Word de verantwoordelijke voor de brandveiligheid in je bedrijf.
- Stel je verkiesbaar als lid van de ondernemingsraad.

Als het niet mogelijk is andere taken op je te nemen, betekent dit niet dat je geen plezier aan je werk kunt beleven.

Maak van je werk een spel

Ken je het boek *The Adventures of Tom Sawyer* van Mark Twain? Toen tante Polly Tom dwong het hek te schilderen, deed hij tegenover zijn vrienden alsof dit de meest benijdenswaardige baan ter wereld was. Uiteindelijk hebben zijn vrienden hem zelfs iets betaald om zelf met de verfkwast te mogen zwaaien. En ze hadden er veel plezier in, omdat ze dachten dat ze iets leuks deden in plaats van te werken.

TECHNISCHE INFO

GAMIFICATIE: WANNEER HET WERK EEN SPEL WORDT

Speelse elementen in het arbeidsproces leiden tot meer motivatie, minder fouten in de productie en meer sociale uitwisseling tussen medewerkers. In vakjargon wordt dit *gamificatie* genoemd. In een Amerikaanse fabriek voor tafellampen wordt het werk aan de lopende band tot een spel: de arbeiders krijgen punten voor elke handeling, van het uitpakken van de onderdelen tot het controleren van de kwaliteit van de lampenkap. Wederzijdse hulp levert bonuspunten op. Sensoren registreren elke stap in het proces. Hoe meer armaturen correct zijn gemonteerd, hoe sneller de score stijgt, die wordt weergegeven op een display op de productielijn. In plaats van eentonig lopendebandwerk is het resultaat een geanimeerde wedstrijd die de stemming erin houdt en bovendien de productiviteit verhoogt.

Het is echter aanbevelenswaardiger als deelname aan dergelijke spellen vrijwillig is. Gedwongen maatregelen creëren vaak weerstand of een gevoel van ongewenste controle.

» **Dossierdobbelen.** Leg de volgende vijf te verwerken dossiers naast elkaar en nummer ze van 1 tot 5. Gooi vervolgens een dobbelsteen. Het gegooide cijfer bepaalt aan welk bestand je als volgende gaat werken. Als je een 6 gooit, mag je een pauze houden van 5 minuten.

» **Wedden dat.** Wed met je collega wie er tegen lunchtijd meer dossiers heeft verwerkt of klanten heeft geworven voor een consultatie. Wie verloren heeft, betaalt in de kantine een drankje voor de winnaar.

» **Detective spelen.** Bij sommige puzzelspellen krijgt de toeschouwer twee plaatjes voorgeschoteld die er op het eerste gezicht hetzelfde uitzien. In het tweede plaatje zitten echter fouten verborgen. Op een vergelijkbare manier kun je speels zoeken naar fouten. Word een detective! Het bedrijf Microsoft maakte in 2008 op grote schaal gebruik van dit detective-idee: het liet IT-specialisten het tegen elkaar opnemen om zoveel mogelijk bugs te vinden in de gelokaliseerde versies van het Office-pakket. Binnen enkele dagen werden zo 170 fouten opgespoord.

Een goed humeur door muziek

Je kunt ook voor een goed humeur op het werk zorgen door naar je favoriete muziek te luisteren. Wees echter voorzichtig met muziek die de concentratie vermindert! Instrumentale muziek en nummers die je al vele malen hebt gehoord zijn het geschiktst. In tegenstelling tot nieuwe streams vormen deze nummers geen nieuwe informatie voor je hersenen en kunnen als achtergrondgeluid een goed gevoel bij het werk ondersteunen.

Bij complexe taken kan muziek echter afleiden. Muziek kun je het best inzetten bij:

- » routinebezigheden;
- » creatieve taken.

Als het luisteren naar muziek tijdens het werk storend of niet mogelijk is (bijvoorbeeld als je een klantenadviseur bent in een bankfiliaal), kun je je huidige favoriete nummer gebruiken als wekker of ernaar luisteren op weg naar het werk. Op deze manier vergroot je de kans dat je in een goed humeur op het werk verschijnt.

Verheug je op elke dag

Denk elke ochtend na over waar je die dag naar uitkijkt. Ook al is dat soms moeilijk: zoek iets om naar uit te kijken, bijvoorbeeld een gesprek met een leuke klant, de lunch met collega's of de terugkeer van een gewaardeerde collega van vakantie.

Je gaat zo met een ander gevoel naar je werk dan wanneer je alleen maar denkt aan wat er die dag mis zou kunnen gaan of welke onaangename ontmoetingen je te wachten staan.

Lach vaker

Als je glimlacht of lacht, neemt de productie van de stresshormonen cortison en adrenaline af. In plaats daarvan komt het gelukshormoon serotonine vrij. Dit werkt zelfs als je eigenlijk geen zin hebt om te lachen. Het enige wat je hoeft te doen is een pen horizontaal in je mond te doen zodat de mondhoeken een stuk omhooggetrokken worden.

TIP

Is het je ooit opgevallen dat je veel dieper ademt als je lacht? Hierdoor wordt de bloedsomloop gestimuleerd en worden je lichaamscellen van meer zuurstof voorzien, waardoor ook je concentratie toeneemt.

Plezier met collega's

Met leuke collega's kan elke bezigheid plezierig zijn. Zorg dus, binnen de grenzen van de mogelijkheden, dat het team in een goed humeur is en dat het samenzijn aangenaam en respectvol is.

De werksfeer speelt een grote rol bij de motivatie. We hebben daarom een aparte paragraaf gewijd aan dit aspect.

Zorg voor een goede werksfeer

Wanneer je met andere mensen samenwerkt, kunnen zij een grote invloed hebben op je motivatie om te werken. Mensen die werken op een afdeling met een goede werksfeer gaan liever naar hun werk dan iemand die zich 's ochtends al afvraagt hoe hij de dag moet doorkomen met zijn slechtgehumeurde collega.

Sommige mensen klagen echter over een slechte werksfeer zonder zelf iets te doen om die te verbeteren. Een slechte werksfeer is geen status quo waar je mee moet leven. Je maakt zelf deel uit van de werksfeer. Je kunt in ieder geval binnen een afdeling of team zelf een bijdrage leveren aan een prettige werkomgeving.

Onderhoud daarom een goede relatie met je team! Hoe kun je deze relatie verbeteren?

- Bied je collega's hulp aan zodra je merkt dat ze overbelast zijn.
- Neem af en toe een taart of iets zoets mee.
- Stel je collega's voor om na het werk samen iets te ondernemen. Wat dacht je van een gezamenlijke kookavond of een bedrijfsuitje?

TIP

Glimlach meer als je met je collega's communiceert en observeer de reactie van de anderen. Op een gegeven moment zullen zij ook gaan glimlachen. Dit verbetert niet alleen de stemming, maar ook de werksfeer. En je motivatie neemt toe.

Als één persoon een storende factor blijkt te zijn voor de sfeer op het werk, of als we herhaaldelijk in conflict komen met een collega, hebben we de neiging om ons aan die persoon te ergeren en proberen we hem of haar zoveel mogelijk te ontwijken. Wat resteert is een onaangenaam gevoel en de overtuiging dat de ander ons niet mag. In plaats daarvan kun je de volgende oefening proberen.

OEFENING

LEUKE COLLEGA GEZOCHT

Als je een leukere collega wilt, raden we je aan om over je eigen schaduw te springen. Neem het initiatief en ga lunchen met je collega of kom 's avonds bij elkaar voor een biertje. Er is een goede kans dat je iets ontdekt wat je leuk vindt aan de ander. En de volgende ochtend zit er een aardige collega tegenover je. Probeer het eens: soms blijkt een collega pas op het tweede gezicht een prettig persoon te zijn.

Beloon jezelf

Het vooruitzicht op onaangenaam werk wordt veel prettiger als je je de beloning voorstelt die je jezelf voor je inspanningen achteraf gunt. Bijvoorbeeld: 'Als ik deze drie dossiers heb doorgewerkt, haal ik een warm drankje in de kantine.'

Zoals je ziet, is een beloning niet alleen nuttig wanneer je een belangrijk werkdoel hebt bereikt, maar zijn kleinere beloningen ook nuttig wanneer je tussenliggende doelen hebt bereikt. Als je weet dat er iets goeds op je wacht nadat je werk gedaan is, dan is het vanzelfsprekend dat je wat meer pep en motivatie tot je beschikking hebt!

Kies beloningen uit die je daadwerkelijk in de praktijk kunt brengen. Anders is frustratie onvermijdelijk.

OEFENING

DOE JEZELF EEN PLEZIER

Vraag jezelf concreet af: waarmee kun je jezelf belonen als je ondanks je beroerde stemming het werk van vandaag af weet te krijgen? Bedenk waarmee je jezelf een plezier kunt doen.

PAS OP

Om het systeem van zelfbeloning te laten werken, is discipline vereist. Dit betekent dat je jezelf alleen dan beloont als je je doel hebt bereikt!

Werk met motiverende beelden

Gevoelens zijn krachtige aanjagers van motivatie. Een mens doet alleen dan iets graag als het voor 70 procent gekoppeld is aan positieve gevoelens. Gebruik dus gevoelens om je motivatie te versterken! Dit is heel goed te doen door middel van innerlijke beelden en voorstellingen, omdat die meestal gekoppeld zijn aan gevoelens. Dit geldt ook voor gebeurtenissen in de toekomst. Als je aan je volgende vakantie denkt, kun je daar vandaag al voorpret van voelen.

Vertaald naar je werk betekent dit dat je je nu al het moment kunt voorstellen dat je de berg dossiers hebt weggewerkt, een klantgesprek met succes hebt afgerond of aan het eind van de dag opgelucht naar huis kunt gaan.

OEFENING

GEVOELENS UIT DE TOEKOMST

Creëer een motiverend beeld voor jezelf dat je steeds opnieuw in gedachten kunt houden. Zie nu al het moment dat je wilt bereiken:

- de datum waarop je het project zult hebben afgerond;
- het lege bureau voor het begin van je vakantie;
- het applaus na je uitvoerig voorbereide congreslezing.

Onderga het goede gevoel dat verbonden is met dit moment in de toekomst. Het is de moeite waard om voorstellingen te ontwikkelen die zijn afgestemd op je werktaken en deze te gebruiken om je motivatie te versterken!

TIP

Een ritueel kan je helpen om regelmatig een motiverend beeld op te roepen: zet bijvoorbeeld een glas water op je bureau en maak er een gewoonte van om bij elke slok die voorstelling voor je te zien.

Overigens zijn motiverende voorstellingen zeer effectief als je ze gebruikt tijdens een ontspanningsoefening.

In plaats van mentale voorstellingen kun je ook werken met echte motivatiebeelden: maak een *fotocollage* met foto's die symbool staan voor wat je wilt bereiken en hang ze (indien toegestaan) boven je bureau of op een plek waar je vaak langskomt! Neem steeds de tijd om naar de foto's te kijken en de emoties die ze oproepen tot leven te laten komen.

Ook de visuele of beeldende herinnering aan *successen uit het verleden* kan motiverend zijn: denk weer terug aan de bonusbetaling die je hebt ontvangen voor je toegewijde prestaties in het afgelopen jaar. Of herbeleef de speech van je baas tijdens de kerstborrel, waarbij jouw werk speciale aandacht kreeg.

Moedig jezelf aan

Zinnen die je echt vleugellam kunnen maken zijn bijvoorbeeld:

- 'Ach, dat lukt me sowieso niet.'
- 'Dat heb ik nog nooit goed gekund.'
- 'Hoe hard ik ook mijn best doe, die promotie gaat toch naar iemand anders.'
- 'Ik kan mezelf alleen maar op het laatste moment motiveren.'

Zelfaanmoedigingen daarentegen zijn zinnen die je moed geven, die je inspireren en motiveren! Ze zijn als een druppel olie in het mechaniek. Ervaar hoe je gemakkelijker, moeitelozer en met meer plezier kunt werken!

Voorbeelden van zelfaanmoedigingen zijn:

- 'Dat gaat mij lukken!'
- 'Wat hij kan, kan ik ook!'
- 'Mijn presentatie wordt een succes.'
- 'Ik doe mijn best.'
- 'Ik ben gemotiveerd.'

Zelfaanmoedigingen hebben alleen een motiverend effect als je de volgende drie regels in acht neemt:

- **Formuleer in de tegenwoordige tijd.** In plaats van 'ik zou willen dat ik gemotiveerd was' denk je 'ik ben gemotiveerd', ook al is dat niet zo op het moment dat je het zegt. *Fake it till you make it!*
- **Formuleer het realistisch.** Als je een enorme berg dossiers voor je hebt liggen, is het waarschijnlijk onrealistisch om te zeggen: 'Ik heb die hele berg dossiers tegen lunchtijd weggewerkt.' Realistischer is een formulering als: 'ik zal zo snel mogelijk werken' of 'ik heb vanmiddag minstens de helft gedaan'.
- **Formuleer zo positief mogelijk.** Vermijd woorden als 'niet' of 'geen'. Als je zin hebt, doe dan een kort experiment met ons: denk nu niet aan een roze olifant, denk alsjeblieft niet aan een roze olifant! Misschien lukt het je om deze roze olifant vooralsnog achter een denkbeeldige deur te houden. Maar als je een rijke verbeelding hebt, zal die deur waarachter de roze olifant staat waarschijnlijk binnen enkele seconden opengaan. Daar staat ie dan. De olifant die je niet echt wilde zien. Dus probeer je aandacht te richten op wat je wilt en niet op wat je niet wilt. Een zin als 'ik wil in geen geval falen bij de presentatie tijdens de vergadering' vergroot de kans dat je daadwerkelijk faalt. In plaats daarvan kun je beter zeggen: 'Ik kan dit!'

OEFENING

Welke aanmoedigingen schieten je spontaan te binnen? Schrijf ze op en denk er zo vaak mogelijk aan!

Zelfaanmoedigingen zijn met name effectief als je die gebruikt in een ontspannen toestand (bijvoorbeeld tijdens een autogene training, zie hoofdstuk 10). Dit komt omdat de frequentie van de hersengolven tijdens de ontspanning verandert en het onderbewustzijn dan zeer gevoelig is voor beïnvloeding.

Je moet niets

Hoe vaak heb je niet gedacht 'ik moet morgen weer naar het werk', 'ik moet die congrespresentatie afmaken' of 'ik moet die en die klant nog bellen'.

Als je er goed over nadenkt, klopt dat niet. Je kunt morgen ook ontslag nemen en iets heel anders gaan doen. Dus als je morgen toch weer achter je bureau zit, doe dat dan omdat je hebt besloten om dat te doen.

Vervang in je gedachten 'ik moet' door:

- 'Ik wil.'
- 'Ik mag.'
- 'Ik heb besloten ...'

Hierna zie je jezelf niet meer als slachtoffer. Je bent je dan bewust van je beslissingsvrijheid, en hebt meer kracht, meer levensvreugde en dus meer energie tot je beschikking.

Neem de tijd om erover na te denken. De inzichten die je op deze manier opdoet, kunnen een heel nieuw werkgevoel voor je op gang brengen!

Gebruik het Hawthorne-effect

Heb je nog nooit gehoord van het *Hawthorne-effect*? Dat geeft niet, want je hebt het Hawthorne-effect waarschijnlijk al eens ervaren zonder de technische term te kennen. Stel dat je door het stadspark aan het joggen bent en al helemaal buiten adem bent. Je overweegt of je je joggingsessie vroegtijdig moet beëindigen in de biertuin. Op dat moment komt een groep aantrekkelijke jongeren op je af. Het lukt je daadwerkelijk om nog een keer op het gas te trappen en als een jong hert langs de groep te sprinten, om vervolgens na de volgende bocht weer uit te blazen. Achter dergelijk gedrag gaat het Hawthorne-effect schuil. Het stelt ruwweg dat we ons anders gedragen wanneer we geobserveerd worden dan wanneer we alleen zijn.

Sociale controle verscherpt onze zintuigen en concentratie en motiveert ons om fouten te vermijden. Het Hawthorne-effect zou dus een argument zijn tegen individuele kantoren en voor open kantoortuinen. Aan de andere kant hebben open kantoortuinen een zeer hoog afleidingspotentieel (zie hoofdstuk 14).

Maak van je werkplek een oase van welzijn

Helaas kan deze motivatietip niet op alle werkplekken worden toegepast, maar in ieder geval wel op je thuiskantoor. In principe geldt dat hoe beter je je voelt op je werkplek, hoe gemotiveerder je bent om je werkdag daar door te brengen. Anders overheerst de gedachte om te vluchten: je zou liever ergens anders zijn.

Probeer de tienminutentruc

Als je ondanks onze eerdere motivatietips nog steeds moeite hebt om aan het werk te gaan, raden we je de *tienminutentruc* aan. Als je jezelf vertelt dat je vanaf nu tot aan je lunchpauze doorwerkt, is dat waarschijnlijk nogal demotiverend. Als je daarentegen besluit om eerst eens slechts 10 minuten aan je bureau te gaan zitten en met een lichte werktaak te beginnen, zul je dit waarschijnlijk gewoon doen. 10 minuten werk is immers absoluut te overzien en stelt niet zoveel voor. Natuurlijk mag je na 10 minuten stoppen met werken en verder gaan kletsen met je collega in het volgende kantoor. Als je eenmaal op kantoor zit en begonnen bent met werken, blijf je daar in de regel langer dan 10 minuten, misschien zelfs wel tot je lunchpauze. Probeer het uit en maak het begin van je werkdag gemakkelijker.

IN DIT HOOFDSTUK

- Hoe je biologische klok werkt
- Je eigen chronotype ontdekken
- De werkdag aanpassen aan je biologische klok
- Social jetlag minimaliseren

Hoofdstuk 9
Hoe je biologische klok je concentratie-vermogen beïnvloedt

Stel je voor dat de wekker naast je bed 's morgens gewoon stil zou blijven. Zou je dan toch op tijd op je werk zijn of zou je pas kort voor het middaguur wakker worden en merken dat de zon al hoog aan de hemel staat? In feite is er nog een tweede wekker. Deze wekker tikt in je lichaam en is je echte klok. Hoe beter je deze inwendige klok kunt aflezen, hoe beter je je werktaken daarop kunt afstemmen. In dit hoofdstuk laten we zien hoe je lichaamsklok tikt, hoe je erachter komt wanneer je concentratievermogen op zijn best is en hoe je deze kennis kunt gebruiken in je dagelijks werk.

Het raadsel van de inwendige klok

We nodigen je uit om een klein gedachte-experiment uit te voeren. Stel dat de mensheid nog geen klok had uitgevonden. Er zouden geen polshorloges of wekkers of stationsklokken of prikklokken bestaan. Hoe zou je dag er dan uitzien?

» Hoe laat zou je 's morgens wakker worden?

» Hoe laat zou je naar de kantine gaan?

» Hoe laat zou je naar huis gaan?

» Hoe laat zou je naar bed gaan?

ZONDER KLOKKEN GAAN TIJDSCHATTINGEN VAAK FOUT

TECHNISCHE INFO

Voor de natuurkundige is de duur van een seconde of een uur nauwkeurig gedefinieerd. Maar als we de tijd moeten schatten zonder de gebruikelijke blik op een klok, worden we al snel onnauwkeurig.

- Zonder toegang tot tijdmeters nemen drie op de vier mensen een gemiddelde dag als meer dan 2,5 uur korter waar dan deze eigenlijk is.
- De tijd gaat sneller dan je denkt. Zelfs bij het inschatten van de duur van een minuut zitten we er vaak al enkele seconden naast.
- Het tijdsbesef van de mens gaat er volledig onderuit als hij wordt weggehouden van aanknopingspunten die verwijzen naar de werkelijke tijd. Zulke aanknopingspunten zijn de zon of het ochtendgezang van vogels. De geoloog Michel Siffre liet zich opsluiten in een gletsjergrot op 115 meter onder het aardoppervlak. Hij schatte dat hij pas 34 dagen in de grot had doorgebracht toen hij na 2 maanden weer naar boven werd gehaald.
- De vermeende tijdsduur hangt ook af van wat we op dat moment meemaken. Twee mensen nemen dezelfde fysieke tijdsduur dus heel anders waar. Albert Einstein heeft het eens zo uitgedrukt: als je 2 uur met een leuk meisje doorbrengt, heb je het gevoel dat het 2 minuten zijn; als je 2 minuten op een heet fornuis zit, heb je het gevoel dat het 2 uur zijn. Dat is relativiteit.

Ook al heeft ons verstand het bij het inschatten van tijd vaak bij het verkeerde eind, binnen ons tikt een klok die precies weet hoe laat het is.

De klok die er altijd al was

TECHNISCHE INFO

Als je op zoek gaat naar de eerste uurwerken, kom je uit bij de zonnewijzers. Die faalden echter bij bewolkt weer of 's nachts en gaven de tijd zeer onnauwkeurig weer. Rond 1300 werden in Europa mechanische uurwerken met een echappement (snelheidsregelaar) ontwikkeld. In de 16e eeuw volgden door veren aangedreven zakhorloges en iets later de slingeruurwerken. In de 20e eeuw werden kwartsklokken uitgevonden, totdat uiteindelijk atoomklokken werden geïntroduceerd als de nauwkeurigste tijdmeters.

Eén tijdmeter wordt echter meestal volledig buiten beschouwing gelaten in de geschiedenis van uurwerken, terwijl die juist helemaal aan het begin zou moeten staan. Want er is een klok die er altijd al is geweest en die veel belangrijker is dan een digitaal horloge of kerktorenklok. Die klok tikt in je binnenste en bepaalt:

- » wanneer je 's morgens zonder je wekker wakker zou worden;
- » wanneer je zou eten als er geen vooraf bepaalde tijd voor de lunch was;
- » wanneer je 's avonds naar bed zou moeten.

Hoe hormonen je slaap-waakritme regelen

Hoe de inwendige klok werkt, bleef lange tijd een mysterie. Vandaag de dag weten we dat er niet slechts één interne klok is, maar miljarden. In elke cel van ons lichaam is er één aan het tikken. Toch bestaat er zoiets als een opperklok: de *suprachiasmatische kern*. Afhankelijk van het daglicht en je genen stuurt deze kern in je hersenen boodschappen naar je lichaam. De boodschappers die deze lichaamspost naar alle belangrijke organen brengen, zijn de hormonen. Deze maken je lichaam óf moe óf bereiden het voor om wakker te zijn en zich te kunnen concentreren. Melatonine heeft daarbij een slaapverwekkend effect, terwijl cortisol de rol van wekker overneemt. Het resulterende slaap-waakritme is je bioritme. Het bepaalt de tijden waarop je zeer productief bent en de tijden waarop je maar beter kunt gaan rusten of slapen.

TIP

Veel mensen zijn loom na de lunch, de bekende middagdip. Gebruik daarom ten minste een deel van de lunchpauze om:

- » iets goeds te eten (op een werkdag bij voorkeur iets voedzaams dat niet te zwaar op de maag ligt);

- een korte wandeling te maken (zuurstof is belangrijk voor het concentratievermogen van je hersenen);
- een ontspanningsoefening te doen, bijvoorbeeld een progressieve spierontspanning of een autogene training (zie hoofdstuk 10). Met zo'n ontspanningsoefening kun je de duur van je middagdip verkorten!

Als je tijdens de lunchpauze doorwerkt, wijd je dan aan meer lichte taken zoals routinewerkzaamheden, eenvoudige telefoongesprekken of het beantwoorden van e-mails.

Van leeuweriken, uilen en andere dieren

De biologische klok tikt van persoon tot persoon een beetje anders. De oorzaak is waarschijnlijk genetisch bepaald. De biologische klok wordt al voor de geboorte in de genen verankerd en is bijna onmogelijk te veranderen. Hieruit kunnen verschillende *chronotypen* worden afgeleid (*chronos* is het Griekse woord voor tijd). Chronobiologen vergelijken de verschillende chronotypen graag met dieren. De twee extreme typen van de biologische klok worden meestal leeuweriken en uilen genoemd.

De leeuweriken

Wat typeert leeuweriken?

- Leeuweriken staan het liefst vroeg op en kunnen al presteren vanaf 7 uur 's morgens.
- Daar staat tegenover dat ze al tegen 12 uur een middagdip beleven.
- Tussen 15 en 18 uur bereiken leeuweriken een tweede prestatiepiek.
- 's Avonds zijn leeuweriken echter al vrij vroeg moe. Zij dienen de avond vanaf uiterlijk 20.00 uur te reserveren voor hun vrije tijd.

Als je het gevoel hebt dat je tot het type van de leeuwerik behoort, dien je taken of werkvergaderingen die een hoge mate van concentratie vereisen te plannen in de ochtend of na 15 uur. Neem zo mogelijk 's avonds geen werk mee naar huis.

TIP

Bij flexibele werktijden moeten leeuweriken zo vroeg mogelijk beginnen met werken. Zo doden ze vier vliegen in één klap:

» Ze vermijden de ochtendspits.

» Wie als een van de eersten aan het werk is, wordt het minst gestoord.

» Ze profiteren van hun eerste dagpiek en kunnen ook snel verwerken wat er nog was blijven liggen van de vorige dag.

» Ze kunnen er vroeg een punt achter zetten en ook de avondspits vermijden.

De uilen

Of ben je meer van het type uil?

» Uilen hebben moeite om 's morgens uit bed te komen. Als het kon, zouden ze niet voor 10 uur opstaan.

» De middagdip doet zich bij uilen meestal pas rond 14 uur voor.

» Uilen zijn daarentegen 's avonds (soms tot middernacht en nog later) zeer productief. Als je tot het uilentype behoort, kun je taken met een gerust hart 's avonds plannen, als dat mogelijk is. De avond brengt andere voordelen met zich mee:

  - Er is minder lawaai van buitenaf, vooral in de late avond.
  - Alle andere dagafspraken zijn afgevinkt en spoken niet meer door je hoofd als taken die nog gedaan moeten worden.

TIP

Het individuele bioritme zit weliswaar in de genen, maar het vrijkomen van het slaaphormoon melatonine en het waakhormoon cortisol wordt ook beïnvloed door licht. Licht remt de productie van melatonine en stimuleert die van cortisol. Omdat we tegenwoordig 's avonds langdurig aan kunstlicht worden blootgesteld, is het bioritme van veel mensen wat opgeschoven:

» Leeuweriken worden in onze moderne samenleving tot mini-uilen.

» Uilen worden nog later moe dan zonder kunstlicht.

Dim daarom 's avonds zo mogelijk een uur voor het slapengaan het licht, zodat er voldoende melatonine kan vrijkomen en je in een natuurlijk slaapritme terechtkomt. Anders heb je 's morgens meer moeite om uit bed te komen.

TECHNISCHE INFO

VAN WOLVEN EN LEEUWEN

De Amerikaanse slaaponderzoeker Michael Breus heeft een alternatief voorgesteld voor de gebruikelijke indeling in de chronotypen leeuwerik en uil. Hij gebruikt leeuwen, beren, wolven en dolfijnen als vergelijkingsdieren, waardoor hij rekening houdt met het feit dat de mens geen vogel is, maar een zoogdier waarvan het gedrag vergelijkbaar is met dat van andere zoogdieren. Zo is:

- een *wolf* eerder nachtactief;
- een *leeuw* al 's morgens vroeg wakker en op jacht;
- terwijl een *dolfijn* kan slapen en presteren op elk moment van de dag. Dolfijnen slapen met slechts één hersenhelft en gebruiken de andere om op vijanden te letten;
- *beren* zijn vooral in de vroege avond productief, maar vallen toch voor middernacht in slaap.

TECHNISCHE INFO

In de loop van ons leven doen zich genetisch bepaalde veranderingen voor in ons bioritme. In de puberteit wordt de biologische klok bij veel jongeren naar achteren opgeschoven. Leerlingen zijn dus vaker uilen dan leeuweriken. Dit is heel normaal. Vanaf ongeveer 25 jaar worden we weer eerder moe en worden we eerder in de ochtend wakker. Bij jonge mensen veroorzaken groei en rijping in fasen ook een bovengemiddelde slaapbehoefte, dit in combinatie met vermoeidheid gedurende de dag. De vermoeidheid overdag, vooral bij jonge leerlingen, is dus niet altijd te wijten aan te laat naar bed gaan.

Zo tik je

Natuurlijk zijn er niet alleen leeuweriken en uilen of leeuwen, beren, wolven en dolfijnen. Aangezien het bioritme iets heel individueels is, zijn alle categoriseringen slechts benaderingen van de werkelijkheid. Daarom is het goed om op zoek te gaan naar je eigen bioritme. Om dit te doen, moet je de rol van detective op je nemen. Observeer jezelf!

TECHNISCHE INFO

VERKEN JE INNERLIJKE KLOK

Houd meerdere dagen bij op welke tijden je zeer energiek bent en wanneer je juist niet vooruit te branden bent.

- Zet op een vrije dag bewust geen wekker: hoe laat word je wakker zonder wekker?

- Zit je 's morgens uitgeslapen op je werkplek?
- Wanneer heb je de minste moeite met moeilijke taken?
- Op welke tijden van de dag vind je het erg moeilijk om je te concentreren?
- Wanneer voel je je 's avonds voor het eerst moe?
- Kun je 's avonds laat nog complexe taken uitvoeren?

Hoe je je bioritme kunt gebruiken voor meer concentratie tijdens het werk

Zou het niet mooi zijn als je je werktijden zo kon indelen dat ze volledig zijn afgestemd op je bioritme? Helaas is dit zelden mogelijk. De daaruit voortvloeiende problemen zoals stress, gebrek aan concentratie en slaapproblemen worden slechts geleidelijk aan duidelijk. Je tikt letterlijk niet goed.

Wie daarentegen niet tegen maar in lijn met de inwendige klok leeft:

» gaat gelijkmatiger door de werkdag;

» is beter in staat om zich te concentreren;

» slaapt beter;

» blijft gezonder.

Waarom onze inwendige klok zo zelden aan bod komt

Misschien denk je nu dat je in het dagelijks leven geen rekening kunt houden met je persoonlijke bioritme, maar dat je onvermijdelijk afhankelijk bent van bepaalde uren van opstaan en werken. Je hebt natuurlijk gelijk:

» School begint meestal rond 8 uur 's morgens en is maatgevend voor alle gezinnen met schoolgaande kinderen.

» Kantoorbanen hebben vaak een vaste werktijd van 9 tot 17 uur.

» Bouwvakkers beginnen uiterlijk om 7 uur 's morgens met hun werk.

- Bakkers al om 4 uur.
- Werknemers in de detailhandel moeten aanwezig zijn tijdens de aangegeven openingstijden van de winkel.
- Verpleegkundigen, bewakingspersoneel en luchtverkeersleiders werken ook 's nachts.

Biologisch gezien is dit vaak niet zinvol, maar niet iedereen kan het gewoon voor zichzelf aanpassen.

Hoe we in het dagelijks leven meer kunnen luisteren naar onze biologische klok

Kijk eens goed naar je dagelijks werk. Misschien heb je hier en daar de mogelijkheid om je werkdag zo in te richten dat je dagelijkse routine wat beter overeenkomt met je biologische klok.

- In veel beroepen zijn er moeilijke en eenvoudige taken. Vaak kun je zelf bepalen wanneer je welke van deze taken uitvoert. Plan de moeilijke taken zoveel mogelijk op uren waarin je je erg goed kunt concentreren.
- Maak, indien mogelijk, gebruik van flexibele arbeidstijden:
  - **Glijdende werktijden.** Je bepaalt zelf hoe laat je aan het werk gaat en wanneer je klaar bent. In de regel moet je echter wel binnen door het bedrijf bepaalde tijdgrenzen aanwezig zijn.
  - **Deeltijd.** Informeer naar mogelijkheden om het aantal werkuren per dag te verminderen. Je kunt dan zo nodig je werktijden beter aanpassen aan je bioritme.
  - **Taakgerelateerde werktijden.** Bij dit werktijdmodel wordt in je arbeidsovereenkomst geen vast aantal uren per week vastgelegd. In plaats daarvan moet je een bepaald doel binnen een bepaald tijdsbestek bereiken. Als je je timemanagement op orde hebt, is dit model bijzonder compatibel met je biologische klok.
  - **Homeoffice.** Je werkt geheel of gedeeltelijk vanuit huis. De eisen zijn snel internet, een laptop en een smartphone. Thuis kun je je werktijden flexibel indelen en beter rekening houden met zowel je bioritme als gezinsbehoeften. Aan de andere kant vormt het werken vanuit je thuiskantoor echter een bijzondere uitdaging voor je concentratievermogen (zie hoofdstuk 17).

PAS OP

Als je vaak nachtdiensten of roterende diensten moet draaien, leef je tegen je interne klok in. Dit geldt bijvoorbeeld voor verplegend personeel, ziekenhuisartsen, politieagenten, brandweerlieden, maatschappelijk werkers in woongroepen of machinisten. In hoofdstuk 16 laten we zien hoe je ondanks dergelijke werktijden zo geconcentreerd mogelijk kunt blijven.

Altijd weer die maandag

De maandag is voor veel werknemers de moeilijkste en onaangenaamste dag van de week. Op deze eerste werkdag na het weekend is het werk echter niet anders of zwaarder dan tijdens de rest van de week. Waarom lijkt de maandag dan zo anders voor ons?

De social jetlag van de uilen

Uilen vertonen het grootste verschil tussen hun slaaptijden op werkdagen en op vrije dagen en hebben moeite om zich aan maatschappelijk opgelegde tijdschema's te houden. Tijdens de werkweek leven uilen vaak tegen hun natuurlijke slaap-waakritme in:

- Ze moeten bij de meeste banen veel eerder opstaan dan ze volgens hun biologische klok zouden doen.
- 's Avonds kunnen ze echter niet op tijd in slaap vallen.
- Door de week kijken uilen nog tot laat naar de nieuwste afleveringen van hun favoriete serie, ook al moeten ze al om 5 uur opstaan. In het weekend proberen uilen de gemiste slaap in te halen. Wie 5 dagen per week geen weldadige slaap krijgt, heeft in het weekend een grotere slaapbehoefte.
- Op zondag voelen uilen zich daadwerkelijk meer uitgerust als ze rond het middaguur uit bed komen.
- Op zondagavond is er echter een gebrek aan slaapbehoefte, wat een onrustige nacht waarschijnlijk maakt.
- Uilen zitten op maandagochtend dan wel op kantoor zoals hun arbeidscontract voorschrijft, maar ze voelen zich geradbraakt en nog vermoeider dan op andere ochtenden, bijna alsof ze in het weekend naar een andere tijdzone zijn gereisd.

Wie in het weekend de gemiste slaap van de werkweek inhaalt, haalt zich een zogeheten *social jetlag* op de hals.

Waarom zelfs leeuweriken last kunnen hebben van jetlag

Ook leeuweriken hebben last van jetlag als ze op zaterdagen toegeven aan de druk van hun uilenvrienden en niet als eerste naar huis willen gaan van een feestje. Daardoor gaan ze veel te laat naar bed maar worden op zondag wel op de gebruikelijke vroege tijd wakker. Dit vermindert de herstelwaarde van de zondag; en op maandag hebben de feestende leeuweriken het gevoel dat het weekend veel te kort is geweest.

Hoe je de maandagochtendblues het hoofd kunt bieden

Sommige slaaptrainers adviseren daarom om in het weekend niet te ver van ons gebruikelijke dagritme af te dwalen, om zo het gevaar van een maandagdip en het daarmee gepaard gaande concentratiegebrek te vermijden. Aan de andere kant hebben we ook dagen nodig waarop we gewoon gaan slapen en opstaan wanneer we dat willen. Uiteindelijk moet je zelf beslissen of je een eventuele maandagochtendblues wilt accepteren of niet.

TIP

Je bent niet hulpeloos overgeleverd aan de maandagochtendblues en de gevolgen daarvan:

- » Zorg voor het best mogelijke herstel in het weekend. En haal het beste uit de zondagen! Ga naar buiten, breng tijd door in de tuin, ontmoet vrienden of lees een goed boek. Als je op zondag al met afgrijzen aan de maandag denkt, verpest je de helft van het weekend.
- » Kruip op zondagavond pas onder de wol als je echt moe bent. Het is beter om iets minder te slapen dan de halve nacht te liggen woelen.
- » Hoe laat je ook naar bed gaat op zondag: denk er niet over na hoeveel uur slaap je nog rest. Als je dat achterwege laat, slaap je beter.
- » Breng je bloedsomloop op maandag op gang met frisse lucht en daglicht.
- » Geef je op maandagochtend over aan fijne gedachten: wat zijn de hoogtepunten van de week waar je je nu al op kunt verheugen? Plan ook iets leuks voor de maandag!
- » Glimlach 's morgens naar jezelf in de badkamerspiegel.
- » Als je regelmatig minder geconcentreerd bent op maandag dan op andere werkdagen, maar in het weekend wilt vasthouden aan een afwijkend

waak-slaapritme, kun je belangrijke afspraken of vergaderingen beter op dinsdag plannen.

TECHNISCHE INFO

DE 'MAANDAGMORGENAUTO'

Social jetlag leidt tot een zeer hoog foutenpercentage op maandagen. Misschien ken je de term 'maandagmorgenauto'. Van auto's die na aankoop vaker dan gemiddeld gebreken vertonen, wordt gezegd dat ze waarschijnlijk op een maandagochtend zijn geproduceerd.

IN DIT HOOFDSTUK

- De zin van pauzes begrijpen
- Pauzes gebruiken voor herstel
- Kennismaken met ontspanningsmethoden

Hoofdstuk 10
Zonder herstel geen concentratie

Hoe vaak neem je een pauze op een werkdag? Elke 2 uur, elke 4 uur of helemaal niet? Beschouw je pauzes als tijdverspilling en werk je liever door tijdens de lunchpauze? Er is nog zo veel te doen! Is er geen risico dat je 's middags langer moet doorwerken als je daadwerkelijk de contractueel vastgelegde pauzes neemt? In dit hoofdstuk laten we zien waarom pauzes niet leiden tot tijdverlies, maar juist tot tijdwinst en wat je tijdens de pauzes kunt doen om je daarna weer te kunnen concentreren. Dit omvat regenererende oefeningen zoals progressieve spierontspanning, autogene training, meditatie en het steeds populairder wordende bosbaden.

Pauzes leveren tijdwinst op

Heb je weleens een pauze gemist omdat er nog een enorme berg werk op je bureau lag die aan het eind van de dag weg moest zijn? Dan heb je geen tijd gewonnen, maar verloren. Wat op het eerste gezicht paradoxaal klinkt, wordt duidelijk als je begrijpt dat bewuste pauzes het concentratievermogen vergroten. Als je doorwerkt van 8 uur 's morgens tot 5 uur 's middags:

- word je in de loop van de dag minder geconcentreerd;
- heb je langer nodig om het werk van die dag te doen;
- maak je meer fouten.

Bovendien wordt je immuunsysteem op de lange termijn verzwakt als je je lichaam te weinig tijd geeft om te herstellen. Ziekteverzuim is dan het gevolg.

Wie niet herstelt, verliest dus uiteindelijk tijd. Omgekeerd verlies je nooit tijd door een bewuste pauze te nemen, maar win je waardevolle minuten. Je bent waarschijnlijk eerder klaar met je werk dan je denkt.

Wanneer je pauzes nodig hebt

Wanneer moet je een pauze nemen?

- Na elke ingewikkelde taak: het is niet goed om zonder pauze over te stappen van de ene uitgebreide werktaak naar de andere. Geef je hersenen de tijd om zich in te stellen op de volgende taak en even te herstellen. Zo'n korte pauze hoeft niet langer dan 2-5 minuten te duren.
- Voor minder veeleisende taken, die vaak maar uit één werkstap bestaan, is een pauze na elke taak natuurlijk niet zinvol. Neem dan na ongeveer een uur een korte pauze.
- Na 2 uur kun je een iets langere pauze van 10–15 minuten nemen om nieuwe concentratie op te bouwen.
- Uiterlijk na 4 uur werken moet je een herstelpauze van ongeveer 30 minuten inlassen.
- Bij creatieve taken en activiteiten die je leuk vindt, heb je minder vaak een pauze nodig dan bij kinderlijk eenvoudige werkprocessen.

TIP

Als je een complex werkproces onderbreekt voor een pauze, heb je daarna tijd nodig om er weer in te komen. Een goede vergelijking is het zagen van hout: als je flink bezig bent en een pauze neemt in het midden van de plank, is het daarna moeilijk om de zaag weer op gang te krijgen. Deze vergelijking wordt in de literatuur vaak aangeduid als het zaagbladeffect. Daarom moet je als dat mogelijk is ten minste één deelaspect van een omvangrijke taak hebben voltooid voordat je een pauze neemt.

Wanneer je een pauze kunt nemen, hangt natuurlijk ook af van je arbeidscontract. Bovendien kun je niet elke taak op elk moment onderbreken.

Wat je tijdens pauzes kunt doen

Het blijkt een goed idee om tijdens werkpauzes:

- iets voedzaams te eten;
- een glas water te drinken;
- een ademhalings- of mindfulnessoefening te doen (hoofdstuk 7);
- uit het raam of naar een landschapsschilderij te kijken;
- een korte bewegingsoefening in te bouwen (hoofdstuk 12);
- te luchten. Dan kun je de bewegingen ook bij het open raam doen en je hersenen van nieuwe zuurstof voorzien.

Tijdens langere pauzes of na het werk kun je:

- ten behoeve van het herstel een ontspanningstechniek inbouwen zoals progressieve spierontspanning, autogene training, yoga of qi gong;
- ongeveer 30 minuten sporten;
- of gewoon een keer nietsdoen.

OEFENING

GEWOON EEN KEER NIETSDOEN

We zijn het gewend ons permanent bezig te houden of beziggehouden te worden.

Probeer ook eens niets te doen tijdens een pauze. Ga rechtop zitten.

Als je op deze manier tot rust bent gekomen, neem jezelf dan bewust waar: welke gedachten gaan er op dit moment door je hoofd, wat voel je precies waar?

Als je je daar prettig bij voelt, kun je van dat tijdelijke nietsdoen een ritueel maken dat je in je dagelijks leven integreert.

Wat je tijdens je pauzes niet moet doen:

- e-mail checken;
- whatsappberichten lezen;

- een nieuwe youtubevideo bekijken;
- reacties posten op interessante foto's op Instagram;
- verder lezen in een roman of detective;
- een game spelen op je mobiel.

Gewoon bijtanken: de progressieve relaxatie

Progressieve relaxatie/spierontspanning is een van de wetenschappelijk best onderzochte ontspanningsmethoden en gaat terug op de Amerikaanse arts dr. Edmund Jacobson.

Een simpel verband

Jacobson stelde vast dat de volgende dingen nauw met elkaar samenhangen:

- gevoelens;
- gedachten;
- de mate van spanning van het spierstelsel.

Laten we eens kijken naar het gevoel van angst. Angst leidt meestal tot negatieve gedachten en tegelijkertijd tot verhoogde spierspanning. Het lichaam wordt erop voorbereid te vluchten of aan te vallen. In tegenstelling tot de steentijd zijn vluchten of aanvallen tegenwoordig echter in veel gevallen geen passende reacties meer. Toch wordt tot op de dag van vandaag in elke angstsituatie spierspanning opgebouwd. Jacobson bewees dat dit proces ook omgekeerd werkt. Zijn onderzoek heeft aangetoond dat ontspanning van de spieren alleen al een ontspannend effect heeft op de geest en de psyche. De progressieve spierontspanning is geschikt voor het ontspannen van de bewegingsspieren en daarmee, door de zojuist beschreven samenhang, voor het op gang brengen van herstelprocessen op mentaal en emotioneel vlak.

Hoe progressieve spierontspanning werkt

Jacobson ontdekte dat door het systematisch aanspannen en ontspannen van verschillende spiergroepen bijna alle tijdens werkprocessen ontstane overspanningen in de bewegingsmusculatuur kunnen worden geëlimineerd en een gevoel van diepe ontspanning wordt gecreëerd.

Om dat te bereiken:

» Span je eerst bewust een spiergroep aan gedurende 5 tot 7 seconden.

» Dan laat je los. De net gespannen spieren krijgen een natuurlijke ontspanningsimpuls. De spanning is nu lager dan in de beginsituatie. Je hebt het goed gelezen: je spieren ontspannen zich vanzelf als je ze enkele seconden aanspant. Daarom is progressieve spierontspanning zoiets als een geforceerde ontspanning voor je spieren en werkt het zelfs als je een nogal sceptische houding hebt ten opzichte van ontspanningstechnieken.

» Neem waar hoe de voorheen aangespannen spieren op deze manier meer ontspannen zijn. Met toenemende oefening lukt het je steeds beter om vroegtijdig de opbouw van spanning in je dagelijks werk op te merken en tegen te gaan.

» Beetje bij beetje worden essentiële spiergroepen zo bewust aangespannen en weer losgelaten.

OEFENING

EEN 18-STAPPENVORM VAN PROGRESSIEVE SPIERONTSPANNING

Hierna vind je oefeninstructies voor progressieve spierontspanning.

- Probeer de spieren 5 tot 7 seconden aan te spannen zodat je echt spanning voelt, maar overdrijf niet.
- Laat de aangespannen spieren daarna weer los.
- Neem na elke stap een korte pauze en merk de verandering in de spierspanning op.
- Volg eerst de instructies met de ogen open.
- Zodra je de stappen in het hoofd hebt, kun je de oefening met gesloten ogen doen. Dit maakt het nog gemakkelijker om je op jezelf te concentreren.
- Als je per ongeluk een stap hebt overgeslagen, is dat niet erg.
- Voer alleen de bewegingen uit die niet pijnlijk zijn.

Als je ongeveer 10 tot 15 minuten tijd hebt, kun je meteen met de oefening beginnen:

Ga zo comfortabel mogelijk zitten of liggen.

1. Spreid de vingers van je rechterhand ... en laat daarna weer los.
2. Bal je rechterhand tot een vuist ... en maak die weer open.
3. Bal je rechterhand nog een keer tot een vuist en breng de vuist naar je rechterschouder. Span daarbij je boven- en onderarm aan ... en laat weer los.
4. Spreid nu ook de vingers van je linkerhand ... en laat weer los.
5. Bal je linkerhand tot een vuist ... en maak die weer open.
6. Bal je linkerhand nog een keer tot een vuist en breng de vuist naar je linkerschouder. Span daarbij je boven- en onderarm aan ... en laat weer los.
7. Bijt je tanden op elkaar ... en laat weer los zodat de kaakspieren zich ontspannen.
8. Druk het puntje van je tong tegen het gehemelte ... en laat het los.
9. Druk je lippen op elkaar ... en laat weer los.
10. Trek je neus op ... en laat weer los.
11. Knijp je ogen samen ... en laat weer los.
12. Trek je wenkbrauwen omhoog. Het voorhoofd is nu ook tijdelijk gespannen ... en laat weer los.
13. Trek je schouders op ... en laat ze weer zakken.
14. Duw je schouderbladen naar elkaar toe en span daarbij je hele rug aan ... en laat dan weer los.
15. Haal diep adem en houd je adem een paar seconden in. Adem dan weer uit en adem rustig door. Zorg ervoor dat je buikwand bij elke inademing licht omhoogkomt en bij elke uitademing weer licht daalt.
16. Trek je buik in en druk je navel een beetje naar je ruggengraat toe ... en laat dan weer los.
17. Span je beenspieren aan. Beweeg je tenen een beetje naar de grond. De bilspieren zijn ook gespannen ... en laat weer los.
18. Breng weer spanning op de benen. Trek je tenen omhoog naar je hoofd. De bilspieren zijn ook gespannen ... en laat dan weer los.

Hoe voel je je? Hoe voelen je spieren aan?

- Zijn je handen zacht en rustig geworden? Zijn alle vingers helemaal ontspannen?
- Zijn je polsen ontspannen en kalm?

- Voelen je boven- en onderarmen rustig en ontspannen aan?
- Hoe voelen je gezichtsspieren aan? Zijn ze losjes en kalm?
- Voelen je voorhoofd en je hoofdhuid glad en ontspannen aan?
- Hoe voelen je nek, schouders en rug aan? Zijn ze al meer ontspannen dan voorheen?
- Voelt je buik warm en ontspannen aan?
- En je benen? Zijn ze ook meer ontspannen dan voorheen?

Tel nu in je hoofd terug van 4 naar 1. Stel je voor dat je bij 1 weer wakker, prestatiebereid en geconcentreerd bent.

Je zult merken dat hoe vaker je de progressieve spierontspanning herhaalt, hoe gemakkelijker het voor je is om de ontspanning van je spieren waar te nemen. Het is goed mogelijk dat je je pas bij de derde of vierde poging echt ontspannen zult voelen. Zoals zo vaak in het leven, baart oefening kunst.

TIP

Wij raden je aan om een cursus progressieve relaxatie te volgen, zoals preventiecursussen met de focus op progressieve spierontspanning. Zoek een goede cursusleider voor progressieve spierontspanning in je omgeving. Of lees ook *Ontspannen voor Dummies*.

Speedontspannen: de kortste vorm van spierontspanning

Als je maar weinig tijd hebt, kun je je spieren ook binnen 15-20 seconden een ontspanningsimpuls geven. Om dit te doen, span je zoveel mogelijk spieren in één keer aan en laat dan weer los.

OEFENING

SPONTANE RELAXATIE

Spontane relaxatie kan zittend op een bureaustoel of liggend worden uitgevoerd.

- Maak het jezelf zo comfortabel mogelijk.
- Rek en strek.
- Adem diep door.
- En nu span je tegelijkertijd zoveel mogelijk spieren kort maar krachtig aan:
  - Bal je handen tot vuisten.

- Hef je vuisten tot aan je schouders, zodat je ook je armspieren aanspant.
- Span je kaakspieren aan door je tanden op elkaar te bijten.
- Druk je tong tegen de bovenkaak.
- Pers je lippen op elkaar.
- Knijp je ogen samen, alsof de wind in je gezicht blaast.
- Span het voorhoofd aan door je wenkbrauwen op te trekken.
- Daardoor wordt ook de hoofdhuid aangespannen, tot in de nek.
- Trek je schouders op tot in de buurt van je oren.
- Druk je schouderbladen naar achteren en omlaag.
- Adem nu diep in, zodat de borstkas wordt aangespannen.
- Houd je adem in.
- Trek zo mogelijk je buik iets in.
- Strek je benen en voeten. Voel spanning in je dijen, onderbenen en voeten. Overdrijf niet!
- Houd de spanning minstens 5 tot 7 seconden vast.
- Let op het gevoel van de spanning.
- Geniet van deze korte inspanning waarbij je je spieren laat spelen, ook om de spieren een beetje moe te maken!

• Dan: loslaten! De spieren ontspannen zich vanzelf.

Ontspannen en geconcentreerd: autogene training

Autogene training is een effectieve ontspanningsmethode ontwikkeld door de hypnosearts Johannes Heinrich Schulz. Autogene training is een gemakkelijk te leren vorm van zelfhypnose en staat ook bekend als zelfontspanning door concentratie. Die aanduiding laat al zien dat autogene training niet alleen ontspant, maar ook het concentratievermogen verbetert.

Met het hoofd spanningen veranderen

Je raadt het al: bij autogene training hoef je, in tegenstelling tot progressieve relaxatie, niet te bewegen. Je handelt uitsluitend via je hoofd, door middel van gedachten, voorstellingen en verwachtingen. Hoe kun je met gedachten, voorstellingen en verwachtingen veranderingen op lichaamsniveau teweegbrengen? Om dit te begrijpen, kun je een klein experiment doen.

OEFENING

HET CASSETTENEXPERIMENT

Neem drie smalle doosjes van hetzelfde formaat, bijvoorbeeld lege cassettedoosjes als je nog cassettes uit je jeugd hebt. Vul één doosje met een zwaar gewicht, de andere doosjes blijven leeg. Dan plak je papier over de doosjes, zodat je niet kunt zien welke het zware doosje is.

Plaats nu de doosjes op elkaar zodat het zware doosje bovenop ligt. Til alle drie de doosjes met één hand van bovenaf op en let op het waargenomen gewicht.

Zet de doosjes weer neer en til nu alleen het bovenste doosje op. Hoe zwaar voelt het enkele doosje aan?

Het resultaat is verbazingwekkend en lijkt op het eerste gezicht volkomen onlogisch: het bovenste doosje lijkt naar alle waarschijnlijkheid zwaarder dan alle drie de doosjes samen. Het is inderdaad zwaarder dan de andere doosjes, maar het kan niet zwaarder zijn dan alle drie samen.

De uitleg: alle doosjes zien er hetzelfde uit. Door jarenlange ervaring met objecten die er hetzelfde uitzien, ontstaat de onbewuste verwachting dat een van de doosjes slechts een derde van het totale gewicht weegt (ook als je weet dat het bovenste doosje gevuld is met een extra gewicht). Deze verwachting of voorstelling wordt onmiddellijk vertaald in een overeenkomstige voorspanning van de armspieren. Als je dan het bovenste doosje optilt, komt de ingestelde voorspanning niet overeen met de benodigde kracht: de voorspanning is te laag. Je verwachtingen hebben dus geleid tot een gewijzigde voorinstelling van de spieren.

Het 'doen alsof'-principe

Schultz merkte op dat er in zijn hypnosestudies mensen waren die zichzelf zonder zijn toedoen in een staat konden brengen die vergelijkbaar is met hypnose. Uit deze observaties ontwikkelde hij de techniek van de autogene training, waarmee je jezelf in diepe ontspanning kunt brengen. Daarmee praat je jezelf letterlijk aan dat je moet ontspannen. Je denkt in formuleachtige zinnen en formuleert ze in de tegenwoordige tijd. Een van de zinnen veroorzaakt een aangenaam gevoel van zwaarte in je armen, maar alleen als je de zin in de tegenwoordige tijd formuleert. Zeg niet tegen jezelf: 'Mijn armen worden zo meteen hopelijk aangenaam zwaar', maar: 'Mijn armen zijn aangenaam zwaar.' Op het moment dat je zo'n zin tegen jezelf zegt, is dat natuurlijk nog in tegenspraak met de werkelijkheid. Toch doe je bij autogene training altijd alsof de gewenste ontspanningstoestand al is opgetreden. Dit zogeheten 'doen alsof'-principe kom je tegen in alle formuleringen van autogene training.

Omgaan met de restgedachten van de dag

Degenen die autogene training leren, hebben aan het begin van de oefening vaak last van een instroom van gedachten. Dit zijn deels restgedachten van de dag en deels dingen die nog gedaan moeten worden.

Gedachten mogen niet worden onderdrukt. Het is het beste om op dit moment onverschillig naar die gedachten te kijken.

TIP

- Je kunt je storende gedachten voorstellen als zwevende wolken die voorbijtrekken. Houd de wolken niet vast, laat ze passeren.
- Je kunt jezelf ook in een gezellige, warme berghut voorstellen. Kijk uit het raam en kijk naar de sneeuwstorm buiten. De sneeuwstorm staat voor de storende gedachten. Kijk nu hoe de sneeuwstorm afneemt totdat er alleen nog maar een paar vlokken naar beneden dwarrelen.
- Je kunt je ook voorstellen dat je ontspannen op de oever van een beekje zit, naar de bladeren kijkt die op het zacht stromende water voorbijdrijven en achter de volgende bocht uit het zicht verdwijnen. Elk blad staat voor een gedachte die je gewoon voorbij laat drijven.

De zeven basisformules van autogene training

Er zijn in totaal zeven zinnen die je tijdens de autogene training tegen jezelf zegt, van de rustformule tot de voorhoofdformule. De zelfinstructies worden mentaal gedacht in een staat van *passieve concentratie*. Je moet dus niet proberen om actief of geforceerd iets te veranderen, maar doen alsof de verandering al heeft plaatsgevonden.

TIP

Er bestaan preventiecursussen voor autogene training. Er is vast een overeenkomstige cursus in jouw omgeving te vinden. In het kader van het gezondheidsbeleid op het werk kunnen cursussen met de focus op autogene training ook direct in je bedrijf worden gegeven, bijvoorbeeld tijdens de lunchpauze. Goed opgeleide cursusleiders zijn meestal ontspanningspedagogen.

OEFENING

DE GLORIEUZE ZEVEN

Neem een comfortabele zittende of liggende (op je rug) houding aan om de autogene training uit te proberen.

Om autogene training uit te proberen, zeg je met je ogen dicht in je hoofd de zeven formules van autogene training. Herhaal elke formule minstens drie keer. Neem de tijd! Ook als je nog niet voelt wat je jezelf vertelt: doe gewoon alsof. De rustformule kun je na elke formule als een soort tussenvoegsel nog een keer inbouwen.

1. *Rustformule*: ik ben volkomen rustig.
2. *Zwaarteformule*: mijn armen zijn aangenaam zwaar, mijn benen zijn aangenaam zwaar.
3. *Warmteformule*: mijn handen zijn aangenaam warm, mijn voeten zijn aangenaam warm.
4. *Ademformule*: mijn adem is rustig en gelijkmatig.
5. *Hartformule*: mijn hartslag is gelijkmatig en juist.
6. *Buikformule*: mijn buik is aangenaam warm (alternatief: Mijn zonnevlecht is stromend warm. De zonnevlecht, of plexus solaris, is een centrale knoop van het vegetatieve zenuwstelsel die zich ongeveer twee tot drie vingerbreedten boven de navel achter de maag bevindt).
7. *Bij problemen in het schouder- en nekgebied bovendien*: mijn schouders en nek zijn warm en los.
8. *Voorhoofdformule*: mijn voorhoofd is aangenaam koel. En mijn hoofd is vrij en helder.

Uiteindelijk vindt de zogenoemde terugtrekking plaats. Tel terug in je hoofd van 4 naar 1 en stel je voor hoe je na de oefening weer actief en geconcentreerd bent.

Verwacht niet te veel wanneer je voor het eerst autogene training oefent. Net als progressieve spierontspanning is autogene training verbonden met oefening en moet deze indien mogelijk in een cursus worden geleerd.

Autogene training voor de toiletpauze

Tijdens het werk of een conferentie kun je ook een verkorte vorm van autogene training toepassen op het toilet. Zo kun je je ontspannen zonder de beschuldigende blik van de baas of collega's.

KORTE ONTSPANNING IN DE KOETSIERSHOUDING

OEFENING

1. Ga op het toiletdeksel zitten en neem een luister- of koetsiershouding aan. Eerst ga je rechtop zitten en dan zak in elkaar: je hoofd zakt naar je borst, je handen rusten op je licht gespreide dijen of in je schoot.
2. Zeg in je hoofd de volgende zinnen. De nummers 1, 2, 3 moeten niet te snel worden gedacht. Neem even de tijd.
   - 1 - 2 - 3. Ik ben rustig en ontspannen.
   - 1 - 2 - 3. Mijn armen zijn aangenaam zwaar.
   - 1 - 2 - 3. Ik ben nog meer ontspannen. Mijn handen zijn aangenaam warm.
   - 1 - 2 - 3. In de ontspanning kan ik niet langer vasthouden aan wat me belast of blokkeert. Ik laat overbodige emoties, gedachten en angsten in mijn verbeelding uit mijn handen stromen.
   - 1 - 2 - 3. Ik ben diep ontspannen en heb ruimte gemaakt voor concentratie, uithoudingsvermogen, creativiteit en goede oplossingen.
3. Tel dan terug van 3 naar 1. Je zult merken dat je nu meer ontspannen en geconcentreerd bent wanneer je teruggaat naar de conferentie of je bureau.

Meditaties voor iedereen

Meditaties kunnen zeer divers zijn. Ja, uiteindelijk kan alles meditatie zijn als je dat wat je doet met al je aandacht doet. We hebben drie eenvoudige meditaties voor je samengesteld. Als je wilt, kun je deze regenererende meditaties eens uitproberen.

KAARSENMEDITATIE: OEFENEN MET FOCUSSEN

OEFENING

Plaats een kaars in het midden van de kamer. Ontspan je lichaam en haal diep adem. Laat alle gedachten los en concentreer je op de kaarsvlam. Als er nog iets anders afleidends in je opkomt, zet het dan in je verbeelding in het licht van de vlam.

Sluit na 2 tot 3 minuten je ogen. Probeer het beeld van de kaars in je eigen lichaam te zien. Dit is het gemakkelijkst te doen als je je een warm licht in je buik of het onderste deel van je rug voorstelt.

OEFENING

SCHILDERMEDITATIE: SCHILDEREN ZONDER DOEL

Je hebt verf, penselen en papier nodig. Begin dan met schilderen. Concentreer je volledig op het schilderen. Denk niet na over wat je schildert. Schilder gewoon! Iedereen kan schilderen! Laat het penseel met zachte of onstuimige bewegingen over het papier gaan. Probeer niet bijzonder mooi te schilderen. Het schilderij wordt immers niet in een galerie tentoongesteld.

OEFENING

MANTRAMEDITATIE: MET JE AANDACHT BIJ EEN MANTRA BLIJVEN

Bedenk een mantra. Een mantra is een melodieuze lettergreep zonder betekenis voor degene die mediteert: bijvoorbeeld Ohm, Sat Nam of Shimaya. Als vervanging voor de mantra kun je ook woorden gebruiken met een positieve betekenis zoals rust of ontspanning.

1. Ga rechtop zitten.
2. Sluit je ogen.
3. Begin na ongeveer een minuut te denken aan de gekozen mantra of het gekozen woord.
4. Herhaal de mantra tot ongeveer een minuut voor het einde van de meditatie. Door de constante herhaling van de mantra worden de hersenen beziggehouden maar ook verveeld, ofwel ontspannen.
5. De laatste minuut laat je alleen nog de ogen gesloten.

Gewoonweg geniaal: waarom bosbaden zo ontspannend is

Na een boswandeling vertellen mensen vaak dat ze rustiger, meer ontspannen en stabieler zijn. Het zogenoemde *bosbaden* wordt steeds populairder. De naam is op het eerste gezicht een beetje verwarrend. Want baden in het bos gebeurt niet in water, maar is niets meer dan een bewust verblijf tussen de bomen. In Japan wordt het begeleid bosbaden (*shinrin-yoku*) al door ziektekostenverzekeraars erkend als een geneeskundige therapie.

Tussen bomen vertoeven

Ken je het *biofilie-effect*? Achter de term gaat het wetenschappelijke bewijs schuil dat boslucht het aantal natuurlijke afweercellen verhoogt en ze actiever maakt.

- » Het menselijk immuunsysteem reageert op terpenen. Dit zijn chemische communicatiemoleculen in de vorm van geurstoffen die vrijkomen via de bladeren, schors en wortels.
- » Onder loofbomen is de lucht veel schoner, want bomen werken als enorme filtersystemen. De reden hiervoor is de enorme oppervlakte die door de kronen wordt gevormd. Veel mensen hebben in een bladerbos een lagere bloeddruk, de longcapaciteit verbetert en de elasticiteit van de slagaders neemt toe.
- » Naaldbossen verminderen de hoeveelheid kiemen in de lucht aanzienlijk, wat allergiepatiënten ten goede komt.
- » Bij boswandelingen wordt het parasympatische zenuwstelsel, dat het lichaam tot rust brengt, gestimuleerd, zodat de herstelmodus wordt geactiveerd.

TIP

Wij raden je aan om, indien mogelijk, tijdens de lunchpauze of na het werk een korte boswandeling te maken. Als alternatief kun je ook door een stadspark slenteren.

Tips voor een boswandeling

Natuurlijk is het voldoende om gewoon in het bos te lopen en bewust de zuurstofrijke lucht in te ademen. Hierna vind je enkele suggesties hoe je je wandeling in het bos kunt verrijken.

- Geniet van de geur van het bos.
- Rust uit in de schaduw van een boom.
- Picknick onder het bladerdak van een grote boom.
- Luister naar het gezang van de bosvogels.
- Klim in een boom.
- Beleef een zonsopgang of zonsondergang in het bos.

OEFENING

EEN KLEINE MINDFULNESSOEFENING TUSSEN DE BOMEN

Als de volgende mindfulnessoefening je aanspreekt, kun je die eens uitproberen op je volgende wandeling in het bos. Zoals overal in ons boek geldt: als je niets hebt met de oefening, sla die dan gewoon over.

Kies tijdens een boswandeling een boom uit die je bijzonder bevalt.

Bekijk deze boom:

- Hoe groot is hij?
- Hoe ziet zijn schors eruit?
- Heeft hij een bijzondere vorm?
- Stel je voor hoe deze boom is gegroeid, jaar na jaar.
- Overweeg hoe de boom er in andere seizoenen uitziet.

Word nu (als je wilt) in je verbeelding zelf een boom.

1. Sluit je ogen en voel de vaste grond onder je voeten.
2. Stel je voor dat wortels vanuit je voeten in de diepte groeien. Je bent nu stevig verankerd in de grond. Niets kan je meer aan het wankelen brengen. Niets kan je rust verstoren. Zelfs de wind heeft geen vat meer op je.
3. Spreid je armen. Je armen worden takken in je verbeelding, zachtjes heen en weer wiegend in de wind.
4. Doe dan je ogen weer open.

Deze oefening kan je helpen om na de boswandeling meer ontspannen, evenwichtiger en rustiger terug te keren naar je werkplek.

Als je geïnteresseerd bent in verdere mindfulness- en ontspanningsoefeningen in het bos, neem dan contact op met een outdoorrelaxatietrainer of een cursusleider shinrin-yoku.

IN DIT HOOFDSTUK

- Ontspannen in slaap vallen
- Gedachten opzijzetten
- Geluiden rustig waarnemen
- Een goede slaapsfeer creëren

Hoofdstuk 11
Geconcentreerder door voldoende slaap

Hoelang heb je vannacht geslapen? Was het maar 5 uur, of toch 8 uur? Had je liever langer geslapen?

Waarom vragen we je dat? Omdat je hoeveelheid slaap een belangrijk effect heeft op je concentratievermogen. Als je niet genoeg slaap krijgt, doe je jezelf geen goed en ben je minder goed in staat om je te concentreren. Hierdoor duren werkprocessen langer en is de kans op fouten groter. Het is dus tijd om ons op de slaap te richten: wat kun je doen om sneller in slaap te vallen? Hoe krijg je het voor elkaar om gedachten opzij te zetten en storende geluiden buiten te sluiten? Hoe kun je jezelf met avondrituelen conditioneren om in te slapen? Als je op zoek bent naar antwoorden op deze vragen, zal dit hoofdstuk je verder helpen.

Wat je moet weten over slaap

Je hebt het voor elkaar: de keuken is schoon, de was opgehangen en het nieuwe seizoen van je favoriete serie begint pas morgen. Je ligt eerder in bed dan je in dagen gelukt is. Er staan je 8 volle uren eersteklasslaap te wachten en de volgende werkdag ga je uitgeslapen wakker worden.

Maar in plaats van te slapen, lig je de hele tijd te woelen. Je ligt al een half-uur te wachten om in slaap te vallen. Je mogelijke slaaptijd wordt van minuut tot minuut minder. Gisternacht heb je er ook veel te lang over gedaan om in slaap te vallen en ben je meerdere keren wakker geworden. Je ligt klaarwakker op je nieuw aangeschafte luxematras en verzinkt in gepieker en getob. Is dit alles normaal of heb je al last van een slaapstoornis?

Iedereen heeft weleens een slechte nacht

Als je een keer niet zo snel in slaap valt als gewoonlijk, hoef je je geen zorgen te maken dat dit zo blijft. Iedereen heeft weleens een slechte nacht of kan niet zo snel in slaap vallen als gewoonlijk.

Wie zichzelf dan onder druk zet, kan zeker niet in slaap vallen. Het risico is groot om verstrikt te raken in een slaapprobleem dat misschien nog niet eens bestaat. In de zin van een *selffulfilling prophecy* kan het zijn dat je ook de volgende nachten niet goed slaapt.

Wie innerlijk verkrampt en de slaap wil afdwingen, kan het vergeten!

Het grootste obstakel om in slaap te vallen is vaak de houding ten opzichte van de slaap en te hoge verwachtingen. Het tegenovergestelde is nodig: namelijk het vermogen om los te laten, om je over te geven, om de verantwoordelijkheid op te geven. Enigszins overdreven zou je zelfs kunnen zeggen dat je na het uitdoen van het licht bijna onverschillig moet zijn over in slaap vallen. Natuurlijk is de slaap zelf belangrijk. Echter, de gedachte dat slaap je koud laat, kan daadwerkelijk helpen om in slaap te vallen.

OEFENING

INSLAPEN MET EEN PARADOXALE INTENTIE

Natuurlijk gaan we meestal naar bed met de bedoeling om in slaap te vallen.

Als dat niet werkt of niet zo snel werkt als we ons hadden voorgesteld, zetten we ons snel onder druk en zijn we gespannen.

In dit geval heeft naast ontspanningsoefeningen en afleidingen de zogeheten *paradoxale intentie* haar waarde bewezen:

Daarmee streef je precies datgene na wat je niet echt wilt: wakker blijven. Je gaat naar bed met de bedoeling niet in slaap te willen vallen.

- Doe het licht uit.
- Ga gewoon ontspannen in bed liggen, maar houd je ogen zo lang mogelijk open.
- Wanneer je je ogen nauwelijks open kunt houden, gaan ze uiteindelijk vanzelf dicht.
- De kans is groot dat je dan ook in slaap kunt vallen.

TECHNISCHE INFO

STRESS ALS SLAAPVERSTOORDER

Stress (hoofdstuk 4) is een van de meest voorkomende slaapverstoorders. Vrijwel iedereen heeft daar weleens tijdelijk mee te maken. Na afloop van een stressvolle fase kun je dan weer beter slapen.

Als stress echter zeer lang aanhoudt, kan de daarmee gepaard gaande slaapverstoring een eigen leven gaan leiden en chronisch worden, ook als de stress weer afneemt. Dan kan het gebeuren dat je ook in het weekend of op vakantie niet beter kunt slapen.

Het hormoon dat je moe maakt

Je lichaam produceert een verscheidenheid aan hormonen. Een daarvan heeft de mooie naam melatonine. De belangrijkste functie ervan is het reguleren van je slaap-waakritme. Je pijnappelklier (een klier in de hersenen die verbonden is met de lichtreceptoren van je netvlies) begint melatonine vrij te geven als de duisternis invalt. Je lichaam krijgt de boodschap zich te herstellen en in slaap te vallen.

Bij het ochtendgloren, wanneer de duisternis plaats maakt voor het eerste licht van de dag, wordt de melatonineproductie verminderd en de cortisolproductie verhoogd. Cortisol is het zogenoemde *waakhormoon*. Het stuurt de boodschap naar je lichaam dat de slaapfase voorbij is en dat je wakker moet worden.

Het vrijkomen van melatonine is overigens niet alleen afhankelijk van het tijdstip van de dag, maar ook van een seizoensgebonden gebrek aan licht. Daarom is je melatonineproductie in de wintermaanden hoger dan in de zomermaanden. Het is dus mogelijk dat je in de winter vermoeider bent dan in de zomer.

TECHNISCHE INFO

HOELANG DUURT HET OM IN SLAAP TE VALLEN?

Wanneer het slaaphormoon melatonine je geleidelijk aan moe heeft gemaakt en je naar bed bent gegaan, dan is het verschillend hoelang het duurt voordat je daadwerkelijk in slaap valt. Dit varieert van dag tot dag en van persoon tot persoon. Sommige mensen kunnen al na seconden of een paar minuten in slaap vallen, anderen hebben regelmatig 30 minuten nodig. Toch zijn er nogal wat mensen die na een kwartier onrustig worden en bang zijn dat ze niet in slaap kunnen vallen.

Vooral op de avond voor belangrijke gebeurtenissen zoals een lezing, een vergadering van de raad van commissarissen of een sollicitatiegesprek kan het soms wat langer duren voordat je in slaap valt. Dit is volkomen normaal en geen reden tot zorg.

Hoeveel slaap je nodig hebt

Er zijn mensen die genoeg hebben aan 6 uur slaap. Anderen hebben regelmatig 9 uur slaap nodig. Voor de meeste volwassenen is 7 tot 8 uur voldoende.

TIP

Probeer verschillende slaaplengtes uit. Test met welke lengte van de slaap je het meeste in staat bent om je te concentreren gedurende de dag. Trakteer jezelf zo vaak mogelijk op de voor jou geschiktste hoeveelheid slaap.

We zitten er vaak naast als we moeten inschatten hoelang we hebben geslapen. Was het het gewenste aantal uren of een stuk minder? Mensen met slaapproblemen denken meestal dat ze minder slapen dan ze in werkelijkheid doen!

Wie denkt dat hij slecht slaapt, let namelijk meer op de wakkere fasen! Een kwartier wakker liggen lijkt subjectief langer dan een kwartier hard werken overdag! We kunnen de slaap zelf niet bewust waarnemen. Dus heb je meestal meer geslapen dan je denkt.

TECHNISCHE INFO

EEN TYPISCHE NACHT

Een nacht bestaat uit verschillende slaapfasen. In de eerste helft van de nacht maak je drie keer een diepe slaap door, de eerste keer ongeveer een uur na het in slaap vallen. In de tweede helft van de nacht is de slaap meestal niet meer zo heel diep. Tussen de diepere slaapfasen kom je vier tot vijf keer per nacht in een droomslaap, de zogeheten *remslaap*. Rem staat voor *rapid eye movement*. In deze slaapfase bewegen de ogen snel heen en weer onder de gesloten oogleden. Je ontwaakt ook uit zo'n droomslaapfase aan het eind van de nacht. Als je daarentegen uit een diepere slaapfase wordt gewekt door een plotseling geluid of een op een bepaalde tijd ingestelde wekker, kan het moeilijker zijn om de weg naar de activiteit te vinden. Het lichaam is dan nog niet voldoende ingesteld op de dag.

Als we voor één keer eerder dan normaal moeten opstaan om de trein naar een congres te halen, zal dit geen ernstige gevolgen hebben. We hebben de twee verkwikkende diepe slaapfasen achter de rug en hebben dan misschien een droomslaapfase minder. Dus als we niet wisten dat we eerder moesten opstaan, zouden er nauwelijks negatieve gevolgen zijn. Als je er echter 's avonds al mee bezig bent dat je volgende ochtend eerder dan normaal gewekt wordt, kan het juist daarom moeilijker zijn om in slaap te vallen en slaap je onrustiger. Misschien ken je dit fenomeen ook van de avonden vóór je vakantie, wanneer je een vroege start wilt maken om files zoveel mogelijk te vermijden.

's Nachts wakker worden is normaal

Meerdere keren wakker worden tijdens de nacht is volkomen normaal! Meestal kunnen we het ons niet eens herinneren. Doorslaggevend is de lengte van de tijd dat we wakker liggen. Als we meer dan 3 minuten wakker liggen, weten we het 's morgens nog. Als we minder dan 3 minuten wakker liggen, weten we dat niet meer en denken we dat we de hele nacht hebben doorgeslapen. Tijdens zo'n korte periode van wakker zijn kunnen we dingen doen, praten of bewegen, maar de volgende ochtend zijn we ervan overtuigd dat we geen van deze dingen hebben gedaan.

De reden is simpel: vóór de tijd van onze beschaving had het zin om af en toe wakker te worden om te kijken of alles in orde was of dat er gevaar dreigde.

Degenen die wakker worden en bang zijn om niet weer in slaap te vallen, blijven wakker. Dus als je 's nachts wakker worden als iets natuurlijks accepteert, heb je er meestal geen probleem mee.

In een vreemd bed zijn je hersenen waakzamer

Misschien heb je de eerste nacht in een hotel weleens slechter geslapen dan thuis. Daar is een eenvoudige reden voor. In vreemde bedden of onbekende kamers activeert ons lichaam vaak eerst een beveiligingssysteem: we blijven vaak onbedoeld langer wakker omdat onze hersenen naar een hoger niveau van alertheid overschakelen om de nieuwe omgeving te controleren. Het is daarom een goed idee om meerdere nachten in één bed door te brengen of om steeds weer hetzelfde hotel of dezelfde hotelketen te boeken voor zakenreizen.

Waarom ben je bij een dreigende infectie meer moe dan anders?

Je immuunsysteem herstelt beschadigde of veranderde cellen. Het heeft genoeg slaap nodig om dit te doen. In het begin van een infectie of ziekte kan meer slaap het immuunsysteem ondersteunen, vooral de diepe slaap. Het is daarom een verstandige reactie van het lichaam om moe te worden zodra je ziek dreigt te worden. Het is dan goed als je deze vermoeidheid niet onderdrukt met koffie of andere stimulerende middelen, maar eraan toegeeft. Op deze manier kan de infectie effectief worden bestreden voordat deze echt doorbreekt. Het immuunsysteem werkt ook overdag. Alleen in diepe slaap ruimt het echter de met succes bestreden ziekteverwekkers op en kan het nieuwe antistoffen en afweercellen produceren.

's Nachts slapen is verkwikkender dan overdag slapen

Als we overdag slapen, is onze slaap meestal veel korter en minder verkwikkend dan 's nachts. Omgekeerd, als we 's nachts werken, zijn we veel minder productief. Tijdens de nacht vermindert ons lichaam namelijk zijn prestatie- en waarnemingsfuncties en initieert in plaats daarvan herstel- en rustprocessen. Het lichaam zorgt ervoor dat de kanalen naar buiten grotendeels afgesloten zijn en voorkomt zo dat het gestoord wordt tijdens de reparatie- of herstelwerkzaamheden.

TIP

Nachtwerkers belasten het organisme sterk en zijn tijdens het werk vaker ongeconcentreerd. Als je 's nachts moet werken, vind je in hoofdstuk 16 tips over hoe je je dan beter kunt concentreren. Om overdag beter te kunnen slapen, moet je het slaapvertrek zoveel mogelijk verduisteren of een slaapmasker dragen en afspraken maken met mensen die in hetzelfde huishouden wonen, zodat harde geluiden zoveel mogelijk worden vermeden.

Belastende gedachten van je afzetten voordat je in slaap valt

In het werkzame leven van alledag gaan ons vaak gedachten door het hoofd voordat we in slaap vallen. Wat ligt er onafgemaakt op het bureau? Wat moet er morgen als eerste worden gedaan? Zulke gedachten kunnen het moeilijk maken om in slaap te vallen. Voordat je in zo'n geval een slaapmiddel neemt, moet je proberen je gedachten op een andere manier van je af te zetten.

PAS OP

Wees voorzichtig met slaapmiddelen! Ze bevatten vaak verslavende stoffen en verstoren de natuurlijke volgorde van de slaapfasen. Je kunt dan misschien wel slapen, maar wordt uitgeput wakker en kunt je de hele dag niet meer concentreren.

Het gedachtendagboek

Een goede manier om meester te worden van je gedachtenachtbaan is op te schrijven wat er door je hoofd gaat voordat je gaat slapen. Probeer zoveel mogelijk details op te schrijven. Dit moet je niet in bed doen, maar voordat je naar bed gaat aan een bureau of in een speciale stoel.

Dit werkt niet alleen voor dingen die nog gedaan moeten worden, maar ook voor zorgen die je met je meedraagt. Je kunt het gebruiken om je zorgen te verplaatsen van je hoofd naar het papier.

TIP

Je kunt een gedachtendagboek niet alleen gebruiken om in slaap te vallen, maar ook op het werk als je privégedachten of -zorgen je concentratie verstoren.

De vuilniszak

Stel je een vuilniszak voor. Neem de gedachte die je wakker houdt uit je hoofd en laat hem voor je innerlijke oog verdwijnen in de zak. Als die gedachte daar eenmaal in zit, merk je misschien hoe een andere gedachte opkomt.

Gooi deze ook in de vuilniszak. Ga door tot alle storende gedachten in de zak zitten. Knoop dan de vuilniszak dicht en gooi hem zo ver mogelijk weg. Je hebt je nu bevrijd van de dingen die je wakker houden en bent klaar om in te slapen.

Visualiseer

Schrijf een denkbeeldig script. Stel je een scène voor waarin je in een mum van tijd in slaap valt. Misschien ben je wel een blad in de wind, loop je door een deur een slaaphuis binnen of zak je weg in een zachte witte wolk. Door je dergelijke scènes voor te stellen, kun je je gedachten focussen en je afleiden van storende emotionele gedachten.

OEFENING

HET SLAAPHUIS

- Ga in je verbeelding op weg naar je eigen persoonlijke slaaphuis.
- Met elke uitademing vervaagt het dagelijks leven een beetje meer.
- Met elke stap die je zet, ga je wat verder weg van de dag.
- Je kunt nu met een zuiver geweten alle eisen en ervaringen van de dag achter je laten. Laat alles wat je nog stoort achter in een doos voor de deur.
- Alleen jij hebt een sleutel van je slaaphuis. Je opent de deur en gaat naar binnen.
- Het huis heeft veel kamers. En elke kamer nodigt je op zijn eigen speciale manier uit om je daar te ontspannen.
- Misschien heb je zin om het huis verkennen.
- Laat je fantasie de vrije loop.
- Misschien vind je een kamer vol zachte, comfortabele kussens.
- Of een kamer waar palmbomen groeien en waar je je op het warme zand op vakantie kunt wanen.
- Of een kamer met een fauteuil en een knapperend haardvuur.
- Kies de kamer waar je vanavond wilt uitrusten.
- Maak het jezelf gemakkelijk in de kamer die je hebt gekozen.

- Je weet dat je hier alles van je af mag laten vallen.
- Je ademt rustige en gelijkmatig.
- Het omhoogkomen en omlaaggaan van je buik gaat helemaal vanzelf.
- Geef je lichaam de slaapopdracht. Vertrouw erop dat je lichaam zich zo goed mogelijk herstelt.

OEFENING

ROUTES VOLGEN

Stel je een bekende route voor:

Visualiseer hoe je je door een bepaalde omgeving beweegt. Je kunt je bijvoorbeeld voorstellen dat je op de fiets een bepaalde route aflegt die je kent. Stel je voor hoe je door deze straten rijdt. Probeer zoveel mogelijk details te zien.

Tel iets

Tel iets bij het in slaap vallen. Misschien heb je weleens geprobeerd om schaapjes te tellen. Het ene na het andere schaapje trok aan je innerlijk oog voorbij. Natuurlijk hoeven het geen schaapjes te zijn. Je kunt zo'n beetje alles tellen waarbij je je volledig op het tellen kunt concentreren. Als je bij twintig of dertig bent, begin je weer bij één.

Door dit repetitieve proces en de focus op één ding kun je storende gedachten tot rust brengen: je hersenen worden beziggehouden en tegelijkertijd onderbelast.

Ga pas slapen wanneer je echt moe bent

Een reden waarom je gedachten je 's nachts wakker houden, kan zijn dat je gewoon nog niet moe bent.

Wat kun je doen om moe te worden?

Mat jezelf af

Sporten voor het slapengaan maakt je lichaam moe. Onmiddellijk na het sporten is er nog te veel adrenaline in je lichaam. We raden je daarom aan om 2 tot 3 uur voor het slapengaan lichamelijk actief te zijn. Daarna moet je alleen nog maar lichte oefeningen doen.

Ga naar de sauna

Als je graag naar de sauna gaat, kun je de behoefte aan rust na een saunasessie gebruiken om naar bed te gaan. Lichaam en geest zijn ontspannen: een essentiële voorwaarde om in slaap te vallen. Kies de temperatuur die je het best kunt verdragen. Finse sauna's hebben meestal een temperatuur van 80 °C tot 100 °C, terwijl een biosauna slechts 60 °C heeft.

Zorg ervoor dat de weg naar huis na het bezoek aan de sauna niet te lang is. Het best is om een sauna te hebben in je eigen huis of een wellnesscentrum in de buurt.

Lees een boek

In hoofdstuk 17 gaan we dieper in op het onderwerp lezen. Door het lezen van een interessant of spannend boek worden je alledaagse gedachten naar de achtergrond gedrongen. Je ogen worden vermoeider als je leest, zodat ze op een gegeven moment vanzelf dichtvallen.

Beleef de vrije avond bewust

Maak een duidelijk onderscheid tussen werk en de uren voor het slapengaan, bijvoorbeeld door te zeggen: 'Dat was het voor vandaag.' Het is goed om de laatste actieve tijd van de avond door te brengen met favoriete activiteiten, dus met genieten.

TIP

Bespreek laat op de avond geen privéproblemen meer. Discussies en ruzies met je partner of de kinderen winden te veel op en leiden vaak tot piekeren voordat je in slaap valt.

Ontspan je

Met behulp van ontspanningstechnieken zoals autogene training of progressieve spierontspanning verleg je de aandacht van storende gedachten naar bepaalde delen van het lichaam. Zie hoofdstuk 10 om te leren hoe je autogene training en progressieve spierontspanning gebruikt. Of probeer eens de ontspanningsoefening in de kadertekst 'Ontspannen gedachten van je afzetten', die ook zonder voorkennis kan worden gebruikt.

ONTSPANNEN GEDACHTEN VAN JE AFZETTEN

OEFENING

- Maak het je gemakkelijk en sluit je ogen.
- Maak heel licht contact tussen je duimen en wijsvingers.
- De volgende keer dat je inademt, haal je diep adem tot in je buik, houd je de adem ongeveer 5 seconden vast en adem je vervolgens langzaam uit door je mond.
- Gun jezelf vier of vijf van deze ademhalingen. Bij elke uitademing kun je in je verbeelding nog iets meer spanning laten ontsnappen.
- Als er nog negatieve gedachten, gevoelens of beelden zijn die je bezighouden, dan kun je je deze gedachten, gevoelens of beelden op één plek voorstellen.
- Verwijder je vervolgens langzaam van deze plek. Stap voor stap. En met elke stap verandert je gevoel. De afstand doet je goed.
- Ga nu in je verbeelding naar een plek waar je je op je gemak voelt. Een veilige, geborgen plek waar je kunt ontspannen en kracht kunt putten.
- Sta jezelf toe om te ontspannen. Neem dit goede gevoel waar en glimlach even.
- Houd dit vrolijke, goede gevoel vast en neem het mee de nacht in. Let alleen maar op dit aangename gevoel en het lichte omhoogkomen van de buik bij het inademen en het lichte zakken van de buik bij het uitademen.

Omgaan met geluiden voor het in slaap vallen

Naast gedachten kunnen ook storende geluiden je ervan weerhouden in slaap te vallen. Het al dan niet storend vinden van geluid is meestal niet te wijten aan het aantal decibels, maar aan de subjectieve beoordeling van het geluid. Lawaai wordt pas een storende factor als je je daaraan ergert en denkt dat je er niet door in slaap kunt vallen! Daarom moet je zo onverschillig mogelijk omgaan met geluiden die je niet kunt veranderen.

Er zijn mensen die zelfs beter kunnen slapen als hun partner snurkt, terwijl anderen er wanhopig van worden. Je kunt aan veel dingen wennen. Zo niet, dan zijn aparte slaapkamers in geval van snurken soms de verstandigste manier om een relatie te onderhouden. Hetzelfde geldt voor zeer verschillende slaapgewoonten en verschillende bioritmen (zie hoofdstuk 9).

OEFENING

GELUIDEN BUITENSLUITEN

Als je in een hotel verblijft, hoor je wellicht ongewone geluiden. Of je buren houden op vrijdagavond een feestje terwijl jij op zaterdagochtend moet werken. In dat geval raden we de volgende oefening aan, waarmee je om te beginnen went aan de geluiden en ze vervolgens stap voor stap buitensluit, zodat je je uiteindelijk alleen nog maar op je eigen adem concentreert.

- Wat hoor je? Hoeveel verschillende geluiden kun je onderscheiden? Misschien hoor je het tikken van een muurklok, een luid gesprek op de parkeerplaats voor het hotel, het gesnurk in de kamer ernaast, het gezoem van de airconditioning of het verkeerslawaai van de nabijgelegen snelweg.
- Onthoud al deze geluiden en beschrijf ze allemaal met één woord (bijvoorbeeld klok, gesprek, snurken).
- Concentreer je eerst alleen op je ademhaling en breid je concentratie dan beetje bij beetje uit tot de verschillende geluiden die je net hebt waargenomen en die misschien nog wel hoorbaar zijn.
  Adem bewust tien keer in en uit. In en uit. In je eigen ritme.
- Voeg nu een geluid toe en denk aan het bijbehorende woord na elke in- en uitademing.
  In en uit, het eerste geluid (de klok).
  Herhaal dit tien keer: in en uit, het woord voor het eerste geluid.
- Neem vervolgens, indien aanwezig, een tweede geluid mee in je aandacht (het gesprek).
  In en uit, het eerste geluid (de klok), het tweede geluid (het gesprek).
  Herhaal dit tien keer: in en uit, het eerste geluid (de klok), in en uit, het tweede geluid (het gesprek).
- Op deze manier kun je, als die er zijn, ook de andere geluiden (bijvoorbeeld het gezoem van de airconditioning en het lawaai van de snelweg) geleidelijk aan toevoegen en telkens tien keer herhalen.
- Wanneer je zo alle geluiden hebt meegenomen, begin je nu geleidelijk steeds een geluid weg te laten uit je opsomming. Als er nog twee geluiden over zijn:
  - Herhaal tien keer: in en uit, het eerste geluid (de klok), in en uit, het tweede geluid (het gesprek).
  - Herhaal tien keer: in en uit, het eerste geluid (de klok).
  - Herhaal zovaak als je wilt: in en uit. Je concentratie is nu alleen nog maar op je adem gericht. Voel hoe de buik iets omhoogkomt als je inademt en iets omlaaggaat als je uitademt.

Een slaapkamer om je goed in te voelen

Niet alleen gedachten en geluiden beïnvloeden het in slaap vallen, maar ook de inrichting van je slaapkamer. In vakjargon wordt dit *slaaphygiëne* genoemd. Richt je slaapkamer indien mogelijk zo in dat je je prettig voelt. Dit is natuurlijk iets heel persoonlijks. Toch zijn de volgende tips voor veel mensen erg nuttig gebleken.

Minder is meer

Zorg ervoor dat je je slaapkamer niet overlaadt met meubelstukken. Less is more, in dit geval. Hetzelfde geldt voor decoratieve spullen. Te veel decoratief materiaal heeft de neiging om te ontaarden in een hoop stofvangers. Vooral mensen met een huisstofallergie moeten spaarzaam zijn met decoraties.

Het is ook gemakkelijker om orde te houden met minder spullen. Je hoeft geen netheidsfreak te zijn om goed te kunnen slapen. Sommige mensen vinden chaos zelfs helemaal geen punt. Als je echter moeite hebt met slapen, is het wellicht de moeite waard om het aantal meubels te verminderen en de slaapkamer meer structuur te geven.

Besteed zorg aan bed en matras

Slapen is immers niet alleen een noodzakelijk kwaad, maar ook de mogelijkheid om nog meer van het leven te genieten. Daarom is het zinvol om te zorgen voor:

- een goed bed;
- een geschikt matras;
- comfortabel beddengoed.

TECHNISCHE INFO

De bedden en matrassen van nu bestonden vroeger niet en toch hebben mensen geslapen. Mensen uit andere culturen en vroeger tijden hadden en hebben het lang niet zo comfortabel als wij. Misschien nemen wij het onderwerp bed en matras te serieus. In ieder geval klagen we op een relatief hoog niveau.

Een bed dat voor de ene persoon comfortabel is, hoeft dat nog lang niet te zijn voor de ander. Van boxsprings tot waterbedden, elke meubelzaak biedt een schier eindeloze selectie aan overnachtingsmogelijkheden. Daarom moet je bedden en matrassen uitproberen voordat je ze aanschaft en ze niet blindelings online kopen.

TIP

Omdat we 's nachts tot een halve liter vocht verliezen via onze huid, moeten bedden, matrassen en dekens vocht goed afvoeren. Dit geldt bijvoorbeeld niet voor waterbedden: die voeren geen vocht af en hebben ook een verwarmingssysteem dat de lichaamseigen temperatuurregeling 's nachts verstoort.

De juiste slaaptemperatuur

Een vrij koele kamertemperatuur kan een positief effect hebben op de slaap. Het heeft geen zin om hier exacte temperaturen op te geven, want voor ieder mens geldt iets anders. Slaapdeskundigen adviseren vaak een slaaptemperatuur van 16 °C tot 18 °C.

Het kan lastig zijn voor partners met verschillende warmtevoorkeuren het eens te worden over een temperatuur.

Het is goed om de kamer voor het slapen gaan zeker nog een keer te luchten.

Zo weinig mogelijk licht

Als je ook het begin van dit hoofdstuk hebt gelezen, weet je dat het slaaphormoon melatonine vrijkomt wanneer het donker wordt.

Een mogelijke reden waarom je niet in slaap kunt vallen, is dat er te veel licht in je slaapkamer is.

- Schakel indien mogelijk alle lichtbronnen uit als je gaat slapen.
- Dim het licht ongeveer 30 tot 60 minuten voor het slapengaan, zodat je lichaam melatonine gaat produceren.
- Als je 's nachts een klein lampje nodig hebt, gebruik dan een rood en niet een blauw lampje.
- Stop een uur of twee voor het slapengaan met het kijken naar heldere schermen.
- Als je niets aan de lichtbronnen kunt doen, draag dan een slaapmasker.

Met avondrituelen gemakkelijker in slaap vallen

Avondrituelen kunnen je helpen om jezelf te conditioneren om te slapen. Als je eenmaal gewend bent aan iets wat je hersenen kennen als een signaal voor spoedige slaap, werkt dit ritueel overal, zelfs als je voor je werk vaker in hotels moet slapen. Uiteindelijk helpt elk ritueel waarvan je denkt dat het je zal helpen om goed te slapen. Dus als je gelooft dat je drie keer op je kussen moet slaan om in slaap te vallen, dan is dit een zeer effectief ritueel. Toegegeven, er zijn fraaiere rituelen dan drie keer op een kussen slaan. Daarom willen we je nu enkele alternatieven voorstellen.

Een avondwandeling

Een korte avondwandeling voor het slapengaan doet goed. Je komt tot rust en beweegt nog een beetje zonder jezelf af te matten. Neem bewust de sfeer van de avond waar:

- de gesloten winkels;
- het warme licht achter de ramen;
- de opkomende maan.

Een warm bad

Warme baden met aromatische geurkruiden bevorderen de ontspanning en geven je hersenen het signaal dat de werkdag voorbij is. Een watertemperatuur van ongeveer 37°C wordt aanbevolen. Bij deze temperatuur kunnen de geurstoffen zich optimaal verspreiden.

Geuren met een ontspannende werking zijn zeer geschikt voor de avond. Denk bijvoorbeeld aan lavendel, roos en ylang-ylang.

Luisteren naar ontspanningsmuziek

Bij alle streamingdiensten vind je een grote keuze aan ontspanningsmuziek. Maak je geen zorgen: je hoeft jezelf niet kunstmatig te martelen met muziek die je niet leuk vindt. Pop, rock en dergelijke kunnen ook een slaapopwekkend effect hebben.

Ideaal is een bepaald nummer dat je steeds weer gebruikt om in slaap te vallen. Na enige tijd zijn de eerste paar noten al genoeg om je in een ontspanningsmodus te brengen.

De slaap uitnodigen door andere kleding

Ga niet naar bed met alledaagse kleren om je de volgende ochtend niet aan te hoeven kleden. Nodig de slaap uit door je bewust uit of om te kleden: een pyjama of nachthemd is de juiste outfit voor je nachtelijke uitstapjes in dromenland.

Een inslaapdrankje

Maak een inslaapdrankje klaar. Als het een signaal moet zijn om in slaap te vallen, is het goed om 's avonds gedurende een langere periode hetzelfde drankje te gebruiken. Warme en ontspannende drankjes zijn ideaal. Dit kan een thee zijn van hop, citroenmelisse of lavendel of de beroemde/beruchte warme melk met honing. Stimulerende drankjes zoals koffie of zwarte thee zijn niet geschikt.

PAS OP

Sommige collega's adviseren je misschien bij een avondborrel om nog een slaapmutsje te nemen. Je moet zelf beslissen wat goed voor je is en wat niet. Wees echter voorzichtig als het afzakkertje regelmatig twee of drie glazen wordt. Vergeet ook niet dat, hoewel de ontspannende werking van alcohol het aanvankelijk gemakkelijker maakt om in slaap te vallen, je slaap echter eerder dan normaal wordt onderbroken. Tegelijkertijd wordt de natuurlijke volgorde van de slaapfasen verstoord.

WAAROM TV-KIJKEN GEEN GOED INSLAAPRITUEEL IS

PAS OP

Tv-kijken is een passieve activiteit en maakt je fysiek moe. Vaak dommel je al in voor je echte bedtijd. Misschien op de bank. Als je dan naar bed gaat, word je weer wakker en kun je niet meer in slaap vallen.

Hoewel je lichaam moe wordt van tv-kijken, blijven je hersenen wakker. De snelle opeenvolging van televisiebeelden heeft een stimulerend effect op je hersenen, wat een innerlijke onrust kan veroorzaken en de diepe slaap in de eerste helft van de nacht kan bemoeilijken.

IN DIT HOOFDSTUK

Begrijpen waarom we te veel zitten

Beweging gebruiken als wonderwapen voor je concentratievermogen

Kennismaken met lichte dagelijkse bewegingsoefeningen

Hoofdstuk 12
Doe aan beweging

De helft van de mensen met een baan brengt zijn werkdag achter de computer door. Ook na het werk zitten we veel te vaak op stoelen, fauteuils en banken. Wie met de trein, bus of auto naar het werk gaat, de hele dag op kantoor zit en vervolgens voor de televisie gaat hangen, zit toch algauw zo'n 16 uur per dag. Het lijkt wel alsof homo sapiens zich ontwikkelt tot homo sedens, de zittende mens.

Aan de andere kant weten we dat lichaamsbeweging helpt om gezond te blijven, het concentratievermogen op te bouwen en informatie gemakkelijker te onthouden. Daarom laten we je in dit hoofdstuk zien hoe je eenvoudige en concentratiebevorderende beweging kunt integreren in je dagelijks werk.

Bij voorkeur comfortabel

In tegenstelling tot onze verre voorouders, die echte atleten waren, zien wij lichaamsbeweging maar al te vaak als een vervelende plicht die we zo mogelijk vermijden. In feite kunnen we tegenwoordig het meeste zittend doen. We shoppen op internet, werken in veel (niet alle) beroepen vooral zittend, ontmoeten onze vrienden op social media en laten onze huizen schoonmaken door stofzuigrobots. We hebben bijna paradijselijke mogelijkheden: je legt je benen omhoog en alles wordt voor je gedaan met een druk op een knop! Vroeger deden mensen veel meer lichte huishoudelijke taken zoals koken en afwassen. Tegenwoordig eten we vaak buitenshuis, laten we regelmatig eten thuisbezorgen en laten we de vaatwasser het vuile werk opknappen. In sommige huishoudens hoeven we niet eens van de bank op te staan om het licht aan te doen, maar laten we die taak over aan de digitale assistent Alexa. En wat doen we met de gewonnen tijd? We zitten. Bij voorkeur achter een scherm of laptop.

Het is verbazingwekkend hoe vaak we in ons dagelijks leven zitten, hoewel de natuur dat eigenlijk niet heeft voorzien. Evolutionair gezien zouden we eigenlijk bewegingsfans moeten zijn. Lopen en rennen waren de belangrijkste bezigheden van onze voorouders. Afgezien van rustpauzes waren ze eigenlijk altijd op de been om fruit te verzamelen, te jagen of akkers en vee te verzorgen.

Kinderen zijn nog steeds in de wieg gelegd om te bewegen. Ze kijken er echt naar uit om te bewegen, klauteren in een mum van tijd klimrekken op en proberen met hun schommel de wolken te bereiken of zo snel mogelijk rond te draaien op de draaimolen. Ze hebben een bijna eindeloos uithoudingsvermogen om achter ballen aan te rennen, enthousiast rond te karren op driewielers en fietsen en met stralende gezichten krijgertje te spelen. De natuurlijke bewegingsdrang van kinderen wordt hen echter al op school afgeleerd. Scholieren leren geleidelijk aan steeds langer stil te zitten. Daarnaast verleiden spelconsoles en nieuwe media tot het minimaliseren van beweging. In plaats van met hun vrienden te voetballen, spreken ze af om thuis samen los te gaan op de Playstation.

Het heeft ongeveer twee miljoen jaar geduurd voordat de menselijke soort de huidige stand van zijn ontwikkeling heeft bereikt. Zittende mensen daarentegen bestaan pas sinds de industriële revolutie en de uitvinding van nieuwe vervoersmiddelen. Het organisme mens kon zich in deze korte tijd echter niet aanpassen aan de moderne manier van leven.

De officiële aanbeveling om 10.000 stappen per dag te zetten om een gezondheidsbevorderende en actieve levensstijl te leiden, is iets waar we wel kennis van nemen, maar als het erop aankomt, verzinnen we genoeg excuses waarom we minder bewegen. Natuurlijk zijn er beroepen die vandaag de dag nog steeds gepaard gaan met voldoende lichaamsbeweging. Een postbode doet minstens 16.000 stappen per dag, maar als we een kantoorbaan hebben, met de auto naar het werk rijden en onze avonden comfortabel op de bank doorbrengen, komen we meestal niet verder dan 6000 tot 7000 stappen. En dat is ver onder de officiële aanbeveling. Hoeveel stappen zet jij per dag?

TIP

Om je dagelijkse hoeveelheid stappen te bepalen, hoef je niet elke stap te gaan tellen. Je kunt ook een stappenteller kopen. Die telt niet alleen je stappen, maar motiveert je ook om meer te bewegen. Je hoeft er niet veel geld aan uit te geven. Een eenvoudige stappenteller is alles wat je nodig hebt. Maar je kunt ook een app gebruiken die je stappen bijhoudt.

Beweging: het wonderwapen voor je hersenen

Beweging wordt niet automatisch als iets positiefs ervaren. Voor sommige mensen is beweging vooral inspannend, tijdrovend en slechts gedeeltelijk verbonden met plezier. In de loop van dit hoofdstuk laten we zien dat het ook anders kan. Maar eerst willen we nagaan waarom beweging nuttig is voor je prestatievermogen.

Beweging ontlast je denkcentrum

Dit is je vast al eens eerder overkomen: je zit op je werkplek en voelt je overweldigd. Figuurlijk gezien klopt er te veel informatie tegelijkertijd aan de deur van je hersenen. Een dergelijke toestand kun je vergelijken met een computer die hapert en vastloopt. Wat doe je met de computer? Laat je die in deze staat of start je opnieuw op? Waarschijnlijk kies je voor de tweede optie.

Op dezelfde manier kun je ook met jezelf omgaan. Natuurlijk is er geen resetknop in de hersenen waarmee je een herstart kunt forceren, maar beweging ontlast het denkcentrum van je hersenen en neemt zo een soort van resetfunctie over. Mits je ook geniet van je bewegingen en jezelf niet onder- of overbelast.

TECHNISCHE INFO

Er zijn verschillende gebieden in je hersenen, waaronder de motorische en prefrontale cortex. De motorische cortex is verantwoordelijk voor beweging en coördinatie, de prefrontale cortex voor je denkcentrum. Zowel de motorische als prefrontale cortex hebben een beperkte capaciteit. Dus als je veel informatie moet verwerken, of het nu gaat om het schrijven van rapporten, het voeren van gesprekken, het opstellen van rekeningen of het evalueren van statistieken, kan de prefrontale cortex overbelast raken. Om die te ontlasten, moet je je hersenactiviteit verplaatsen naar de motorische cortex. Hierdoor wordt de prefrontale cortex geleegd en kun je je daarna weer beter concentreren.

Regelmatige lichaamsbeweging is ook op de lange termijn goed voor je hersenen.

Zo stelde het Californische Ministerie van Onderwijs in een studie vast dat schoolkinderen die graag bewegen, zich beter kunnen concentreren en daardoor meer succes hebben op school.

Een groep onderzoekers van de universiteit van Ulm toonde bovendien aan dat regelmatige lichaamsbeweging de afbraak van dopamine vertraagt. Dopamine is nodig voor belangrijke processen in de prefrontale cortex. Hoe groter de belasting van de prefrontale cortex, hoe sneller de dopamine wordt afgebroken. Dit vermindert je aandacht. Met lichaamsbeweging kun je een concentratiebevorderende tegenimpuls geven.

Beweging bevordert je creativiteit

Ben je ooit in een klooster geweest? Dan heb je zeker de kruisgangen opgemerkt. Dit zijn overdekte, meestal gewelfde booggangen die de vaak vierkante, open binnenplaats van het klooster omringen. Deze wandelgangen werden onder andere gebouwd om de geestelijken te laten bewegen terwijl ze aan het nadenken waren.

Je kunt daadwerkelijk gemakkelijker informatie onthouden tijdens het lopen en bent creatiever dan in een zittende houding.

Er is een aantal creatieve kunstenaars die hiervan gebruik wisten te maken:

- Aristoteles liep vroeger bij het filosoferen met zijn leerlingen door de zuilengalerijen van Athene. De leden van zijn school werden daarom ook wel *peripatetici* genoemd, 'wandelaars'.
- Ludwig von Beethoven ging na elke lunch de frisse lucht in en vergat daarbij nooit om papier en potlood mee te nemen.
- Charles Dickens deed regelmatig nieuwe inspiratie op tijdens zijn urenlange omzwervingen.
- Gekleed in zijn legendarische vest, dat tegenwoordig in het Haus der Geschichte in Bonn hangt, ondernam Helmut Kohl samen met Michail Gorbatsjov in 1990 de legendarische wandeling in de Kaukasus, waarbij werd besloten dat Duitsland zonder overgangsperiode volledige en onbeperkte soevereiniteit zou krijgen vanaf het moment van de eenwording.
- Steve Jobs was ook een creatieve wandelaar. Hij zweerde vooral bij het nut van *walk-and-talk-meetings*, waarbij hij zijn buitengewone talent kon ontwikkelen.

TECHNISCHE INFO

Bij een *walk-and-talk-meeting* vindt een vergadering plaats tijdens het lopen of rennen en niet zoals gebruikelijk zittend in een kantoor of conferentieruimte. Deze bijzondere vorm van vergaderen, waaraan maximaal vier tot vijf personen kunnen deelnemen, heeft vele voordelen:

- De uitwisseling van informatie vindt plaats op ooghoogte.
- Teamwork wordt gestimuleerd.
- De verandering van omgeving brengt een ander perspectief met zich mee en inspireert in een mum van tijd tot nieuwe ideeën.
- Een walk-and-talk-meeting biedt een afwisseling van het monotone alledaagse werkleven en geeft plezier.
- De ontspannen sfeer maakt het gemakkelijker om vertrouwen te winnen.

Ook de omgeving van de wandeling speelt een rol. Onderzoekers van de Stanford University in Californië lieten testpersonen in twee groepen anderhalf uur wandelen. Terwijl de eerste groep door de stad wandelde, liep de tweede groep over de groene campus van de universiteit. Daarna werden alle hersenactiviteiten van de testpersonen gemeten en werden er interviews afgenomen. Het bleek dat de testpersonen die een wandeling over de groene campus hadden gemaakt een lager stressniveau hadden.

OEFENING

NAAR BUITEN!

Waar wacht je nog op? Leg ons boek 20 minuten aan de kant en ga de frisse lucht in, bij voorkeur naar het dichtstbijzijnde park of bos. Het kost niets, het doet geen pijn en je hoeft geen sportieve topprestatie te leveren. Je zult merken hoe goed die korte wandeling je doet.

Beweging gaat verouderingsprocessen in de hersenen tegen

Lichaamsbeweging is een van de kosteneffectiefste antiverouderingsproducten voor je hersenen. Want lichaamsbeweging stimuleert de vorming en verbinding van nieuwe zenuwcellen. Dit bevordert op zijn beurt de uitwisseling van informatie tussen de zenuwcellen.

In een langlopend onderzoek van de universiteit van Bremen werd aangetoond dat lichaamsbeweging verouderingsprocessen in de hersenen tegengaat. Daarvoor trainden 65- tot 75-jarige testpersonen een jaar lang meerdere keren per week. Het bleek dat hun cognitieve prestaties daardoor aanzienlijk verbeterden.

Beweging verbetert de interactie van je hersenhelften

We hebben twee hersenhelften die met elkaar verbonden zijn door een soort balk. De hersenhelften wisselen via deze balk informatie uit. Hoe sterker deze verbinding is, hoe beter de communicatie tussen de hersenhelften functioneert.

TECHNISCHE INFO

Albert Einstein was een van de beroemdste natuurkundigen sinds Isaac Newton. Hij wordt beschouwd als een genie, en niet zonder reden. Na zijn dood werden zijn hersenen in fijne plakjes gesneden, geconserveerd en gefotografeerd. Wetenschappers ontdekten dat de helften van zijn hersenen zeer goed met elkaar verbonden waren. Het witte weefsel tussen de hemisferen, het zogeheten *corpus callosum*, was opvallend sterk ontwikkeld.

De kinesiologie (bewegingsleer) heeft een reeks oefeningen ontwikkeld die je helpen de interactie tussen je hersenhelften te verbeteren en daarmee je vermogen om te presteren en je te concentreren.

We hebben enkele van deze oefeningen voor je geselecteerd, die erg gemakkelijk uit te voeren zijn en kunnen worden geïntegreerd in je dagelijks werk. Als je je geobserveerd voelt door je collega's, kun je de oefeningen ook op het toilet proberen.

De marcheeroefening

1. **Sta op en marcheer langzaam op één plek.** Til afwisselend je knieën op.
2. **Tik tijdens het marcheren met je rechterhand op je linkerdij terwijl je je linkerbeen optilt (en omgekeerd).**
3. **Sluit nu je ogen en houd je hoofd recht.** Blijf marcheren.
4. **Stel je voor dat je ogen kunnen schilderen.** Schilder met je ogen dicht liggende achten zonder te stoppen met marcheren.

Langlaufen op kantoor

1. **Zwaai je rechterarm naar voren en tegelijkertijd je linkerbeen naar achteren.**
2. **Schakel dan over naar de linkerarm en het rechterbeen.**

3. **Deze beweging doet denken aan de voortbeweging bij het langlaufen.**

Het dansende Vrijheidsbeeld

1. **Ga op je linkerbeen staan.**
2. **Strek je linkerarm uit naar boven en je rechterbeen naar opzij.**
3. **Schakel nu over op je rechterbeen.**
4. **Strek je rechterarm uit naar boven en je linkerbeen naar opzij.**
5. **Verhoog het tempo bij elke overschakeling.**

De drukoefening

1. **Ga rechtop staan met je voeten op schouderbreedte van elkaar.**
2. **Grijp met je vingers in elkaar in een biddende houding.**
3. **Druk de uiteinden van je twee duimen 1 minuut tegen elkaar.**

De omgevallen 8

1. **Ga rechtop staan met je voeten op schouderbreedte van elkaar.**
2. **Strek een arm naar voren met de duim naar boven.**
3. **Beschrijf met je arm en duim langzaam een grote horizontale 8 in de lucht.** Belangrijk: ga eerst met je arm omhoog naar de linkerkant.
4. **Herhaal de beweging verschillende keren.**
5. **Wissel vervolgens van arm.**

TIP

Ook al pleiten we ervoor om op te staan, je kunt ook zittend wat oefeningen doen om je hersenhelften beter met elkaar te verbinden. Je collega zal het niet eens merken als je liggende achten met je voet onder je bureau beschrijft. Of je beweegt alleen je vingers:

1. **Raak eerst je rechterduim aan met je linkerwijsvinger en je linkerduim met je rechterwijsvinger om het beeld van een liggende 8 te vormen.**
2. **Draai je liggende acht meerdere keren heen en weer.**
3. **Schakel nu over.** Raak met je rechterwijsvinger eerst je linkerduim aan en daarboven met je linkerwijsvinger je rechterduim.
4. **Draai je liggende 8 weer meerdere malen heen en weer.**

OEFENING

DE 6-9-OEFENING

Moeilijkheidsgraad 1

1. Ga op één been staan.
2. Maak met het onderbeen van je opgetilde been draaiende bewegingen met de wijzers van de klok mee.
3. Beschrijf met de arm aan dezelfde kant een 6 in de lucht.
4. Volg tegelijkertijd de beweging van de arm met je ogen.
5. Maak met het onderbeen van je opgetilde been draaiende bewegingen tegen de wijzers van de klok in.
6. Beschrijf met de arm aan dezelfde kant een 9 in de lucht.
7. Volg tegelijkertijd de beweging van de arm met je ogen.

Moeilijkheidsgraad 2

1. Ga op één been staan.
2. Hef een arm op en draai die met de wijzers van de klok mee.
3. Beschrijf met het geheven been aan dezelfde kant een 6 in de lucht.
4. Volg tegelijkertijd de beweging van de arm met je ogen.
5. Draai je arm nu tegen de wijzers van de klok in.
6. Beschrijf met het geheven been aan dezelfde kant een 9 in de lucht.
7. Volg tegelijkertijd de beweging van de arm met je ogen.

Bewegen houdt je gezond

Gebrek aan beweging is niet goed voor onze gezondheid. Mensen die weinig bewegen hebben een hoger risico ziek te worden of pijnklachten te ontwikkelen. Ziekten en pijn leiden echter af en verminderen je concentratievermogen.

Zodra je gaat zitten, gaat je lichaam in een soort van stand-bymodus:

» De elektrische activiteit in de beenspieren verdwijnt.

» Enzymen die vet verbranden nemen af.

» De bloedsuikerspiegel stijgt.

» Je verbrandt nog maar één calorie per minuut.

Door continu te zitten neemt het risico op vroegtijdig overlijden toe. In de Australische staat New South Wales hadden 220.000 inwoners een vragenlijst ingevuld waarin onder meer werd gevraagd naar de dagelijkse tijd die zittend werd doorgebracht. 3 jaar later werd nagegaan wie er van hen was overleden. Het resultaat: degenen die meer dan 11 uur per dag zaten, hadden een 40 procent hoger risico om te overlijden dan degenen die minder dan 4 uur per dag zaten.

Als je een overwegend zittend beroep hebt, hoef je echter niet in paniek te raken. Je hoeft niet van baan te veranderen zodat je meer kunt bewegen. Beweeg gewoon meer in je vrije tijd. Loop of fiets indien mogelijk ten minste een deel van de weg naar het werk en onderbreek af en toe het zitten tijdens het werk.

TIP

Een onderzoeksteam van de Amerikaanse Brown University beveelt 3 minuten beweging aan na een halfuur zitten.

Beweging voorkomt hart- en vaatziekten

Wat doe je als je bij het afwassen van je vuile vaat in de keuken merkt dat de afvoer verstopt is? Je maakt hem schoon en verwijdert de kalkafzettingen en andere zaken die zich in de loop van de tijd op de wanden van de buis hebben opgehoopt. Zo'n schoonmaakbeurt gebeurt ook in je vaten wanneer je aan lichaamsbeweging doet. Het stimuleert je bloedsomloop en vermindert het risico dat er kalkafzettingen achterblijven in je vaten.

TECHNISCHE INFO

Al in de jaren vijftig van de vorige eeuw ontdekten Britse wetenschappers dat mensen die werkten in beroepen die veel lichamelijke activiteit vereisten, minder vaak leden aan hart- en vaatziekten dan mensen die overwegend zittend werkten.

Hiervoor werden zowel mannelijke chauffeurs van bussen en machinisten van treinen als conducteurs van de Londense vervoersmaatschappij onderzocht. Tijdens de observatieperiode kregen 111 mannen hart- en vaatziekten. Van de zieke proefpersonen was 71 procent chauffeur en slechts 29 procent conducteur. Het verloop van de ziekte was ook veel ernstiger bij de chauffeurs dan bij de conducteurs.

Een metastudie van de universiteiten van Loughborough en Leicester bevestigde op basis van 800.000 gevallen dat mensen in zittende beroepen veel vaker aan hart- en vaatziekten lijden dan mensen in banen met veel beweging.

Beweging vermindert spierverkrampingen en helpt tegen hoofdpijn

Ongeveer een derde van de volwassenen wereldwijd heeft last van rugklachten. Hoe zit dat bij jou? Is je nek ook constant gespannen? Of heb je af en toe pijn in je onderrug? Dit kan het gevolg zijn van te weinig beweging.

Ons lichaam is namelijk niet gebouwd op een gebrek aan beweging en het in één positie blijven. Dit laat zich goed illustreren aan de hand van onze tussenwervelschijven, die als buffervormige sponzen functioneren.

TECHNISCHE INFO

Tussenwervelschijven bestaan elk uit een elastische ring van stevig, vezelig bindweefsel en een zachte kern van gelatineachtige vloeistof. Wanneer we een zittende houding aannemen, worden de tussenwervelschijven op één plaats samengedrukt als een natte spons. Op deze manier absorbeert de tussenwervelschijf schok- en drukbelastingen. De gelatineachtige vloeistof ontsnapt echter en de spons blijft in uitgewrongen toestand achter. Zodra we bewegen en de zitpositie verlaten, verdwijnt de druk op de tussenwervelschijf weer en ontstaat er een soort pompbeweging waarbij de spons weer wordt bijgevuld met vloeistof.

Beweging brengt je op andere gedachten

Beweging helpt om je af te leiden in het geval dat je vastzit en niet verder komt met een taak. De eenvoudigste manier om dit te doen is om zoveel mogelijk zintuigen te activeren tijdens het bewegen. Als je op een zonnige zomerdag op blote voeten een strandwandeling maakt, voel je niet alleen het zand tussen je tenen, maar luister je ook naar het gekrijs van de meeuwen, neem je de smaak van het zeezout waar op je tong, ruik je de algen en zie je de eindeloze uitgestrektheid van de Noordzee. Natuurlijk is het maar weinigen gegeven om direct aan het strand te werken en tijdens de lunchpauze een korte wandeling over het strand te maken, maar misschien helpt de volgende oefening je om je zintuigen in het dagelijks leven te activeren.

OEFENING

DE VOETMEDITATIE

1. Doe je schoenen uit.
2. Loop rond op sokken of op blote voeten, waar je ook bent.
3. Voel de grond bewust met je voetzolen. Hoe voelt die aan? Aangenaam warm of verfrissend koud? Is hij hard als staal? Pluizig als een wolk? Ruw en gerimpeld als een olifantshuid? Of spiegelglad als een aal?
4. Verander je manier van lopen. Loop op je tenen en dan op je hielen. Hoe voelt het verschil aan? Is het inspannender of gemakkelijker om zo te lopen?
5. Kijk eens goed naar je voeten. Hoe zien ze eruit? Welke van je tenen is het langst? Wat is het verschil tussen je beide grote tenen? Valt een van je tien tenen op ten opzichte van de andere? Wat maakt deze speciaal? Is hij misschien kromgegroeid? Of helemaal recht?

Lichte bewegingsoefeningen tijdens de werkweek

Het is helemaal niet moeilijk om effectieve en tegelijkertijd ongecompliceerde bewegingen te integreren in de dagelijkse werkroutine. Meestal zijn er enkel kleine veranderingen in de dagelijkse routine nodig om iets te doen aan een gebrek aan beweging. We hebben wat ideeën voor je op een rijtje gezet:

Vóór het werk

Dit kun je al doen om meer te bewegen voordat je aan het werk gaat:

- » Word goed wakker door 's morgens voor of na het ontbijt een 5 tot 7 minuten durende work-out te doen.
- » Doe 10 tot 20 kniebuigingen terwijl je je tanden poetst.
- » Als je met het openbaar vervoer naar je werk reist, stap dan een halte eerder uit en loop de rest van de weg.
- » Neem de trap in plaats van de roltrap of de lift.
- » Als je met de auto naar het werk rijdt, parkeer de auto dan op enige afstand en loop de laatste meters naar je werk.

Tijdens het werk

Tijdens het werk kan beweging ook met weinig moeite worden ingepast:

- » Werk zo vaak mogelijk staand.
- » Als je aan een hoog bureau werkt, maak dan af en toe loopbewegingen op de plek waar je staat.
- » Bezoek je leuke collega op zijn werkplek in plaats van hem een bericht te sturen of te bellen.
- » Laat je smartphone je er regelmatig aan herinneren om een pauze in te lassen.
- » Koop een fitnessbal als extra zitmogelijkheid.
- » Rek en strek eens per uur.
- » Beweeg je voeten als je zit.
- » Plaats je printer, kopieerpapier en veelgebruikte formulieren zo op je werkplek dat je ervoor moet opstaan.
- » Beweeg wanneer je een telefoontje pleegt.
- » Beweeg terwijl je een presentatie geeft.
- » Ga met regelmatige tussenpozen naar je raam, open het en haal diep adem.
- » Verban je prullenbak van zijn plek onder het bureau en plaats hem ver weg. Zo moet je elke keer opstaan als je iets wilt weggooien.

TIP

Steeds meer bedrijven zijn bezig met het radicaal veranderen van werkplekken. Het hoeft niet meteen een glijbaan of een step te zijn zoals waarmee medewerkers van YouTube zich verplaatsen van de ene naar de andere verdieping. Zelfs het bij start-ups populaire tafelvoetbalspel biedt de mogelijkheid om meer te bewegen. Kantoorinrichtingen kunnen worden opgepept met verschillende zitopstellingen zoals hangstoelen, zitballen of kantoorsofa's, die medewerkers tijdens een werkdag afwisselend kunnen gebruiken. Zogeheten *walkstations* (een mix van een loopband en een statafel) zijn nog nuttiger voor het behoud van een goede gezondheid. Een goedkoop alternatief is een *voetwip*: een soort ministepper die onzichtbaar voor collega's onder het bureau kan worden verborgen. Je kunt hem gebruiken om je benen te trainen tijdens het werken en het is ook nog eens goed voor je aderen.

Tijdens de lunchpauze

Wat kun je doen tijdens je lunchpauze?

- » Eet je lunch niet op het werk.
- » Maak een wandeling na de lunch, alleen of met collega's.
- » Trakteer jezelf op een espresso of thee in het café twee straten verderop in plaats van uit de kantoorautomaat.
- » Neem twee of meer voorwerpen en jongleer ermee.

Na het werk

Ook 's avonds zijn er veel mogelijkheden om te bewegen:

- » Ontmoet je vrienden tijdens het sporten of tijdens een wandeling in plaats van in een restaurant.
- » Maak je woning eens per week goed schoon.
- » Doe kleine boodschappen te voet.
- » Gebruik voor korte afstanden een fiets of step.
- » Speel buiten met je kinderen.
- » Maai het gazon of geef de planten water met een conventionele gieter in plaats van een tuinslang.
- » Was je auto zelf bij een wasbox in plaats van in de autowasstraat.

IN DIT HOOFDSTUK

Vocht voor je brein

Waarom druivensuiker slechts kortstondig werkt

Hoe de bloedsuikerspiegel belangrijke beslissingen beïnvloedt

Voedingsmiddelen die je in staat stellen om je te concentreren

Hoofdstuk 13

Brainfood: zo voed je je hersenen

Ken je dat? Na uren van intensief werken gaan je ogen vanzelf op zoek naar iets zoets tegen de opkomende vermoeidheid. Je geweten biedt een tijdje weerstand. Want je wilde zo gezond en evenwichtig mogelijk eten, en niet alleen na het werk. Het niet aflatende verlangen naar zoetigheid zet je geweten buitenspel. Het aanbod is immers binnen handbereik: zoetigheden van je collega's in de keuken of op het bureau aan de overkant staan klaar om verorberd te worden. Je lichaam verlangt naar suiker. Het wil immers van nieuwe energie worden voorzien. Snel naar de zak met gummibeertjes reiken, naar de chocoladekoekjes of de taart van de jarige collega is vaak de gemakkelijkste manier om toe te geven aan dit verlangen.

Ook koffie is met name tijdens lange vergaderingen erg populair om de concentratie op peil te houden.

Wij stellen je eetgewoonten op de proef en zoeken naar gezonde en duurzame alternatieven voor chocolade, gummibeertjes en andere zoetigheid. We vertellen je hoe je je hersenen kunt voeden en geven je niet alleen beproefde voedingstips, maar ook geselecteerde recepten die je zelf kunt uitproberen.

Het geheim van brainfood

Je hersenen zijn echte energieverslinders. Hoewel ze slechts ongeveer 2 procent van je lichaamsgewicht uitmaken, verbruiken ze 25 procent van alle energie die beschikbaar is voor je lichaam. In tegenstelling tot de rest van je lichaam, dat zijn energie in slechte tijden uit vetreserves haalt, kunnen je hersenen geen energiereserves opslaan. Ze moeten moet dus continu van energie worden voorzien. Dit is de enige manier om ervoor te zorgen dat:

- » je geheugenprestaties op een hoog niveau blijven;
- » je je goed kunt concentreren;
- » je reactiesnelheid op peil blijft;
- » je je vermoeidheid onder controle kunt houden en;
- » ook nog eens je stemming verbetert.

Dus als je je hersenen aan het werk wilt zetten, heb je een goede toevoer van concentratiebevorderende voedingsstoffen nodig, ofwel *brainfood.*

Complexe koolhydraten

Koolhydraten zijn belangrijke leveranciers van energie. Ze bestaan uit suikermoleculen. Dit betekent echter niet dat alle koolhydraatrijke voedingsmiddelen zoet smaken. Ook in brood, aardappelen en pasta zitten veel koolhydraten. Afhankelijk van het aantal suikerbouwstenen worden koolhydraten verdeeld in drie groepen:

- » **Monosachariden.** Zoals druivensuiker en vruchtensuiker (fructose).
- » **Disachariden.** Zoals huishoudsuiker en melksuiker.
- » **Polysachariden.** Zoals zetmeel. Deze complexe koolhydraten zitten voornamelijk in volkorenproducten (bijvoorbeeld volkorenbrood of volkorenmuesli), aardappelen en peulvruchten. Koolhydraatrijk voedsel hoeft dus niet per se zoet te smaken.

Polysachariden laten de bloedsuikerspiegel na het eten langzamer stijgen dan mono- en disachariden, omdat ze eerst moeten worden afgebroken voordat ze in het bloed worden opgenomen. Ze blijven veel langer werkzaam. Je hersenen ontvangen dus energie over een langere periode. Daarom is de inname van complexe koolhydraten veel nuttiger voor je concentratie dan een reep melkchocolade of een stuk taart.

PAS OP

Druivensuiker (dextrose) is een energieboost die maar maximaal 20 minuten duurt. Daarna kom je in een nog lagere prestatiedip terecht. Waarom is dat zo? Heel eenvoudig: dextrose verhoogt zeer snel de bloedsuikerspiegel. Het hoge suikergehalte in het bloed veroorzaakt een alarm in de alvleesklier. Je lichaam begint meteen meer insuline te produceren, waardoor je bloedsuikerspiegel daalt. Vaak is je bloedsuikerspiegel dan zelfs lager dan het oorspronkelijke niveau. Hetzelfde effect wordt ook veroorzaakt door zoetigheid en energiedrankjes. Je zou natuurlijk op het idee kunnen komen om gewoon elke 20 minuten wat druivensuiker te eten of een energiedrankje te drinken. Echter dan treden tussentijdse concentratiedalingen op, waarbij je gemakkelijk fouten maakt. Op de lange termijn zal je bloedsuikerspiegel ook gaan schommelen.

Zie daarom af van druivensuiker, tenzij je slechts een kortdurende energieboost wilt. Een verstandig alternatief voor een snelle energietoevoer is een banaan. Bananen voorzien je bovendien van magnesium en een speciaal aminozuur dat je gelukkiger maakt.

Meervoudig onverzadigde vetten

Vetten behoren ook tot de energieleveranciers. We bedoelen niet het kunstmatig geharde vet in frites of aardappelchips, noch de verzadigde vetzuren in vet varkensvlees. Ze maken je loom omdat ze moeilijk te verteren zijn en veel bloed in de buik vergen, dat dan niet beschikbaar is voor de energievoorziening van de hersenen. Meervoudig onverzadigde vetzuren voorzien je hersenen echter van energie en beschermen tegelijkertijd je zenuwen. In tegenstelling tot verzadigde of kunstmatig geharde vetten worden onverzadigde vetzuren veel sneller verteerd, zodat ze in de lever snel kunnen worden omgezet in energie. De bekendste zijn de *omega 3-vetzuren*. Deze maken deel uit van het celmembraan van je hersencellen en stabiliseren ze. Het resultaat is een betere signaaloverdracht in je hersenen en daarmee een verhoogd prestatievermogen.

Omega 3-vetzuren vind je in:

- avocado's;
- noten;
- plantaardige oliën zoals walnoot-, koolzaad- en lijnzaadolie;
- vette vis (zalm, tonijn, makreel, haring).

Eiwitten

Je hersenen hebben eiwitten (proteïne) nodig. Uit de kleinste eiwitbouwstenen, de aminozuren, worden de boodschapperstoffen gevormd die informatie overdragen van cel naar cel. Alleen zo kunnen verschillende gebieden van de hersenen met elkaar communiceren. Je lichaam kan maar twaalf van de twintig aminozuren zelf aanmaken. De andere acht kunnen alleen via voedsel worden geleverd. Het is daarom essentieel om te zorgen voor een eiwitrijk dieet.

Eiwitrijke voedingsmiddelen zijn onder meer eieren, mager vlees, noten, magere zuivelproducten, vis en peulvruchten.

Vitamine B

Alle vitaminen zijn betrokken bij de hersenfuncties. Ze spelen ook een cruciale rol bij de omzetting van vetzuren in gezonde hersencellen, van koolhydraten in glucose en van aminozuren in neurotransmitters (de boodschapperstoffen waarmee cellen met elkaar communiceren). Het vitamine B-complex, ook wel 'zenuwvitaminen' genoemd, is van groot belang voor de prestaties van de hersenen.

Mineralen

Ook hebben de hersenen mineralen, zoals calcium, ijzer, zink en magnesium, nodig voor verschillende doeleinden.

- » **Calcium** (o.a. in zuivelproducten, noten, spinazie, broccoli, savooiekool) speelt een essentiële rol bij de informatieoverdracht in de hersenen en is verantwoordelijk voor een goede bloedtoevoer naar de zenuwen.
- » **IJzer** (in rundvlees, peterselie, zonnebloempitten, sesam en bessen) versterkt het geheugen en verbetert het concentratie- en leervermogen.
- » **Zink** (in volkorenproducten, noten en vlees) verhoogt de prestaties van het geheugen.
- » **Magnesium** (in noten en cashewnoten, granen, bananen en gedroogd fruit) is belangrijk voor de productie en levering van energie in de hersenen.

Water

Je lichaam heeft voldoende water nodig. Alleen dan kunnen je hersenen goed worden voorzien van bloed en dus van voldoende zuurstof en voedingsstoffen. Je bloed bestaat voor 90 procent uit vloeistof. Deze vloeistof zorgt ervoor dat je bloed dun blijft en snel genoeg door je lichaam stroomt.

Hoeveel water je nodig hebt, hangt af van vele factoren, waaronder je gewicht. Een vuistregel zegt dat je 30 tot 40 milliliter per kilogram lichaamsgewicht nodig hebt. Voor de meeste mensen betekent dat ongeveer 2 tot 3 liter per dag. Dit helpt je fit te blijven en vermoeidheid en hoofdpijn te voorkomen.

TIP

Hoe slaag je erin om regelmatig te drinken tijdens werktijd?

Zet een groot glas water op je bureau.

- Neem je voor om het glas binnen 60 minuten op te drinken.
- Vul het glas daarna weer.
- Herhaal deze procedure tot het einde van de werkdag.
- Je kunt je ook regelmatig door je smartphone eraan laten herinneren dat je niet mag vergeten te drinken.

Water heeft geen calorieën, kost meestal weinig en bevat veel belangrijke mineralen. Als alternatief kun je ook ongezoete en aangelengde vruchtensappen en fruit- of kruidenthee drinken. Fruit of soepen bevatten ook vocht. Limonade, cola of energiedrankjes zijn daarentegen geen goede keuze als ze regelmatig worden geconsumeerd om in de vochtbehoefte te voorzien.

TIP

- Probeer water van verschillende merken. Je zult verbaasd zijn over de verschillen. Er is een grote kans dat je een variëteit vindt die je goed bevalt. Ook leidingwater is een goede aanbeveling. Dat smaakt ook verschillend afhankelijk van de regio.
- Verrijk je water door het sap van een versgeperste citroen, munt, aardbeien of zelfs plakjes komkommer toe te voegen. Experimenteer. Creëer je eigen *infused water*!

De brainfoodboosters

We willen je nu graag kennis laten maken met een reeks voedingsmiddelen die bewezen hebben zeer effectief te zijn in het versterken van je concentratievermogen. Onze lijst is natuurlijk niet uitputtend, maar dient om je suggesties te geven over welke voedingsmiddelen je kunt gebruiken om iets goeds voor je hersenen te doen.

Noten: echte concentratiehelpers voor je hersenen

Noten worden beschouwd als bijzonder efficiënte fitmakers van de hersenen. Ze smaken niet alleen goed, maar bevatten ook veel voedingsstoffen die de concentratie bevorderen. In essentie bestaan noten uit meervoudig onverzadigde vetzuren (50-60 procent), koolhydraten (20 procent), eiwitten (15-25 procent), vitaminen (B, K en E), mineralen zoals zink, magnesium en calcium, en secundaire plantenstoffen.

Als je figuurlijk een harde noot te kraken hebt, zou je er eerst een moeten eten, tenzij je een notenallergie hebt.

De walnoot

Vind je niet ook dat de walnoot eruitziet als een miniatuurversie van een menselijk brein? In feite is het de koploper onder de noten wat betreft het concentratieverhogende effect. Het is de enige noot die ook alfa-linoleenzuur bevat. Dit vetzuur draagt bij aan het behoud van een gezond cholesterolgehalte. Hierdoor worden je hersenen optimaal van suiker voorzien. De walnoot wordt bovendien beschouwd als een stemmingsverbeteraar. Al 30 gram walnoten per dag is genoeg om je stemming positief te beïnvloeden.

De pecannoot

De pecannoot lijkt op de walnoot. Hij smaakt echter iets milder. Hij bevat een erg hoge hoeveelheid vitamine B1 en optimaliseert de energiestofwisseling.

De hazelnoot

Naast gezonde vetzuren en zink bevatten hazelnoten een zeer grote hoeveelheid vitamine E, die de hersenen beschermt tegen verkalking. Een handvol hazelnoten is voldoende om meer dan 50 procent van de dagelijkse behoefte aan vitamine E te dekken. Hazelnoten zijn ook rijk aan lecithine, waarvan bekend is dat het de geheugenprestaties verhoogt.

De amandel

Eigenlijk zijn amandelen helemaal geen noten, maar worden ze geclassificeerd als steenvruchten. Toch worden ze vaak genoemd in samenhang met noten. Amandelen worden gekenmerkt door hun hoge vitamine E-gehalte. Ze zijn ook rijk aan magnesium en vitamine B2.

OEFENING

NOTENKOEKJES IN EEN HANDOMDRAAI

- Vermaal 200 gram studentenhaver grof in een geschikte mixer.
- Voeg een geklopt ei toe aan je vermalen studentenhavermengsel.
- Roer het mengsel goed door met een eetlepel.
- Vorm kleine koekjes met de eetlepel en leg ze op een met bakpapier beklede bakplaat.
- Bak je notenkoekjes gedurende ongeveer 20 minuten op 140 graden tot ze goudbruin zijn.

Bananen: beter dan welke energiereep ook

Bananen zijn een erg goede energieleverancier voor je hersenen. Naast glucose bevatten ze onder meer magnesium, vitamine B en tryptofaan, wat in de hersenen de serotonineproductie activeert. Bananen verbeteren dus niet alleen je vermogen om te denken en te reageren, maar maken je ook nog gelukkiger.

Avocado: een krachtpatser uit het fruitschap

De avocado is een kleine en buitengewone krachtpatser. Vanuit botanisch oogpunt behoort hij tot de bessensoorten en:

- » heeft een hoog gehalte aan onverzadigde vetzuren;
- » bevat veel belangrijke vitaminen, evenals magnesium, kalium en lecithine;
- » beschermt de hersencellen door zijn hoge lecithinegehalte.

Hij kan op vele manieren in de keuken worden gebruikt: in smoothies, als grill- of saladebijgerecht of als broodbeleg.

TIP

Hoe maak je een nog harde avocado eetbaar?

Doe de avocado in een papieren zak of krant. Dit concentreert het etheen (ethyleen), waardoor de avocado sneller rijpt. Je kunt de avocado ook naast een banaan of een appel leggen.

OEFENING

NOTIGE AVOCADO-CHOCOLADEPASTA

- Neem een rijpe avocado en een rijpe banaan.
- Schil beide vruchten en verwijder de pit van de avocado.
- Pureer de vruchten met een staafmixer.
- Voeg twee theelepels cacaopoeder en twee theelepels fijngemalen noten toe. (Natuurlijk kun je de noten ook weglaten als je ze niet lekker vindt of niet verdraagt.)
- Mix de pasta nog een keer.
- Smullen maar!

Pure chocolade: flavonoïden maken je fit

Chocoladefans, opgelet! Donkere chocolade is brainfood en houdt je hersenen jong! Eet gerust één of twee stuks pure chocolade per dag. Zorg er wel voor dat het cacaogehalte van de pure chocolade minstens 70 procent bedraagt. De flavonoïden in cacao stimuleren de bloedsomloop en de productie van hersencellen en versterken je concentratievermogen.

OEFENING

CHOCOBANANENSHAKE

- Vermaal 50 gram pure chocolade (minstens 70 procent cacao).
- Schil een banaan en snijd die in kleine stukjes.
- Voeg de banaanstukjes en 200 milliliter melk toe aan de gemalen chocolade.
- Meng de ingrediënten.
- Zodra het mengsel stroperig is, voeg je ongeveer 150 gram vanille-ijs toe.
- Even mixen en klaar is je chocobananenshake!

Appel: meer dan een lekker hapje

'An apple a day keeps the doctor away!' Je kent toch wel dit veel geciteerde Engelse spreekwoord. Een appel bevat niet alleen veel vitaminen, maar verhoogt ook je concentratievermogen en versterkt je zenuwen.

OEFENING

GEDROOGDE APPELRINGEN

- Neem vijf appels en snijd ze in dunne schijfjes.
- Pers een kleine citroen uit.
- Vul een schaal met een liter water en het sap van de uitgeperste citroen.
- Leg de appelschijfjes 15 minuten in het citroenwater.
- Laat het vocht van de appelschijfjes lopen en leg ze op een ovenrooster.
- Laat de appelschijfjes 2 uur drogen in de oven op 50 graden.
- Bestrooi ze met een beetje kaneel of andere specerijen naar keuze.

Ei: de brainfoodsnack voor onderweg

Eieren bevatten niet alleen belangrijke vitaminen, eiwitten en hoogwaardige vetzuren. Hun eierdooier bevat ook een zeer hoge hoeveelheid choline. Je lichaam heeft choline nodig om de boodschapperstof acetylcholine te produceren, die je hersencellen gebruiken om met elkaar te communiceren. Een ei is daarom het perfecte tussendoortje voor op het werk. Het is relatief snel te bereiden en kan overal mee naartoe worden genomen als food-to-go.

OEFENING

AVOCADO-EIERSANDWICH

- Kook een ei 8 minuten of pocheer een ei 3 minuten.
- Neem een verse snee volkorenbrood.
- Snijd de avocado in plakjes en leg deze op het brood of verwijder het vruchtvlees met een lepel en leg dat op het brood.
- Pel het ei, snijd het in plakjes en leg die op het avocadobrood.
- Breng je avocado-eiersandwich op smaak met zout en peper en geniet van je concentratiesnack. Voeg eventueel spinazie toe (vers of even gewokt) en vers citroensap.

Wilde zalm: een omega 3-bom

Vooral de nietcommercieel gekweekte, wilde zalm bevat veel omega 3-vetzuren. Wilde zalm is daarom erg nuttig om het prestatievermogen van je hersenen te waarborgen en staat ongetwijfeld ook af en toe op het menu in de bedrijfskantine.

OEFENING

ZALMTARTAAR

- Snijd 200 gram gerookte zalm in kleine stukjes en leg deze in een kom.
- Besprenkel de stukjes met wat vers citroensap.
- Snijd een bos bieslook en een middelgrote ui in kleine stukjes en plet een klein teentje knoflook.
- Doe ook de bieslook, ui en knoflook in de kom en voeg wat olie, zout en peper toe.
- Meng je zalmtartaar en laat die ongeveer een uur in de koelkast rusten voordat je hem serveert.

Brainfood tijdens het werk

Brainfood kan eenvoudig worden geïntegreerd in je dagelijks leven. Het is gemakkelijker dan je denkt:

- » Neem vóór je werk de tijd voor een uitgebalanceerd ontbijt. Dit omvat diverse volkorenproducten, fruit, yoghurt of muesli.
- » Zet niet alleen een glas water, maar ook een schaaltje studentenhaver of gedroogd fruit op je bureau. Neem daar elk uur wat van.
- » Probeer tijdens de lunchpauze voedsel te vermijden dat zwaar op de maag ligt. Geef de voorkeur aan eiwit- en vitaminerijke maaltijden zoals salades, groenten, mager vlees of vis als je na de lunch geconcentreerd verder wilt werken.
- » Neem de tijd tijdens het eten. De beste voedingsstoffen zijn veel minder effectief als je ze in hoog tempo naar binnen werkt. Geniet bewust van elke maaltijd met al je zintuigen.
- » Probeer zoveel mogelijk zoetigheid met monosachariden te vermijden. Eet als tussendoortje liever een knapperige, sappige appel in plaats van een chocoladereep van melkchocolade.

- Eet je snacks niet terwijl je doorwerkt. Neem daar een minuut of twee de tijd voor. Sluit je ogen en probeer de smaak in je hoofd te beschrijven.
- Beloon jezelf met een uitzonderingsdag in het weekend, wanneer je je hersenen tijdens de werkweek van verstandige voedingsstoffen hebt voorzien. Ga bijvoorbeeld op zondag naar je favoriete banketbakkerij en kies het beste stuk taart in de vitrine.

3 Concentratietips voor speciale werksituaties

IN DIT DEEL . . .

Er zijn situaties in het dagelijks werkzaam leven die je concentratievermogen zeer op de proef stellen. Elk van de werksituaties in dit deel van ons boek kent zijn eigen uitdagingen, te beginnen bij het werken in een open kantoorruimte of kantoortuin. In hoofdstuk 14 laten we zien hoe je daarin zo geconcentreerd mogelijk kunt werken. Je concentratievermogen wordt ook op de proef gesteld bij vergaderingen en voordrachten. In hoofdstuk 15 leer je hoe je een hoog concentratieniveau vast kunt houden tijdens vergaderingen en voordrachten. Wisseldiensten en nachtwerk brengen je tot aan de grenzen van je prestatievermogen. Met onze tips uit hoofdstuk 16 kun je ook in ploegendienst zo productief mogelijk blijven. Sinds de coronacrisis is geconcentreerd werken in het thuiskantoor een belangrijk onderwerp geworden voor veel werknemers en zelfstandigen. In hoofdstuk 17 vind je daarom waardevolle adviezen over hoe je thuis efficiënt en met aandacht kunt werken. Een andere situatie waarin een hoge mate van concentratie nuttig is en bovendien tijd bespaart, is het lezen van vakliteratuur of werkdocumenten. In plaats van voortdurend af te dwalen in je gedachten, vertellen we je in hoofdstuk 18 hoe je alert kunt blijven tijdens het lezen en hoe je zo goed mogelijk kunt onthouden wat je hebt gelezen.

IN DIT HOOFDSTUK

- Stoorzenders in open werkruimten minimaliseren
- Gedragsregels voor concentratiebevorderend werken in dezelfde ruimte
- Overlevingstips voor het werken in een open kantoortuin

Hoofdstuk 14
Geconcentreerder werken in een kantoortuin

Het rustige gezoem van de vaatwasser vindt zijn weg naar je oor via de deurspleet van de pauzekeuken. De koffieautomaat achter je bureau borrelt gelijkmatig. De liftdeur gaat open en biedt vrij baan aan een tsunami van vrolijk lachende collega's. Je komt er ongewild achter welke recepten je collega's gisteravond hebben uitgeprobeerd en in welke supermarkt je vandaag erg goedkoop een kilo aardbeien kunt krijgen. Na een halve eeuwigheid drentelen ze eindelijk naar hun bureau achter de scheidingswanden en verdwijnen ze uit je gezichtsveld. Eindelijk wat rust? Verre van dat! Want het constante gekletter van toetsenborden, luide telefoongesprekken, klikkende pennen, een hoestbui aan het bureau tegenover en het neuriën van de airco stellen je concentratie op de proef. Begrijp ons niet verkeerd, een kantoortuin is natuurlijk geen stationshal, maar het is ook geen stille kapel. Ergens daartussenin vindt het werkzame leven van veel werknemers plaats.

In dit hoofdstuk laten we je niet alleen zien waarom het lastig is om je te concentreren in open kantoorruimten, maar geven we je ook allerlei tips over hoe je je prestaties op dergelijke werkplekken kunt optimaliseren.

Als je niet wilt stilstaan bij de voor- en nadelen van kantoortuinen, kun je direct doorbladeren naar de paragraaf 'De kantoortuin concentratiebevorderend vormgeven'.

De mythe van de kantoortuin

De kantoortuin is de afgelopen jaren weer in populariteit gegroeid. Je vindt ze overal: bij callcenters, banken, overheidsinstanties, krantenredacties of scholen. De lerarenkamer is immers niets meer dan een open werkruimte met veel tafels. Het enige wat ontbreekt zijn de vaak gebruikelijke scheidingswanden tussen de werkplekken.

Waarom bedrijven van open werkruimten houden

Waarom vertrouwen zoveel bedrijven op open kantoorconcepten?

- **Transparantie.** Het wordt snel duidelijk wie hard werkt en wie de kantjes ervan afloopt. Werknemers kunnen beter worden gecontroleerd in kantoortuinen.
- **Huuroppervlakte uitsparen.** Een bestaand huuroppervlak kan door meer medewerkers worden benut als er open werkruimten worden gecreëerd in plaats van individuele kantoren.
- **Korte communicatielijnen.** Voorstanders van kantoortuinen zijn enthousiast over korte communicatielijnen en verwachten een verbetering van de face-to-facecommunicatie. Dit is echter alleen het geval als:
  - werkplekken niet zijn gescheiden door steriele scheidingswanden;
  - er een evenwicht wordt bereikt tussen de behoefte aan privacy en creatieve samenwerking, bijvoorbeeld door middel van extra terugtrekkingsruimten voor pauzes, rustig werken en teamwork;
  - er een goede collegiale werksfeer heerst.
- **Teambuilding en creativiteit.** Vooral start-ups verwachten dat open kantoorconcepten een werksfeer creëren die teamwork en creativiteit bevordert.

Uitdagingen voor het werken in open werkruimten

Een kantoortuin heeft niet alleen voordelen voor bedrijven. Het werken in open werkruimten gaat gepaard met een aantal uitdagingen die het concentratievermogen kunnen aantasten.

Hoger geluidsniveau

In vergelijking met individuele kantoren worden werknemers in open ruimten meer blootgesteld aan afleidende geluiden.

TECHNISCHE INFO

In een kantoortuin word je blootgesteld aan een gemiddeld geluidsniveau van 75 decibel. Dit komt overeen met het geluidsniveau van een centrifugerende wasmachine of een drukke straat. Weliswaar is het mogelijk om te wennen aan monotone achtergrondgeluiden zoals het zoemen van de airco of het borrelen van de koffieautomaten. Onderzoekers van het umc in Mainz ontdekten echter dat het menselijk brein niet zomaar luide gesprekken kan negeren omdat het is ingesteld op spraakverwerking. Dit leidt weer tot cognitieve overbelasting in de hersenen en daarmee tot een verminderd prestatievermogen.

Meer ziekteverzuim

Het ziekteverzuim is hoger dan bij individuele kantoren, mede door de snellere verspreiding van virussen en bacteriën. Wie verkouden is, kan zich moeilijker concentreren. Bij ziekteverzuim leidt werk dat is blijven liggen tot meer stress, wat vaak leidt tot spanningsgerelateerde symptomen.

TECHNISCHE INFO

In een studie van de Universität Luzern met 1230 testpersonen werd vastgesteld dat er markante verschillen zijn in het aantal ziektedagen in verschillende soorten kantoren. Hoe meer mensen er in een kantoor werken, hoe hoger het ziekteverzuim. Zo gaf ongeveer de helft van de testpersonen die hun werk in een individueel kantoor konden doen, aan dat ze het afgelopen jaar geen ziekteverzuim hadden. In kantoorruimten met meer dan 16 personen gold dit voor slechts 30 procent van de testpersonen.

Werkplekken met weinig daglicht

Medewerkers die hun werkplek hebben in het midden van de kantoortuin hebben weinig daglicht tot hun beschikking. De lichtomstandigheden op de werkplek zijn van beslissende invloed op het prestatievermogen. Wie op het werk voldoende daglicht krijgt, slaapt beter en voelt zich over het algemeen fitter. Werkplekken op grote afstand van ramen of kantoren zonder ramen met alleen kunstlicht blijken daarentegen de concentratie te verminderen.

TECHNISCHE INFO

In een Amerikaanse pilotstudie werd vastgesteld dat werknemers die de werkdag onder kunstlicht doorbrengen gemiddeld 46 minuten korter slapen dan werknemers die met daglicht werken. Hun slaap was ook minder verkwikkend. De slechtere slaap had weer een negatief effect op het concentratievermogen (meer hierover in hoofdstuk 11).

Vooraf ingestelde temperatuur

Algemene en niet-beïnvloedbare temperatuurinstellingen in kantoortuinen hebben voor bepaalde medewerkers prestatieverminderende gevolgen. Bovendien is het vaak niet mogelijk om te luchten wanneer de temperatuur en de luchtvochtigheid door de airconditioning worden geregeld.

TECHNISCHE INFO

Het klinkt bijna als een cliché, maar het is waar dat veel vrouwen het sneller koud krijgen dan mannen en daarom de voorkeur geven aan hogere temperaturen. En niet alleen dat: ze presteren ook beter bij hogere temperaturen. Dit is ontdekt door wetenschappers van de University of South California en het Berlijnse Wissenschaftszentrums für Sozialforschung. Ze testten de invloed van de kamertemperatuur op de mentale prestaties van mannen en vrouwen. In totaal moesten 543 testpersonen taken oplossen onder verschillende temperaturen. Mannen lieten hun beste prestaties zien bij 18-20 °C, terwijl de maximale prestatie voor vrouwen duidelijk bij temperaturen boven de 20 °C lag. Een standaardtemperatuur in een kantoortuin houdt dus geen rekening met de individuele en genderspecifieke verschillen in temperatuurbeleving en de daarmee gepaard gaande verschillen in prestaties.

Meer conflicten

Het potentieel voor persoonlijke conflicten neemt toe wanneer veel medewerkers samen in één ruimte zitten. Niet alleen openlijke conflicten zijn problematisch, maar ook onderhuidse ergernis over het storende gedrag van individuele medewerkers.

We willen je nu een aantal tips aan de hand doen om je te helpen de uitdagingen van de kantoortuin de baas te worden.

De kantoortuin concentratiebevorderend vormgeven

Niet elke kantoortuin is hetzelfde. Je kunt er een bepaalde vorm aan geven. Bij de inrichting kunnen werkgevers ervoor zorgen dat geconcentreerd werken gemakkelijker wordt.

Geluidsabsorberende objecten gebruiken

Het geluidsniveau in kantoortuinen kan worden verlaagd door gebruik van inrichtingsobjecten die het geluid goed absorberen. Deze omvatten geluidsabsorberende muurdecoraties, ruimteverdelers en plafondpanelen. Kantoormeubilair van hout is beter dan meubilair van metaal dat het geluid sterker weerkaatst.

Een bureaustoel als airconditioning

Het is moeilijk om een gemeenschappelijke consensus te vinden voor een optimale werktemperatuur in open kantoorruimten. De individuele beleving van warmte of koude is te verschillend. Als de temperatuur in een kantoortuin centraal wordt geregeld door een conventioneel airconditioningsysteem, is het resultaat een uniforme waarde voor iedereen. We hebben aan het begin van dit hoofdstuk al opgemerkt dat dit bij individuele werknemers kan leiden tot een vermindering van de productiviteit.

TIP

Als je de ervaring hebt dat je het vaak te warm hebt op kantoor, kleed je dan gelaagd, zodat je wat uit kunt doen volgens het uienprincipe. Als je daarentegen het gevoel hebt dat het vaak te koud is, leg dan een warme trui in je bureaula, zodat je die steeds bij de hand hebt.

Recente technische ontwikkelingen maken het mogelijk om ook in een kantoortuin de temperatuur op de werkplek individueel te regelen. Er zijn nu ook klimaatstoelen verkrijgbaar met ingebouwde verwarming en airconditioning, waarmee de temperatuur in de onmiddellijke omgeving kan worden geregeld. Overigens wordt die functie bij het opstaan automatisch uitgeschakeld.

Daglichtlampen gebruiken

In principe moet er zoveel mogelijk daglicht binnenkomen in de kantoortuin. Dit wordt mogelijk gemaakt door grote raampartijen. Moderne kantoorgebouwen zijn vaak op die manier ontworpen. In oudere gebouwen is dit niet altijd het geval.

Ook als grote ramen veel daglicht binnenlaten in een kantoortuin, is geconcentreerd werken aan bureaus in het midden van de ruimte problematisch. Die zijn immers het verst van de ramen verwijderd. Voor deze werkplekken raden wij daglichtlampen aan. Daglichtlampen zijn lichtbronnen waarvan de lichtkleur het dichtst bij die van natuurlijk daglicht ligt. In Noord-Europa komt dit overeen met ongeveer 6000 Kelvin: helder en stralend wit.

TIP

Volspectrumdaglichtlampen zijn erg geschikt. Ze simuleren het licht van de middagzon heel goed en bieden je ogen de best mogelijke ondersteuning bij het werken, zodat ze minder snel moe worden. Zorg er wel voor dat er geen reflecties ontstaan bij het werken met de computer, wat je ogen zou vermoeien.

Kantoortuinen met een feelgoodsfeer

Open werkruimten met schaakbordachtig opgestelde scheidingswanden worden steeds vaker vervangen door kantoortuinen die zich richten op het feelgoodaspect. Er zijn werkruimten die met tafeltennistafels, golftapijten, klimwanden en hangmatten bijna lijken op oversized speeltuinen. Daarbij komen ontspanningsruimten met lig- en massagestoelen, terrassen en loungezones met meubilair dat doet denken aan een Parijs café. Plekken waar medewerkers zich prettig voelen verbeteren de werkmotivatie (hoofdstuk 8).

Maar ook al heb je het geluk om je werktijd door te brengen in een kantoortuin met een feelgoodsfeer, als een groot aantal mensen in een beperkte ruimte samenwerkt, is er nog steeds een concentratiebedreigend geluidsniveau en het risico om op elkaars zenuwen te werken.

Spelregels voor een zenuwsparend samenzijn

Om in een kantoortuin in een goede sfeer en zo geconcentreerd mogelijk te kunnen werken, is het afspreken van gemeenschappelijke regels een goede oplossing gebleken.

Dergelijke 'etiquette'-regels voor het gezamenlijk werken in een open kantoorruimte zouden kunnen zijn:

- Houd rekening met elkaar.
- Stoor iemand niet zonder toestemming.
- Zet je smartphone op trillen of op stil.
- Telefoneer op je werkplek zo stil mogelijk. Een gedempte stem wordt door collega's in je omgeving als minder storend ervaren.
- Voer privégesprekken in de koffiekeuken of in de breakroom.
- Vermijd het om aan je bureau sterk ruikend voedsel te eten.
- Gebruik geen penetrante deodorants. Ga niet met deodorant in de weer op je werkplek. Als iedereen dat zou doen, zou de kantoortuin binnen de kortste keren een ondefinieerbare mengelmoes van geuren worden.
- Ruim je bureau regelmatig op. Dit geldt vooral voor etensresten, koffiekopjes of lege yoghurtbekers.
- Bij desk sharing (zie kadertekst) moet het hele bureau opgeruimd worden en moet het toetsenbord van de computer regelmatig worden schoongemaakt.
- Laat grote printopdrachten vooral dan uitvoeren wanneer er maar een paar collega's aanwezig zijn.
- Schreeuw niet naar de overkant van de ruimte. Als je met een collega wilt praten, ga er dan heen en praat zachtjes.
- Zorg zelf voor een prettig samenzijn: breng gewoon een keer gebak of belegde broodjes mee, ook al is het niet je verjaardag.
- Richt indien mogelijk speciale zones in voor stil werken, vergaderingen en lange telefoongesprekken.
- Praat erover als iets je stoort. Lijd niet in stilte wanneer de persoon tegenover je zo luid kauwgom knauwt dat je je nauwelijks kunt concentreren.

TIP

Vergeet niet dat afspraken snel weer vergeten worden. Maak daarom de regels van het spel op een humoristische manier blijvend zichtbaar voor iedereen. Hang bijvoorbeeld de afspraken op in de vorm van grappige afbeeldingen of foto's op duidelijk zichtbare plaatsen. Dit kan de binnenkant van de toiletdeuren zijn of de muur waar de kopieerapparaten staan.

WAT IS DESK SHARING?

TECHNISCHE INFO

Desk sharing (ook wel bekend als hot desking) is een concept dat is ontworpen om meer flexibiliteit in de werkprocessen te brengen. Een bureau wordt dan door meerdere personen gebruikt en is een zogenoemde flexplek.

Medewerkers werken overal waar ze een vrije plek kunnen vinden.

Bij desk sharing mogen bureaus alleen worden gebruikt zolang er daadwerkelijk aan wordt gewerkt. Als een medewerker pauze wil nemen, moet hij of zij het bureau helemaal leegmaken en de werkplek beschikbaar maken voor de volgende gegadigde.

Overlevingstips voor in de kantoortuin

Als je niet de mogelijkheid hebt om gemeenschappelijke gedragsregels op te stellen of als deze niet worden gerespecteerd door je collega's, is het tijd voor enkele overlevingstips.

Wijs je collega's op charmante wijze af

Helaas is het niet voor iedereen vanzelfsprekend om rekening te houden met elkaar. Kantoortuinen zijn plekken waar je erg vaak midden in een werkproces wordt aangesproken door een medewerker.

Hoe maak je duidelijk dat dit de verkeerde plaats is op het verkeerde moment?

1. **Blijf kalm en vriendelijk.**
2. **Zeg hem dat je momenteel niet gestoord wilt worden.**
3. **Leg hem uit waarom je nu geen tijd hebt.**
4. **Bied een later tijdstip aan om met hem te praten.**

Introduceer 'niet storen'-tekens

Je kent ongetwijfeld het 'Niet storen'-bordje dat op bijna elke hotelkamerdeur te vinden is. Zou het niet handig zijn als er ook zo'n bordje was voor je werkplek in een kantoortuin? Je kunt er je collega's of leidinggevenden mee informeren dat je met rust moet worden gelaten omdat je geconcentreerd bezig bent.

Maar hoe moet dat in zijn werk gaan? Je hebt immers geen eigen kantoordeur met een klink om zoiets aan op te hangen. In plaats daarvan kun je:

» een rood vaantje op je bureau zetten;

» een koptelefoon dragen (houdt ook lawaai tegen);

» een stiltebordje op de computer hangen, waarop ook een concrete tijd staat vanaf wanneer je weer aanspreekbaar bent;

» een knuffel neerzetten met zijn rug naar je collega's.

TECHNISCHE INFO

Een software engineer van Hewlett-Packard kocht op een dag de grootste teddybeer die hij kon vinden. Hij was het beu om niet ongestoord te kunnen werken. Hij werd voortdurend afgeleid door onbeduidende praatjes en gesprekken met medewerkers. Hij plaatste de teddybeer zichtbaar op zijn archiefkast en vertelde zijn collega's dat hij zou reageren als de teddybeer naar hen glimlachte. Als de teddybeer met het gezicht naar de muur zat, wilde hij niet gestoord worden. In het begin werd er gegniffeld om zijn aanpak, maar na een paar dagen accepteerde iedereen het.

Gebruik flexibele werktijden

Als je de mogelijkheid van flexibele werktijden hebt, maak er dan gebruik van! Vermijd de klassieke negen-tot-vijfbaan. Want in de vroege ochtenduren of in de avonduren is er ook in een kantoortuin vaak een gapende leegte en kun je je in alle rust op je werk concentreren. Bij de keuze van je werktijden moet je echter ook rekening houden met je bioritme (zie hoofdstuk 9).

Neem een concentratiepauze

Als het geluidsniveau in je kantoortuin te hoog wordt, leg dan je pen aan de kant en maak een kleine wandeling. Ga naar de kopieermachine, naar de kantoorkeuken of naar een stiltevertrek (indien beschikbaar). Want meestal wordt het na korte tijd weer rustiger. Door je bureau een paar minuten te verlaten, zorg je ervoor dat je:

» je na korte tijd weer kunt concentreren, omdat je bewust een andere situatie ervaart;

» je frustratie te boven komt door te bewegen;

» de kans krijgt om diep door te ademen.

TIP

Breng je collega's op de hoogte van je concentratiepauze! Om te voorkomen dat je bij terugkeer te maken krijgt met verbaasde en boze medewerkers en collega's, maak je je time-out kenbaar. Aarzel niet, ook niet als er in het begin schamper over wordt gedaan.

Kruip in de huid van een sportcommentator

Een kleine en zelfs amusante manier om je aandacht te beschermen tegen de afleidingen in een kantoortuin en je te richten op je huidige taak, is om je de rol van sportcommentator aan te meten. Hoe zou deze sportcommentator je huidige bezigheid omschrijven?

Je eigen commentator kan bijvoorbeeld zo klinken:

Nu ga ik aan de slag. Nog een keertje uitrekken en dan kunnen we beginnen. Ik zet mijn scherm aan en typ mijn wachtwoord in. Dan open ik ons goederensysteem en verwerk de eerste bestelling van vandaag. Maar wat is het klantnummer ook alweer? Begint het niet met een 1? Maar het zijn zes cijfers. Ik zal even in de database kijken. Gevonden! Daar gaan we dan. Welke artikelen wil de klant bestellen? De tuinstoelen in standaard wit of in roze goud met bloemetjes? Laten we eens kijken. Waar is die bestelling? Hier. Recht onder mijn neus. Het zijn de standaard witte tuinstoelen. En wat is de prijs?

Gebruik de spinnentruc

Als je voor het eerst een trillende stemvork bij een spinnenweb houdt, zie je in een mum van tijd de bijbehorende spin. Omdat hij kijkt of er iets te eten is in zijn web. Als je dit meerdere malen doet, zal de spin niet meer verschijnen, omdat hij heeft geleerd dat de trillingen geen teken van prooi zijn. Gebruik dit soort conditionering en train je hersenen op dezelfde manier, zodat ze niet meer reageren op afleidingen.

Als je merkt dat een afleiding je vanuit een hoek van de kantoortuin besluipt en je van je werk wil houden, probeer dan eens de volgende oefening.

OEFENING

ONTSPANNEN PRIORITEITEN STELLEN

1. Ontspan je. Sluit je ogen en adem drie tot vier keer tot diep in je buik, zodat de buikwand iets omhooggaat als je inademt en weer omlaaggaat als je uitademt.
2. Stel bewust prioriteiten. Vraag jezelf in gedachten af wat nu de belangrijkste taak is.
3. Visualiseer je prioriteit: stel je een klein detail van je belangrijke taak voor, bijvoorbeeld hoe je naar nieuwe klanten in de database zoekt. Stel je in je gedachten voor hoe je werkt aan dat kleine detail.

4. Keer terug naar de realiteit: open langzaam je ogen en begin met de gekozen taak. Het maakt niet uit welke afleiding er op je pad komt: dat laat je onverschillig en heeft geen prioriteit in je hoofd. Blijf gewoon bij je prioritaire taak.

TIP

Als je hoofdstuk 5 hebt gelezen, weet je al dat je zo gelaten mogelijk om moet gaan met geluiden die je niet kunt veranderen. Dit geldt ook voor geluiden in kantoortuinen. Zodra je je ergert aan een geluid in je werkomgeving dat niet kan worden uitgeschakeld of verminderd, versterk je het geluid in je hoofd. Zie hoofdstuk 11 voor een oefening hoe je hinderlijke geluiden kunt buitensluiten.

Gezonder in de kantoortuin

Je weet al dat er in open kantoorruimten meer ziekteverzuim voorkomt.

» Daarom is het zeer belangrijk om via de volgende zaken ook het immuunsysteem te versterken:
  - gezonde voeding (hoofdstuk 13);
  - beweging (hoofdstuk 12);
  - stressmanagement (hoofdstuk 4 en 10).

» Een hoog geluidsniveau in open werkruimten kan spanningshoofdpijn veroorzaken die de concentratie vermindert. Voordat je naar een pilletje grijpt, raden wij je aan de progressieve spierontspanning uit hoofdstuk 10 te gebruiken om de hoofdpijn te verminderen of de volgende oefening te proberen.

TIP

Zo verdrijf je spanningshoofdpijn!

Als je in de loop van een werkdag last krijgt van spanningshoofdpijn als gevolg van het verhoogde geluidsniveau in kantoortuinen, probeer dan een wasknijper-ooracupressuur. Je hebt het goed gelezen. Je hebt een wasknijper nodig.

Klem de wasknijper een minuut lang vast aan je linker- of rechteroorlel. Natuurlijk kun je deze acupressuur ook met je handen uitvoeren. Het voordeel van het gebruik van een wasknijper is echter dat je je handen vrij hebt tijdens de acupressuur en verder kunt werken.

TECHNISCHE INFO

BUREAUPLANTEN ALS GEZONDHEIDSBEVORDERENDE RUIMTESCHEIDERS

Soms zijn zelfs kleine ingrepen al voldoende om ook in steriel ogende kantoortuinen het welbevinden te verbeteren.

Een mogelijkheid is het plaatsen van kamerplanten. Deze dienen niet alleen als ruimtescheiders, maar schermen ook het geluid af, verbeteren het binnenklimaat en absorberen schadelijke stoffen.

Enkele jaren geleden heeft de NASA onderzoek gedaan naar de zuurstofproductie van planten omdat er in ruimtestations letterlijk dikke lucht zit. Even luchten zit er dan niet in. De NASA-onderzoekers ontdekten dat bepaalde planten vervuilende stoffen zeer effectief uit de lucht filteren en omzetten in zuurstof. Wij willen je ter afsluiting van dit hoofdstuk enkele van deze planten voorstellen.

- De goud- of arecapalm verhoogt de luchtvochtigheid.
- Drakenbomen reinigen de lucht in een ruimte van formaldehyde, benzeen en trichloorethyleen.
- Hetzelfde geldt voor de gemakkelijk te onderhouden klimop.
- De graslelie absorbeert kooldioxide en verbetert zo het binnenklimaat.
- Rubberbomen helpen tegen droge lucht en filteren stof uit de lucht.

IN DIT HOOFDSTUK

- Leren om actief te luisteren
- Het gehoor trainen
- Geconcentreerder aan vergaderingen deelnemen
- Spreektips om luisteraars bij de les te houden

Hoofdstuk 15

Geconcentreerder luisteren bij presentaties, vergaderingen en gesprekken

Woensdagochtend, 8 uur. Je staat bij de warmedrankenautomaat en kijkt afwezig naar de beker met het opschrift 'Wakker worden!' die zich geleidelijk aan vult. Als je naar de dampende beker reikt, voel je een hand op je rechterschouder. Je leidinggevende staat achter je en verwelkomt je in een zeer goed humeur. Voordat je je met je warme drankje naar je bureau kunt terugtrekken, herinnert je chef zich dat hij je niet eens heeft geïnformeerd over de teamvergadering direct na de lunchpauze. Je probeert niet te veel met je ogen te rollen. Bij de gedachte aan eindeloze monologen en discussies in de middag gaat het verhoopte ontwakingseffect van je warme drankje al voor de eerste slok in rook op. Je gaat de middag doorbrengen in een sluimertoestand en blij zijn als de bijeenkomst eindelijk voorbij is.

Heb je je ooit afgevraagd waarom sommige mensen met speels gemak toespraken en discussies kunnen volgen terwijl anderen grote moeite hebben om naar langere voordrachten te luisteren en in plaats daarvan hun toevlucht zoeken in eigen fantasiewerelden? Zijn er mogelijkheden om geconcentreerd luisteren te trainen of gemakkelijker te maken? We zullen deze vragen nu samen met je onderzoeken en op zoek gaan naar antwoorden.

Waarom luisteren zo moeilijk is

Ons vermogen om te luisteren is de afgelopen decennia afgenomen. Het is moeilijker dan ooit om goed naar anderen te luisteren omdat:

» **Dankzij de moderne technologie dit vaak niet meer nodig lijkt.** Telefoongesprekken worden opgenomen, videoconferenties worden gefilmd, vergaderingen worden genotuleerd en PowerPoint-dia's van presentaties worden als bestand beschikbaar gesteld.

» **Onze oren vermoeid zijn door permanent omgevingsgeluid, zowel op het werk als in het privéleven.** Stilte is voor ons nogal vreemd geworden. In plaats daarvan overspoelen we ons, zelfs in tijden van rust, liever continu met muziek dankzij Spotify, Amazon Music of Apple Music.

» **We ongeduldig zijn geworden.** We geven de voorkeur aan samenvattende informatiebrokjes en luisteren al snel niet meer tijdens lange bijeenkomsten, vergaderingen of monologen.

» **We onder het luisteren proberen ook andere dingen te doen.** Bijvoorbeeld om tijdens een vergadering het boodschappenlijstje voor de supermarkt te maken of om tijdens een telefoontje een e-mail te beantwoorden. Waarom dit geen goed idee is, zelfs als je ervan overtuigd bent dat je kunt multitasken, kun je nog eens nalezen in hoofdstuk 3.

» **We denken dat we al weten wat er gezegd wordt.** We denken dat we de stof van de verplichte bijscholing toch al beheersen. Of we stellen bij een zakelijke ontmoeting de vraag 'Hoe gaat het met u?' en verwachten een 'goed'. Als het antwoord anders uitvalt, reageren we vaak verkeerd omdat we er niet goed naar hebben geluisterd.

» **We iets specifieks willen horen en onze oren sluiten voor al het andere.** We zoeken naar uitspraken die onze mening bevestigen en onthouden alleen dat van een lezing of gesprek.

TECHNISCHE INFO

WAAROM MANNEN NIET NAAR HUN VROUWEN KUNNEN LUISTEREN

In een onderzoek van de universiteit van Sheffield werden opnamen van verschillende vrouwen- en mannenstemmen afgespeeld voor mannen. Daarbij werd hun hersenactiviteit gemeten. Het resultaat: vrouwenstemmen en mannenstemmen veroorzaakten verschillende activiteiten in de hersenen.

Als de mannen vrouwenstemmen hoorden, werden de hersengebieden actief die verantwoordelijk zijn voor complexe akoestische bewerkingen zoals muziek. Bij mannenstemmen reageerden vooral de hersengebieden die eenvoudigere informatie verwerken. De verwerking van mannenstemmen is daarom veel minder inspannend. Vrouwelijke stemmen vermoeien de mannelijke hersenen dus sneller dan mannelijke stemmen. De vrouwenstem is daadwerkelijk complexer dan de mannenstem door de grootte en vorm van de stembanden en het strottenhoofd.

Dus als mannen niet naar hun vrouwen luisteren, is dat niet altijd opzettelijk. Af en toe horen zowel vrouwen als mannen echter alleen wat ze willen horen. De opdracht om de vaatwasser uit te ruimen of het afval buiten te zetten, is soms bewust aan dovemansoren gericht.

Waarom luisteren zo belangrijk is

Spreken is zilver, zwijgen is goud, zo luidt het spreekwoord. Niet voor niets heb je van nature twee oren en slechts één mond. Misschien heeft de natuur daar iets mee bedoeld.

Betere resultaten bij onderhandelingen en verkoopgesprekken

Degenen die niet kunnen luisteren bij onderhandelingen of verkoopgesprekken bereiken meestal slechtere resultaten op het werk. Door goed te luisteren bereiken we veel meer dan door te praten. Luisteren naar de ander bij onderhandelingen of verkoopgesprekken heeft een aantal voordelen:

- Als je je gesprekspartner niet voortdurend onderbreekt, zal hij meer over zichzelf prijsgeven. Zo kom je dus meer te weten over de ander. Dit helpt je te beslissen of je hem bijvoorbeeld wel of niet kunt vertrouwen.

- Je geeft je gesprekspartner het gevoel dat hij gewaardeerd wordt en dat je in hem bent geïnteresseerd. Dit maakt je sympathieker voor de ander. Dat maakt het weer gemakkelijker voor je om hem te overtuigen van jouw opvattingen.
- Luisteren helpt je om bij onderhandelingen de andere partij te begrijpen en uiteindelijk het best mogelijke resultaat te bereiken.
- Luisteren traint je aandacht en maakt je sympathieker.
- Wie zich in een prettige en waarderende gesprekssituatie bevindt, is creatiever en meer oplossingsgericht.

Tijd besparen door aandacht tijdens vergaderingen en lezingen

Bij vergaderingen en lezingen komt er natuurlijk ook af en toe irrelevante informatie voorbij. Als je echter belangrijke uitspraken mist, verspil je kostbare tijd. Het is veel tijdrovender om jezelf op een later tijdstip de inhoud ervan eigen te maken. Uiteindelijk bespaar je dus tijd als je aandachtig luistert tijdens een vergadering of voordracht.

TIP

Overweeg altijd zorgvuldig of je je aanmeldt voor een congres of bijscholingscursus. Hoe geïnteresseerder je bent in een onderwerp, hoe gemotiveerder je bent om je aandacht te geven aan de spreker. Als je zeer gemotiveerd bent, is het veel gemakkelijker om geconcentreerd te luisteren.

Hoe je beter kunt luisteren

Wat kun je doen om geconcentreerder te luisteren?

Actiever luisteren tijdens gesprekken

Passief zijn tijdens het luisteren schaadt je concentratie en bevordert misverstanden. Meestal nemen we slechts met een half oor waar wat onze gesprekspartner zegt. We luisteren niet met aandacht omdat we ons volgende argument al op het puntje van onze tong hebben liggen en we de ander vaak niet eens laten uitspreken. Een beproefde methode om dit te voorkomen is *actief luisteren*. Zoals de benaming actief luisteren al suggereert, is activiteit een voorwaarde om de bedoeling van de ander correct te begrijpen en een vertrouwensbasis op te bouwen. Dit is mogelijk als je:

» oprechte interesse in de ander toont, met andere woorden, je gesprekspartner openlijk en zonder negatieve emoties tegemoet treedt;
» ook het standpunt van de ander kunt innemen, en een situatie dus niet alleen door jouw bril maar ook die van de ander kunt bekijken;
» de ander goede vragen stelt;
» luistert zonder je gesprekspartner te onderbreken of een uitspraak overhaast te beoordelen;
» doorvraagt bij onduidelijkheden;
» het gehoorde samenvat;
» de ander laat bevestigen dat je hem goed hebt begrepen. Op die manier ontstaan er überhaupt geen misverstanden. Je geeft je gesprekspartner te kennen dat je naar hem geluisterd hebt en dat je hem je volledige aandacht hebt geschonken.

TIP

Neem bij een gesprek een voorwerp mee dat je er herhaaldelijk aan herinnert je gesprekspartner niet te snel te beoordelen. Het object kan een klein figuurtje in je broekzak zijn, je favoriete pen of een paperclip.

Met behulp van het volgende geef je de ander te kennen dat je met aandacht aan het luisteren bent:

» oogcontact;
» een bij het onderwerp passende mimiek;
» knikken;
» het noteren van gespreksonderdelen.

ECHT GOEDE VRAGEN STELLEN

TIP

'Als je niets vraagt, blijf je dom', hebben generaties kinderen al geleerd van Sesamstraat. Wie niet doorvraagt ook. Een kort verhaaltje maakt dit duidelijk:

Er gaat een gerucht in het bergbos dat de bruine beer die daar leeft een dodenlijst heeft. Dit beangstigt de andere bewoners van het bos. Uiteindelijk raapt de vos al zijn moed bij elkaar en gaat naar de beer. 'Beer, sta ik op je lijst?' 'Ja', zegt de beer. De vos huivert en sprint weg. 2 dagen later is hij dood. Nu wil het everzwijn het weten. 'Beer, sta ik op je lijst?' 'Ja', zegt de beer, en 2 dagen later wordt het everzwijn ook levenloos gevonden. Uiteindelijk gaat ook het konijn naar de beer. 'Beer, sta ik op je lijstje?' De beer kijkt omhoog. 'Ja, jij staat er ook op.'

Bevend vraagt het konijn: 'Zou je me van je lijstje kunnen schrappen?' 'Tuurlijk', bromt de beer. 'Geen probleem.'
Het is dus niet alleen belangrijk om vragen te stellen, maar ook om de juiste vragen te stellen. Het stellen van de juiste vragen kan veel informatie over de gesprekspartner onthullen en leiden tot betere gespreksresultaten.

Actief luisteren is vooral belangrijk in banen waar veel gesprekken worden gevoerd, bijvoorbeeld in de verkoop, klantenservice, consulting, human resources, maar ook in sociale beroepen.

Luisteren trainen

Net zoals een bodybuilder zijn spieren meerdere keren per week traint, is het ook bij luisteren nuttig om deze vaardigheid met regelmatige tussenpozen te trainen. We willen je nu kennis laten maken met verschillende oefeningen die:

» hetzij aandachtig luisteren trainen of;

» het gehoor bewuste pauzes gunnen, waardoor het ontvankelijker is bij latere gesprekken of lezingen.

OEFENING

TIME-OUT VOOR DE OREN

Neem de tijd om een plek te vinden die zo rustig mogelijk is. Wees je bewust van de stilte. Hoe voelt het om niets te horen? Aangenaam? Onwennig? Word je bewust van het verschil tussen stilte en alledaagse geluiden. Probeer een tijdje aan niets anders dan stilte te denken (een soortgelijke oefening vind je ook in hoofdstuk 20).

OEFENING

GELUIDEN FILTEREN

Het maakt niet uit waar je bent: sluit je ogen en probeer alle geluiden die je op dat moment hoort van elkaar te scheiden.

- Welke afzonderlijke geluiden hoor je?
- Welke uitwerking heeft elk geluid op je? Creëert het spanning? Is het inspirerend? Onaangenaam? Opdringerig? Storend? Is het zachtjes? Of te hard?

OEFENING

LUISTERWANDELING

Ga tijdens de lunchpauze wandelen en concentreer je op de geluiden om je heen. Luister naar het gezang van vogels of de gesprekken in de cafés. Registreer het geluid van je voetstappen op de stoep. Of probeer een geluid op te merken dat je allang niet meer hebt gehoord.

Variant: vraag een vriend of collega om je te vergezellen op je luisterwandeling. Vraag hem om je ogen te blinddoeken en laat je door hem leiden. Probeer je alleen aan de hand van de geluiden te oriënteren. Waar ben je? Waar brengt je begeleider je naartoe? Verraadt het gekwek van een eend de directe omgeving van de parkvijver? Of het kloppen van een specht dat er een boom in de buurt is?

Zo overleef je de volgende vergadering

Bijeenkomsten, teambesprekingen en vergaderingen kunnen soms behoorlijk vermoeiend zijn, zeker als ze zich urenlang voortslepen.

Identificeer problematische vergadertypes

Gewoonlijk komen verschillende vergadertypes samen in vergaderingen. Problematisch zijn:

» **De rusteloze.** Deze persoon komt nooit tot rust: hij wil over elk agendapunt iets zeggen. In het middelpunt van de belangstelling staan is zijn grote passie. Hij houdt ervan om zichzelf te horen spreken. Het kan hem niet schelen of zijn opmerkingen gepast zijn of niet, of hij anderen op de zenuwen werkt met zijn vragen en of hij de vergadering alleen maar aan het rekken is.

» **De passieve.** Hij voelt zich niet op zijn plaats omdat hij het gevoel heeft dat hij kostbare werktijd verspilt aan lange vergaderingen. Hij kijkt naar de bijeenkomst als een theaterstuk en denkt al na over zijn volgende taken. De passieve vergaderaar draagt niets bij aan een productieve vergadering.

» **De onvoorbereide.** Zijn overtuiging dat hij alles wat belangrijk is wel tijdens de vergadering te horen krijgt, leidt ertoe dat hij onvoorbereid op de vergadering verschijnt. Indien nodig, schaamt hij zich niet om vragen te stellen die duidelijk maken dat hij geen idee heeft waar het over gaat. Brutaal als hij is, verwacht hij hooguit een onderdrukte lach of het geschud van hoofden en neemt hij het risico om de kostbare tijd van andere mensen te verspillen en eveneens de vergadering te rekken.

- **De smartphonejunkie.** Hij kan zijn handen niet van zijn smartphone afhouden. Hij controleert voortdurend zijn mailbox, maakt aantekeningen, zoekt op internet of chat op social media. Zijn aandacht voor de vergadering is beperkt tot het minimum. Dit irriteert niet alleen de andere deelnemers, maar motiveert hen ook om zelf meer tijd te besteden aan hun smartphones.
- **De afwezige.** Eigenlijk zou hij er moeten zijn, maar hij schittert graag door afwezigheid of komt vaak te laat. Als hij een specialist is voor een wezenlijk punt op de agenda, kan het gebeuren dat de vergadering moet worden afgebroken en verdaagd bij gebrek aan voldoende specialistische informatie. Hetzelfde geldt als er een besluitvormer ontbreekt. Dit betekent het plannen van een nieuwe vergaderdatum en het in beslag nemen van extra werktijd van de deelnemers.

Als een van deze types je vergadering bijwoont, zal je vermogen om je te concentreren op de proef worden gesteld. Want met deze deelnemers neemt het gevaar van een zware, langdurige en onproductieve vergadering toe. In dit geval worden je hersenen tijdelijk onderbelast en beginnen ze zich te vervelen. Dan gaan je gedachten al na een paar minuten afdwalen.

TIP

Stel bij problematische vergadertypes duidelijke regels op, waarbij de gespreksleider toezicht houdt op de naleving ervan. Zo kan bijvoorbeeld de maximale spreektijd of duur van de vergadering worden vastgelegd, het gebruik van smartphones worden verboden of boetes worden ingevoerd voor te laat komen of onterechte afwezigheid.

Hoe je je concentratie bij vergaderingen en lezingen kunt verhogen

Wat kun je doen om je beter te concentreren als je in een vergadering zit of naar een lezing luistert?

- **Elimineer mogelijke stoorzenders.**
  - Houd vergaderingen bij voorkeur in rustig gelegen ruimten.
  - Sluit de deur van de vergader- of lezingzaal.
  - Zet je smartphone op vliegtuigmodus en plaats hem ergens waar je niet constant naar het scherm kunt kijken, bijvoorbeeld in je broek- of jaszak.

» **Maak aantekeningen.** Doe dat ook als de inhoud later als hand-outs of bestand ter beschikking wordt gesteld. Schrijf in trefwoorden op wat voor jou relevant kan zijn.

» **Open een raam (indien mogelijk).** Je zult merken dat de frisse lucht niet alleen jou maar ook je collega's goed zal doen.

» **Blijf niet voortdurend in dezelfde zithouding zitten.** Verander je zithouding met regelmatige tussenpozen. Want voortdurend achteroverleunen en comfortabel zitten vermoeit je. Duw af en toe je schouders naar voren of ga op het randje van de stoel zitten.

» **Houd een vergadering ook eens staand in plaats van zittend.** Uit een Amerikaans onderzoek blijkt dat vergaderingen met staande deelnemers productiever zijn dan dezelfde vergaderingen in zittende positie. De aanwezige deelnemers zijn meer betrokken en gemotiveerd omdat het staan ervoor zorgt dat lichaam en geest zich instellen op activiteit.

» **Vraag om een pauze als je merkt dat zowel jouw concentratie als die van de andere aanwezigen duidelijk afneemt.** Als je verzoek wordt afgewezen, zeg dan dat je naar het toilet gaat. Niemand zal je tegenhouden. Je kunt tijdens de plaspauze concentratiebevorderende bewegingsoefeningen doen, zoals die in hoofdstuk 20.

» **Masseer de rand van je oren.** Neem de bovenste rand van je oren tussen duim en wijsvinger en masseer of druk zachtjes op dit gebied. Glijd zachtjes masserend naar beneden naar de oorlellen en herhaal deze beweging drie keer. Het helpt om afleidende geluiden buiten te sluiten, verscherpt je gehoor en verbetert je concentratievermogen.

» **Teken meerdere malen achter elkaar een horizontale figuur acht op een notitieblaadje.** Deze kinesiologische oefening verhoogt je aandacht en laat je zaken beter begrijpen.

TIP

Het is ook voldoende om iets op een vel papier te krabbelen. Wie denkt dat doelloos krabbelen tijdens een vergadering of lezing een teken van onoplettendheid is, vergist zich. In een onderzoek van de universiteit van Plymouth herinnerden krabbelaars zich ongeveer 30 procent meer van de inhoud dan mensen die niet mochten tekenen.

» **Masseer de onderkant van de duim.** Van zogenaamde reflexzonemassage is bekend dat je de doorbloeding van de grote hersenen kunt verbeteren als je met de duim van de andere hand gedurende ongeveer een minuut het bovenste kootje van de onderkant van je duim naar boven toe masseert.

» **Stel je een X voor.** Deze heeft ongeveer jouw lengte. Probeer de X in alle vier de hoeken waar te nemen. Deze oefening ondersteunt de coördinatie van het hele brein.

OEFENING

DE TWEEKAMERWONING

1. Stel je voor dat je rechterhersenhelft een kamer is. Hoe ziet die kamer eruit? Is het er netjes? Welke kleur heeft de muur?
2. Stel je nu een kamer in je linkerhersenhelft voor. Hoe ziet die kamer eruit? Is het er netjes? Welke kleur heeft de muur?
3. Maak vervolgens een verbinding tussen de twee kamers: een brug of een gang, een deur die opengaat, een pad of een weg.
4. Ga in je verbeelding via deze verbinding meerdere malen heen en weer tussen de twee kamers. Kijk steeds vanuit de ene kamer naar de andere kamer.

Tussen de twee hersenhelften bevindt zich daadwerkelijk een balk, die in vakjargon het *corpus callosum* wordt genoemd. De hersenhelften wisselen via deze balk informatie uit. Hoe actiever deze uitwisseling is, hoe gemakkelijker het voor je is om je te concentreren.

De oormassage, de liggende acht, het masseren van de onderkant van de duim, de ingebeelde X en de tweekameroefening helpen natuurlijk niet alleen om de concentratie tijdens vergaderingen of lezingen te verbeteren, maar zijn ook geschikt voor alle andere situaties waarin je je concentratie op korte termijn wilt verbeteren.

Maak het gemakkelijker voor je luisteraars om te luisteren

Als spreker kun je het je toehoorders gemakkelijker maken om geconcentreerd te luisteren tijdens jouw voordracht.

» **Geef je presentatie of bijdrage een structuur die gemakkelijk te begrijpen is.** Een logische structuur maakt het gemakkelijker voor de hersenen om informatie op te nemen en op te slaan.

» **Lees de tekst niet voor van papier.** Spreek zo vrij mogelijk (afgezien van opsommingen in je aantekeningen). Natuurlijk kun je ook tussendoor even naar je tekst kijken. Maar doe dit alstublieft niet onafgebroken.

» **Kijk je publiek aan.** Houd oogcontact. Dan merk je trouwens ook een geeuw of rusteloosheid op en kun je er eventueel met een pauze op reageren.

- **PowerPoint-dia's.** Deze zijn zeker een goede visuele ondersteuning voor een presentatie. Het moeten er echter niet te veel zijn en ze moeten niet de hele presentatie weergeven: zet op de dia's alleen de hoofdpunten.

PAS OP

Ondanks alle voordelen is er altijd discussie over de zin en onzin van powerpointpresentaties, omdat de aandacht van de luisteraar meer uitgaat naar de wellicht aantrekkelijk vormgegeven dia dan naar de spreker. Wat de spreker zegt lijkt niet meer zo belangrijk als de belangrijkste punten toch op de geprojecteerde dia te lezen zijn. Bovendien heeft het directe contact tussen de spreker en het publiek te lijden zodra er een powerpointdia wordt ingevoegd.

- **Houd geen monoloog.** Betrek je publiek bij de presentatie door vragen te stellen. Dit houdt je publiek wakker. Je publiek zal zeer alert blijven als je je tijdens de voordracht onaangekondigd tot individuele luisteraars richt.
- **Sta tussentijdse vragen toe.** Op deze manier blijven je toehoorders actief en durven ze vragen te stellen als ze iets niet begrijpen. Wie je betoog begrijpt, zal langer geconcentreerd blijven.
- **Laat je publiek glimlachen met een beetje humor op de juiste momenten.**
- **Glimlach ook zelf van tijd tot tijd.** Een glimlach maakt mensen sympathiek. En sympathieke mensen hebben aandachtigere luisteraars dan onsympathieke sprekers.
- **Laat je publiek indien mogelijk iets uitproberen of er zelf aan werken.** Als een voordracht wordt onderbroken door actieve fasen, registreert het brein afwisseling. De hersenen houden van afwisseling en blijven langer prestatiegericht.
- **Speel met de spreeksnelheid.** Laat een korte stilte vallen voordat je belangrijke uitspraken doet en verminder je spreeksnelheid bij sleutelbegrippen. Ook hier neemt het brein de verscheidenheid waar en blijft het alert.
- **Zeg sommige dingen met nadruk.** Als je te eentonig praat, kom je al snel slaapverwekkend over. Hoe abstract het onderwerp van je presentatie ook is, doe alsof je een spannend verhaal vertelt.

IN DIT HOOFDSTUK

- Waarom ploegendienst vaak zo zwaar is
- Ongeconcentreerdheid tijdens late en nachtdiensten vermijden
- Leren hoe je werken in ploegendienst beter onder de knie krijgt

Hoofdstuk 16 Geconcentreerder werken tijdens nacht- en ploegendiensten

Loop 's avonds laat eens door een grote stad. Hoeveel mensen ontdek je die op dat tijdstip aan het werk zijn? Zie je de vele snackbars en restaurants die nog open zijn? Een ambulance op weg naar een noodgeval? Als je nog wat langer door de nacht rijdt, zie je bouwvakkers bezig op nachtelijke bouwplaatsen. Je komt medewerkers van de gemeentelijke afvalverwerking tegen. En busjes die op weg zijn naar groothandelsmarkten. Zie je de nachtportiers achter de glazen deuren van de grote hotels? De machinist die het goederenstation verlaat met vijftien wagons op sleeptouw? Fietst er een bakker voorbij die naar zijn kleine bakkerij gaat om de ontbijtbroodjes voor zijn eerste klanten te bakken? Zie je de krantenbezorgers met de handen al onder de inkt en die in alle vroegte van huis tot huis gaan om ervoor te zorgen dat je het laatste nieuws te lezen krijgt als je opstaat? Of verbaas je je over de wekelijkse markten die in een mum van tijd worden opgezet en die het stadhuisplein in een paar uur tijd veranderen in een kleurrijke drukte?

Ploegendiensten en vooral nachtwerk zijn in sommige beroepen onmisbaar. Het is de enige manier om ervoor te zorgen dat we allemaal de klok rond van van alles en nog wat worden voorzien. Maar is het ook gezond om zo te werken? Zijn we 's nachts net zo goed in staat om te presteren en ons te concentreren als overdag? En vooral: hoe leer je succesvol omgaan met zo'n ploegendienst? Dat lees je allemaal in dit hoofdstuk.

Waarom nachtwerk niet natuurlijk is

Nachtdiensten passen niet bij onze natuur omdat ze in strijd zijn met ons natuurlijke levensritme.

Het lichaam maakt onderscheid tussen dag en nacht

Ongeacht of je een laatopstaander of een vroegopstaander bent:

» Je hart klopt overdag sneller dan 's nachts.

» Je neemt overdag meer zuurstof op.

» Je spijsverteringssysteem zet zijn hoofdactiviteit waarbij voedsel wordt opgenomen en verwerkt voort tot in de late avonduren. 's Nachts werkt het daarentegen op een laag pitje.

» Je lichaamstemperatuur is overdag hoger dan 's nachts. Rond 3 uur 's nachts is die bij de meeste mensen het laagst.

Je lichaam is geprogrammeerd om 's nachts tot rust te komen en te herstellen. Als je vaak in nachtdiensten werkt, negeer je dit natuurlijke ritme en raakt je lichaam van slag. Daarom hebben nachtdiensten een langdurig negatief effect op je concentratievermogen en je gezondheid als je geen specifieke tegenmaatregelen neemt.

Midden in de prestatiedip

De meeste mensen bereiken het laagste punt van hun prestatievermogen tussen 2 en 3 uur 's nachts.

Als gevolg daarvan moeten mensen in ploegendienst zich 's nachts veel meer inspannen om dezelfde prestaties te leveren dan mensen die overdag werken. Het is dan ook niet verwonderlijk dat de meeste fouten en ongelukken zich voordoen tijdens late diensten en nachtdiensten. Hier volgen slechts drie van vele voorbeelden:

» De Tsjernobyl-catastrofe werd waarschijnlijk veroorzaakt door een bedieningsfout om 0.28 uur, waarbij de normwaarde voor de totale vermogensregeling niet correct werd ingesteld.

» De ramp met de Cimbria, waarbij meer dan 400 passagiers omkwamen op de Noordzee na een aanvaring met het stoomschip Sultan, gebeurde op een januarinacht in 1883.

» Ook van medische fouten is bekend dat ze vooral 's nachts gebeuren.

PAS OP

Vaak valt het arbeiders in ploegendienst niet eens meer op dat ze moe zijn. In de loop van de tijd raken ze gewend aan de grotere vermoeidheid en zien ze dat als iets normaals.

Hoger risico op ziekte

Aangezien de herstelprocessen in het lichaam voornamelijk 's nachts plaatsvinden, hebben werknemers die vaak in ploegendienst werken vaker last van gezondheidsproblemen als er geen tegenmaatregelen worden genomen. Deze omvatten slaapstoornissen, uitputting, overgewicht, innerlijke rusteloosheid, verlies van eetlust, diabetes, hart- en vaatziekten, vitamine D-tekort, maag- en darmklachten en hoofdpijn.

Minder sociale contacten

Nachtdiensten zijn niet alleen in strijd met je natuurlijke lichaamsbehoeften, ze bemoeilijken ook je sociale leven. Alledaagse familieroutines (zoals samen ontbijten), verjaardagsfeestjes, excursies of schoolvoorstellingen zijn vaak niet of slechts in beperkte mate haalbaar. Het sociale leven speelt zich voornamelijk overdag af, in de vroege avonduren of in het weekend.

Zo blijf je in de nachtdienst geconcentreerd

Als je werkt in een beroep dat regelmatige nachtdiensten omvat, kun je daar meestal niets aan veranderen. Maar je bent niet hulpeloos blootgesteld aan de negatieve effecten van nachtdiensten. Er is een aantal tips die het werken in nachtdiensten draaglijker kunnen maken. Het komt erop aan de vermoeidheidspieken te overwinnen of zoveel mogelijk te vermijden.

Drink voldoende

Je hersenen hebben genoeg vocht nodig om te blijven presteren. We zijn niet gewend om 's nachts te drinken. Het dorstgevoel neemt op natuurlijke wijze af, zodat we niet elk uur wakker worden en naar een fles water moeten grijpen. Daarom is het tijdens nachtdiensten vooral belangrijk om voldoende te drinken, zelfs als het lichaam aangeeft dat het geen dorst heeft. 's Nachts is water op kamertemperatuur geschikter dan water uit de koelkast.

TIP

Een goed moment voor een warm drankje is tussen 2 en 3 uur 's nachts. De lichaamstemperatuur is dan het laagst en veel mensen zijn rond die tijd erg moe en rillerig. Een warme kruidenthee zonder cafeïne is ideaal. Als je niet van thee houdt, kun je ook genieten van een kopje groentebouillon of een moutkoffie. Als je koffie goed verdraagt, kun je natuurlijk een kopje koffie drinken. Bedenk echter wel dat het opwekkende effect van koffie slechts korte tijd aanhoudt. Houd er ook rekening mee dat dranken met cafeïne tot wel 6 uur een nawerking kunnen hebben. Vermijd daarom het drinken van cafeïne tijdens de laatste 4 uur van je dienst, zodat je 's morgens geen problemen hebt om in slaap te vallen.

Laat je lichaam en geest niet helemaal tot rust komen

Nietsdoen en wachten maakt je slaperig. Vermijd daarom te lang nietsdoen en zitten om het risico van een sterke daling van de concentratie tijdens de nachtdienst zo laag mogelijk te houden.

- Sta met regelmatige tussenpozen op en neem actieve pauzes. In hoofdstuk 12 hebben we een reeks bewegingsoefeningen voor je samengesteld, die je ook tijdens nachtdiensten kunt toepassen.
- Zoek, als je wakker moet blijven maar niets of weinig te doen hebt, zo nodig naar taken die zijn blijven liggen tijdens de andere diensten.
- Indien toegestaan is ook het luisteren naar muziek een effectieve manier om wakker te blijven.

EEN BIJZONDER GEVAL: DE BESCHIKBAARHEIDSDIENST

TIP

Tijdens een beschikbaarheidsdienst mag je lezen, slapen of andere dingen doen zolang je niet nodig bent. Als die dienst tijdens de nacht valt, kun je je lichaam en geest, anders dan hiervoor aanbevolen, wel tot rust laten komen en zelfs slapen. In dit geval hoeft je alleen in noodgevallen in actie te komen. Als je geluk hebt, word je de hele nacht niet gestoord en heb je je geld letterlijk verdiend in je slaap.

Maar als je wel nodig bent, wordt je natuurlijke slaapritme onderbroken. Bovendien is de slaap tijdens een beschikbaarheidsdienst vaak onrustiger, vanwege de onzekerheid of je wellicht gewekt gaat worden. Wanneer een kind wordt geboren, een computersysteem crasht of een huis afbrandt, moet je snel inzetbaar zijn.

Korte bewegingsoefeningen uit hoofdstuk 12 en een goede toevoer van zuurstof naar de hersenen zijn hiervoor geschikt. Zorg er daarom voor dat je zo diep mogelijk ademt. Je buik moet omhoogkomen wanneer je inademt en weer omlaaggaan wanneer je uitademt.

In de ochtend na een nachtelijke beschikbaarheidsdienst ben je vaak moe, ondanks de tijden waarop je hebt geslapen. Dan is het noodzakelijk om gedurende de dag te zorgen voor bewuste herstelfasen.

Creëer bewuste momenten bij eentonig werk

De nachtdienst van machinisten of beveiligingspersoneel in bedrijven bestaat voor een groot deel uit geautomatiseerde handelingen of eentonige activiteiten. Daardoor ontstaat vaak een gevoel van verveling, met verminderde aandacht. Probeer daarom steeds weer je hersenen wakker te houden met specifieke prikkels. Dit kan worden bereikt door met regelmatige tussenpozen te proberen bekende dingen bewust waar te nemen of door ze te koppelen aan een interessante impuls.

TIP

Voor machinisten en bus- en vrachtwagenchauffeurs die nachtdienst hebben, hebben we ideeën uitgewerkt over hoe de omgeving bewuster kan worden waargenomen en zo het brein wakkerder kan blijven:

» Verplaats je in de rol van een bekende fotograaf: wat zou je fotograferen?

- Als het al licht begint te worden: zie je iets moois om je heen?
- Activeer zoveel mogelijk zintuigen! Ligt er dauw op de struiken? Zijn er sterren te zien? Als je pauzeert, luister dan naar het gezang van de ontwakende vogels. Of ruik de geur die na een nachtelijke regenbui in de lucht hangt.
- Zie de rit door de nieuwsgierige ogen van een kind.

Maak je werkplek zo licht mogelijk

Probeer je werkplek goed te verlichten: hoe lichter, hoe beter. Door het licht, zelfs als het door kunstlicht wordt geproduceerd, krijgt je lichaam het signaal om wakker en gefocust te blijven.

Vermijd moeilijke taken tijdens de nachtdienst

Aangezien je prestatievermogen tijdens de nachtdienst op natuurlijke wijze afneemt, kun je (indien mogelijk) moeilijke taken beter uitvoeren tijdens de dagdienst. Wijd jezelf 's nachts liever aan eenvoudiger taken om wakker te blijven. Eenvoudige taken houden je hersenen bezig en actief. Tegelijkertijd vermijd je een overbelasting, die 's nachts bij moeilijke taken sneller optreedt dan overdag.

Zorg ervoor dat je na een nachtdienst goed kunt slapen

Wie na een nachtdienst niet kan slapen, gaat de volgende nachtdienst geradbraakt en nog vermoeider in. Er is een aantal manieren om een verkwikkende slaap te ondersteunen.

Zet 's morgens op de terugweg een zonnebril op

Wanneer je na de nachtdienst je werkplek verlaat, is het raadzaam om een zonnebril te dragen. Dit zal je lichaam doen geloven dat het buiten al donker is. Dit helpt je om thuis beter in slaap te vallen.

Bescherm je slaapkamer tegen geluiden

Probeer, indien mogelijk, je slaapkamer te verplaatsen naar het deel van je woning dat het rustigst is. Zet je telefoon op stil. Als het mogelijk is, schakel je de deurbel ook uit. Niets is vervelender dan wakker te worden gebeld om een pakketje voor je buurman aan te nemen.

Verduister je slaapkamer

Plaats je bed in de donkerste hoek van de kamer. Probeer de ramen zoveel mogelijk te verduisteren. Als je geen rolgordijnen of buitenjaloezieën hebt, hang dan dikke, ondoorzichtige gordijnen op.

TIP

Na een reeks van 3 of meer nachtdiensten mag je minimaal 46 uur niet werken. Dit geeft je lichaam genoeg tijd om te herstellen van de extra belasting en om terug te keren naar het natuurlijke slaap-waakritme. Vergeet niet om je tijdens de nachtdiensten noodlijdende sociale leven te laten opbloeien in de vrije dagen daarna, uiteraard zonder dat je je vrijetijdsstress op de hals haalt.

Tips voor ploegendiensten

Werknemers in ploegendienst hebben vaak te maken met wisselende diensten. Ze werken zowel in de nachtdienst als in de vroege of late dienst.

Identificeer jezelf met werken in ploegendienst

In een wetenschappelijk onderzoek met politieagenten bleek dat agenten die het werken in ploegendienst als iets positiefs ervaren veel minder vaak last hebben van slaap- en maag- en darmstoornissen dan degenen die negatief staan tegenover wisselende diensten.

Pas je dagritme vroegtijdig aan

Mensen zijn gewoontedieren en hebben het daarom moeilijk met wisselende diensten. Pas daarom, indien mogelijk, al een paar dagen eerder je slaaptijden aan in kleine stappen. Dit lukt met name als je vrije dagen hebt voorafgaande aan een dienst.

TIP

- Als er een late dienst volgt, kun je ongeveer 2 tot 3 dagen ervoor wat later dan gewoonlijk naar bed gaan.
- In het geval van een vroege dienst moet je 2 tot 3 dagen ervoor beginnen met iets vroeger op te staan.

Voorwaarts roulerende diensten

Als het organisatorisch haalbaar is, zouden je diensten naar voren moeten rouleren. Dit wil zeggen van de vroege dienst naar de late dienst en van de late dienst naar de nachtdienst. Deze voorwaartse roulatie helpt je om de dag stapsgewijs te verlengen. Het wisselen tussen de diensten is meestal gemakkelijker als de diensten vooruit rouleren in plaats van omgekeerd.

Wensen kenbaar maken

Als je de voorkeur geeft aan een bepaalde dienst, kun je de gewenste dienst kenbaar maken aan de planner. Denk daarbij indien mogelijk aan je bioritme (zie hoofdstuk 9). Als je een voorkeur hebt voor de vroege dienst, kan er rekening worden gehouden met je wens als er iemand in het bedrijf is die een uitgesproken voorkeur heeft voor de late dienst. Het is zeker het proberen waard. Want als je werktijd tegemoetkomt aan je bioritme, kun je je beter concentreren op je werk.

Beweging voor uilen vóór een vroege dienst

Als je jezelf het bioritmetype uil toekent (zie hoofdstuk 9), is het belangrijk om je lichaam en geest in te stellen op activiteit voordat je aan een vroege dienst begint.

» Plak een smiley op je badkamerspiegel. Zelfs als je nog steeds moe bent: beweeg je mondhoeken omhoog en glimlach.

» Douchen draagt bij aan het wakker worden als koud volgt op warm. (Begin met het rechterbeen, dan het linkerbeen, de rechterarm, de linkerarm, en het hoofd als laatste!)

» Luister naar je favoriete playlist en beweeg op het ritme van de nummers.

» Ga in ieder geval het laatste stukje naar het werk te voet. Parkeer je auto op een paar honderd meter van je werkplek. Ook een korte work-out kan je helpen om op gang te komen.

Daglicht gebruiken

- » Wie 's avonds langer wakker moet blijven vanwege een late dienst, moet zich zo laat mogelijk (maar wel als het nog licht is) blootstellen aan daglicht.
- » Het omgekeerde geldt voor een vroege dienst: combineer in de zomer de weg naar het werk met een bewust verblijf buiten; ga in de winter tijdens je eerste pauze naar buiten en stel je lichaam bloot aan daglicht.

Behoud je eetritme

Probeer, indien mogelijk, regelmatig op dezelfde tijden te eten, ongeacht je dienst, zodat dit ritme in ieder geval behouden blijft.

- » **Voor een vroege dienst geldt:**
  - Ontbijt vóór je dienst of neem voldoende eten mee voor de eerste pauze.
  - Sla de lunch niet over.
  - Kies lichte kost of een broodmaaltijd als avondeten.
- » **Voor een late dienst geldt:**
  - Eet je ontbijt en lunch op je gebruikelijke tijd thuis.
  - Neem voor de late dienst een kleine namiddagsnack en een broodmaaltijd mee. Als je wilt, kun je natuurlijk ook de restjes van je lunch meenemen.
  - Als je na het werk toch honger hebt, vermijd dan vette, zware maaltijden. Je kunt beter kiezen voor een lichte avondsnack.
- » **Voor een nachtdienst geldt:**
  - Zie niet volledig af van eten tijdens de nachtdienst, zodat je bloedsuikerspiegel niet te veel daalt en je concentratievermogen eronder lijdt.
  - Eet echter alleen licht voedsel tijdens de nachtdienst. Vermijd vet en koolhydraatrijk voedsel. Yoghurt, volkorenbrood of groenten zijn ideaal.
  - Bedenk dat je spijsverteringssysteem niet ontworpen is om 's nachts op volle toeren te werken.
  - Neem een licht ontbijt na de nachtdienst, bijvoorbeeld volkorenbrood met roomkaas of een ander beleg. Zo vermijd je het risico dat je welverdiende slaap wordt verstoord door hongeraanvallen.

Maak gebruik van ontspanningstechnieken

Lichaamsritmes die door ploegenarbeid worden verstoord, kunnen zeer effectief worden gereguleerd door regelmatig oefenen met ontspanningstechnieken. Aangezien de effecten van ontspanningsmethoden zoals autogene training of progressieve spierrelaxatie (zie hoofdstuk 10) vergelijkbaar zijn met de reacties van het lichaam 's nachts, herstelt het lichaam zichzelf harmonieus. Beide technieken zijn dan ook ideaal voor werknemers in ploegendienst.

TIP

Als je autogene training of progressieve spierontspanning wilt leren, kun je cursussen kiezen die rekening houden met je werk in ploegendienst. Volg een compacte cursus die zich uitstrekt over 2 dagen of kies een cursus waarbij het mogelijk is om te wisselen tussen verschillende tijdstippen.

IN DIT HOOFDSTUK

Een thuiskantoor concentratiebevorderend inrichten

Afleidingen bij thuiswerk minimaliseren

Geconcentreerd werken in je thuiskantoor met kinderen

Hoofdstuk 17
Geconcentreerder werken in je thuiskantoor

Sinds het begin van de coronacrisis hebben veel werkende mensen kennisgemaakt met een werkwijze die voorheen minder gebruikelijk was: het thuiskantoor. In 2020 heeft het coronavirus miljoenen mensen van de ene op de andere dag tot tijdelijke thuiswerkers gemaakt. Natuurlijk bestond deze vorm van werken al eerder, maar in de afgelopen decennia leidde die een nogal mager bestaan in de schaduw van de presentieplicht op de werkplek. Voor de toekomst is nu een werkmodel acceptabel geworden dat in toenemende mate de fysieke aanwezigheid op kantoor of tijdens vergaderingen kan vervangen.

Het thuiskantoor is echter een zeer uitdagende situatie voor je concentratie. Miljoenen nieuwe thuiswerkers hebben dit sinds maart 2020 ervaren. In dit hoofdstuk hebben we de belangrijkste tips voor geconcentreerd en efficiënt werken in het thuiskantoor voor je bij elkaar gezet.

De uitdagingen van het thuiskantoor

Thuis je werk doen, klinkt op het eerste gehoor best prettig, omdat je dan niet naar het werk hoeft te reizen, geen last hebt van het mogelijk slechte humeur van je leidinggevende en je in het beste geval je tijd naar eigen inzicht kunt indelen. Maar de eerste stress begint vaak al met de technische inrichting van de werkplek. Als dit uiteindelijk gelukt is, rijst de vraag wanneer de werkdag in het thuiskantoor moet beginnen. Bij je eigen tijdsindeling is er om te beginnen de verleiding van een uitgebreid ontbijt. Daarna gaat de vuile vaat in de vaatwasser. De afstandsbediening van de tv is dichterbij dan de thuiswerkplek. En ook die brengt je met zijn noodzakelijke internetverbinding met het bedrijf voortdurend in de verleiding om kostbare tijd te besteden aan het bekijken van irrelevante youtubevideo's. Je hebt dus een hogere mate van zelfdiscipline nodig in het thuiskantoor dan in een kantoortuin om niet toe te geven aan elke welkome afleiding. De belangrijkste afleidingen worden echter veroorzaakt door je eigen gezin:

- de dochter die niet naar de kleuterschool kan en bezig gehouden wil worden;
- de zoon die hulp nodig heeft met huiswerk of thuisonderwijs;
- de echtgenoot die de bezorging van de volgende aankoop wil bespreken terwijl je je aandacht nodig hebt voor het informatieverzoek van een klant dat je net ontvangen hebt;
- de echtgenote die net iets wil afdrukken terwijl je midden in een videovergadering met het team zit.

TECHNISCHE INFO

Hoelang bestaat het thuiskantoor eigenlijk al?

Thuiswerk is geen nieuwe uitvinding van de afgelopen jaren. Het was vanwege het gedeeltelijke verbod op betaald werk voor vrouwen en de huishoudelijke rol die hun werd opgelegd lang een vrouwelijke aangelegenheid. In de loop van de industrialisatie is het thuiswerk uitgebreid naar de hele familie. Vooral kinderen werden gebruikt voor handwerk, met name wanneer handigheid en nauwkeurige handgrepen vereist waren, bijvoorbeeld bij het maken van horloges en speelgoed.

Katoenfabrieken lieten in de 18e eeuw duizenden thuiswerkers voor zich werken. Zo waren er in de Kettenhoffabriek voor elke ambachtsman die in de fabriek werkte zo'n 2.000 spinsters en spinners die van huis uit meewerkten.

Een plek voor geconcentreerd werken vinden

Thuis werken lukt gemakkelijker als je een productieve omgeving creëert. Daarvoor heb je allereerst een geschikte werkplek nodig.

- Zoek een vertrek waar je verbinding kunt maken met internet via de kabel of zorg voor een goede wifioverdracht. Indien nodig kun je je thuisnetwerk versterken met een WLAN-repeater. Niets is vervelender dan bij een online vergadering maar de helft mee te krijgen of e-mails meerdere keren te moeten sturen vanwege een verbroken internetverbinding.
- Zorg ervoor dat je tijdens het werken de deur achter je kunt sluiten. Dit is een eenvoudige manier om aan te geven dat je niet gestoord wilt worden.
- Een thuiswerkplek in de slaapkamer is niet optimaal, omdat er slaapstoornissen kunnen optreden als je hersenen de werkplek niet kunnen scheiden van je slaapplek. Als je de slaapkamer toch voor je werk wilt gebruiken, probeer dan het bed en het bureau zo ver mogelijk van elkaar vandaan te plaatsen, zodat je niet naar onaf werk hoeft te kijken voordat je in slaap valt.
- Ook de keukentafel is als thuiswerkplek slechts beperkt aan te bevelen. Deze plek wordt meer gekenmerkt door verstoringen dan andere vertrekken. Dat geldt met name als je niet alleen woont en gezinsleden of huisgenoten blijven binnenkomen om iets uit de koelkast te halen.
- Als je niet de mogelijkheid hebt om thuis in alle rust te werken of als je buurman net zijn badkamer aan het verbouwen is, kun je ook gebruikmaken van aanbiedingen van hotels die voor dit doel overdag kamers verhuren en tegelijkertijd hun wifi ter beschikking stellen.
- Zorg voor goed licht, zodat je je langer kunt concentreren. Daglicht is vele malen helderder dan een conventionele bureaulamp. Als het weer het toelaat, kun je ook met een laptop een rustig plekje opzoeken in de tuin. Dit hoofdstuk is overigens door ons grotendeels op het terras geschreven.
- Verwijder je privételefoon uit de werkkamer. Of zet hem op stil, schakel hem door of activeer de voicemail.
- Je zitmogelijkheden thuis zijn wellicht niet in dezelfde mate geschikt voor langdurig computerwerk als de werkplek in je bedrijf. Een goede bureaustoel aanschaffen kan een verstandige investering zijn om rug- of nekklachten te voorkomen. Je kunt tijdens pauzes ook bewegingsoefeningen doen om je rug en nek te ontlasten. Op YouTube vind je een aantal nuttige oefeningen die je hiervoor kunt gebruiken. Andere mogelijkheden voor het inrichten van je werkruimte om de concentratie te verbeteren vind je in hoofdstuk 5.

Geconcentreerder door technisch inwerken

Maak jezelf zoveel mogelijk vertrouwd met de technologie in je thuiskantoor, indien mogelijk al voorafgaande aan je eerste werkdag thuis. Als je naast je normale werktaken voortdurend moet uitzoeken hoe iets werkt, is het veel moeilijker om je op een werktaak te concentreren. Een deel van je aandacht wordt dan al opgeëist en is niet meer beschikbaar voor het uitvoeren van een veeleisende taak.

Oefen daarom met het gebruik van videoconferentiesystemen, chatsystemen en groepsagenda's. Als je met vragen zit, stel die dan per telefoon of e-mail aan je collega's die al bekend zijn met het systeem voordat je jezelf de haren uit het hoofd trekt.

Technische hulpmiddelen kunnen ook spontaan worden gebruikt voor een sociale uitwisseling, om de volgende stappen in projecten te verduidelijken of om vragen te stellen. Voordat zo'n vraag permanent een deel van je aandacht in het achterhoofd opeist, los je die meteen op. In het bedrijf zou je nu snel even naar het bureau van een collega gaan of een technische vraag met de teamleider bespreken in de koffiekeuken. Voer gewoon een gesprek via Skype of FaceTime en loop in overdrachtelijke zin het bureau van je collega binnen.

Als je zelfstandig ondernemer bent, kun je in je thuiskantoor zelf de technische hulpmiddelen selecteren die je het nuttigst lijken. Probeer verschillende tools uit en kies dan de tool die het best bij je past, of het nu gaat om Zoom, Skype, Google Hangouts, Microsoft Teams, Signal of Jitsi.

TIP

Gebruik indien mogelijk niet je privécomputer voor het thuiskantoor, om afleiding door privé-e-mails, je fotomap of persoonlijke bestanden te voorkomen. Als dit niet haalbaar is, probeer dan de bedrijfsbestanden consequent gescheiden te houden van je privébestanden.

Afleidingen met goed timemanagement minimaliseren

Afleiding in het thuiskantoor kun je het best vermijden door een goede planning.

Hoe je je moet kleden in je thuiskantoor

Het plannen van de werkdag begint al met de kleding:

- » Natuurlijk mag je je in de regel op je thuiswerkplek kleden zoals je wilt. Als je het lastig vindt om werk en vrije tijd gescheiden te houden, kun je je tijdens werkuren net als voorheen anders kleden dan in je vrije tijd. Het is vaak gemakkelijker om je te concentreren op het werk in werkkleding die je zelf hebt gekozen dan in vrijetijdskleding.
- » Vermijd dat je je bij elke online vergadering of elk facetimetelefoontje van je chef moet omkleden. Het deel van je lichaam dat dan zichtbaar is op de webcam moet in ieder geval acceptabel gekleed zijn. Niemand kan echter zien of je een joggingbroek draagt of op blote voeten achter je bureau zit.

De maaltijden plannen

Zorg ook voor voldoende en goed eten. In hoofdstuk 13 gaan we in detail in op voedingsmiddelen voor je hersenen. Had je voorheen de kantine in je bedrijf tot je beschikking, nu moet je zelf voor een maaltijd zorgen tijdens de lunchpauze. Daarom kun je het best voor meerdere dagen tegelijk inkopen doen, zodat je geen extra tijd verliest door dagelijkse boodschappen. Plan je lunchpauze indien mogelijk langer dan normaal, zodat je genoeg tijd hebt.

Huisgenoten informeren

Laat je huisgenoten weten wanneer je wilt werken, zodat je zo min mogelijk gestoord wordt. Vraag je partner of kinderen je alleen te storen bij echt dringende vragen.

De grootste voorzichtigheid is geboden tijdens telefoongesprekken met klanten of online teamvergaderingen. Je kunt door middel van een briefje op de deur om aan te geven dat je niet gestoord wilt worden.

Omgaan met afleidende conflicten in het thuiskantoor

Werken in een thuiskantoor brengt het risico met zich mee van conflicten in de huiselijke sfeer. Een ruzie is echter zeer afleidend omdat het een deel van de aandacht in je hoofd opeist zolang deze niet is opgelost. Vaak komen in het thuiskantoor tegenstrijdige belangen met elkaar in botsing. De ene moet werken, terwijl de andere zijn rust wil hebben of televisie wil kijken. Zolang er een aparte ruimte is voor alle belangen, is een oplossing voor het conflict gemakkelijker dan wanneer de ruimte schaars is. In dat geval zijn er voldoende mogelijkheden om zich terug te trekken. Maar niet iedereen met een thuiswerkplek beschikt over een vijfkamerwoning. Als er een tekort aan ruimte is, is het dus noodzakelijk om tijdsafspraken te maken en compromissen te sluiten om aan ieders behoeften te voldoen.

TIP

Bij tegengestelde meningen is het raadzaam om eerst enige afstand te nemen als zich niet meteen een goede oplossing aandient. Als de ruimte beperkt is, kun je altijd nog naar buiten. Wanneer boosheid en ergernis zijn afgenomen, is het gemakkelijker om oplossingen en compromissen te vinden.

Andere maatregelen voor de aanpak van conflicten zijn te vinden in hoofdstuk 5.

Bewust de werkdag afsluiten

Ongeacht of je je eigen werktijden kunt bepalen of dat deze door het bedrijf worden voorgeschreven, zorg ervoor dat je bewust de werkdag afsluit. Sta jezelf toe om de volgende dag verder te werken aan onafgewerkte taken. Het kan nuttig zijn om je bureau op te ruimen of door een ritueel (bijvoorbeeld door je om te kleden of een korte wandeling) bewust het werk achter je te laten en aan je vrije tijd te beginnen.

Timemanagementtips voor je tijdsindeling

Als je je eigen werktijden kunt bepalen voor je thuiswerk, kun je je voordeel doen met de volgende tips voor timemanagement.

- » Je dient je dag nog steeds goed te plannen. Bepaal hoe laat je begint te werken en hoe laat je klaar bent.
- » Vergeet ook niet pauzetijden vast te leggen. Je hebt ook in je thuiskantoor recht op pauzes die ervoor dienen om je daarna weer geconcentreerder te laten werken. Anders wordt je werk snel foutgevoelig. In hoofdstuk 10 en 12 kun je in detail lezen hoe je werkpauzes het best kunt gebruiken voor herstel. Zeer geschikt zijn bijvoorbeeld een boswandeling, korte vormen van progressieve spierontspanning, autogene training of bewegingsoefeningen die de concentratie bevorderen.

- Let ook tijdens het werken op de signalen van je lichaam. Soms heeft een ongeplande pauze meer zin dan dwangmatig doorwerken tot de volgende geplande pauze.
- Houd rekening met je bioritme. Als je ook zonder wekker vroeg wakker wordt, ben je om 8 uur 's morgens volledig inzetbaar in je thuiskantoor. Maar als je blij bent dat je langer kunt blijven liggen, begin dan later. In hoofdstuk 9 kun je nog eens uitvoerig nalezen hoe je in je dagelijks werk voldoende aandacht schenkt aan je bioritme.
- Benut de tijden wanneer de netwerkverbinding op zijn best is. Dit is meestal het geval in de vroege ochtend of late avond.
- Sta jezelf toe om minstens één dag per week helemaal niet in het thuiskantoor te komen.

Gemotiveerd werken in het thuiskantoor

Wie gemotiveerd is, is vaak ook geconcentreerder. Als je zelf je werktijden mag bepalen, moet je eerst je tegenstribbelende zelf overwinnen om aan je bureau te gaan zitten. Er is geen enkele leidinggevende die je afkeurend opdraagt om aan het werk te gaan als je om 10 uur 's ochtends eerst eens de volgende aflevering van een netflixserie gaat bekijken.

- Gebruik de tienminutentruc om de weg naar het bureau te vinden. Neem je voor om eerst maar eens 10 minuten in je thuiskantoor te werken voordat je beslist of je doorgaat. Binnen ongeveer 8 minuten kun je je in een taak verdiepen. Meestal blijf je dan aan je bureau zitten en denk je er niet eens meer aan dat je met jezelf had afgesproken dat je na 10 minuten weer op de bank mocht gaan liggen.
- Begin met een bezigheid die je leuker vindt dan andere taken.
- Beloon jezelf als je de geplande hoeveelheid werk van een thuiswerkdag hebt voltooid.
- Motiveer elkaar door één keer per dag een online teamvergadering te starten. Sociale contacten zijn op deze manier ook mogelijk vanuit je thuiskantoor. Een neveneffect: online chats voorkomen ook gevoelens van eenzaamheid en depressie in het thuiskantoor.
- Meer motivatietips vind je in hoofdstuk 8.

TIP

Er bestaan technische hulpmiddelen, programma's en diensten die je kunnen helpen om je bij de les te houden. We willen je graag kort twee ervan voorstellen:

» *Rescue Times* helpt je te ontdekken hoeveel tijd je in je thuiskantoor daadwerkelijk aan werken besteedt en hoeveel tijd je met andere dingen bezig bent. Dit maakt het gemakkelijker om tijdvreters te identificeren en helpt je de discipline in je thuiskantoor te handhaven.

» Met *Focusme* kun je bepaalde toepassingen en websites blokkeren. Dit is nuttig als je de neiging hebt om in je thuiskantoor veel tijd door te brengen met YouTube en aanverwante zaken.

Geconcentreerder thuiswerken met kinderen

Kinderen, vooral als ze jonger zijn, hebben vaak weinig begrip voor de werktijden van hun ouders in het thuiskantoor. We geven je enkele tips over hoe je ondanks jongere kinderen je kantooruren thuis zo geconcentreerd mogelijk kunt doorbrengen.

» Je kunt een peuter of een kleuter niet voor langere tijd zonder toezicht alleen laten. Naast het niet nakomen van je toezichtplicht zou je je voortdurend afvragen wat je kind aan het doen is en of je huis nog wel herkenbaar zal zijn als je klaar bent met je thuiswerk. Je zou continu afgeleid zijn.

  - Plan je werktijden daarom zo dat je kind in die tijd wordt opgevangen, bijvoorbeeld op de kleuterschool of door je partner.
  - Werk terwijl je kind een middagslaapje doet of 's avonds als het naar bed is.
  - Multitasken is moeilijk. Een activiteit lijdt er meestal onder als het geen routinewerk is. Toch kan het zinvol zijn om het kind ook bij het thuiskantoor te betrekken. Hij of zij kan een eigen bureautje krijgen en krijgt ook taken. Dit kunnen zowel eigen taken zijn, bijvoorbeeld om iets te schilderen, als eenvoudige taken die iets te maken hebben met het werk van de ouders in het thuiskantoor. Zo kan het kind als het schoolgaand is mappen labelen of iets afdrukken. In dit geval vormen ouders en kind een team. Huiswerk kan ook in dezelfde ruimte worden gedaan.

- Oudere kinderen kunnen zich tijdelijk alleen bezighouden of zonder toezicht iets doen. Maar ook zij hebben tijd nodig met hun ouders. Laat je kind weten wanneer je tijd hebt om te spelen of andere activiteiten samen te doen en houd je hieraan. Niets is erger voor een kind dan ouders die zich niet aan hun beloften houden, vooral wanneer dat vaker gebeurt, in combinatie met het besef dat het werk altijd voorrang heeft op hun behoeften.
- Kies snel klaar te maken en gezonde gerechten voor de dagelijkse maaltijden van je kinderen.
- Neem je kind mee naar buiten in de frisse lucht tijdens de pauzes en ga op zoek naar stenen of bladeren in het bos. Doe een mindfulnessoefening met je kind of ontspan samen.
- Verwacht niet te veel van jezelf. Niemand verlangt van je dat je de perfecte moeder of vader bent. Kind en thuiskantoor zijn een dubbele belasting, waarbij niet altijd alles verloopt zoals gepland. In geval van nood zal niemand er iets van zeggen als je kind je nabijheid nodig heeft tijdens een online teamvergadering en een tijdje op je schoot naar de webcam lacht.

IN DIT HOOFDSTUK

- Waarom lezen nuttig is
- Hoe lezen het concentratievermogen traint
- Teksten sneller lezen
- Inhoud beter onthouden
- De ogen ontlasten

Hoofdstuk 18
Geconcentreerder lezen

Een hoofdstuk over lezen? Wat kunnen we je nog leren over lezen? Lezen op zich is je natuurlijk al bekend. Anders zou je niet naar deze regels kijken. Je hebt waarschijnlijk al lang geleden leren lezen. Misschien denk je daarbij aan je basisschooltijd toen lezen een belangrijk vak was. Daarna kon je teksten vloeiend lezen, met meer of minder plezier, afhankelijk van de inhoud. Dat we je nu vele jaren later weer met het onderwerp lezen confronteren, kan op het eerste gezicht een beetje vreemd overkomen. We zien lezen als iets vanzelfsprekends, iets wat we allang onder de knie hebben. Toch kunnen we vandaag de dag er nog iets over leren. Vaak zijn we ons er niet eens van bewust dat we inefficiënte leestechnieken gebruiken en dat we er iets aan kunnen doen om teksten sneller te lezen en beter te begrijpen.

Waarom je regelmatig in een boek zou moeten duiken

Lezen is nuttig en bovendien een beproefde manier om te ontsnappen aan de dagelijkse sleur. Is er iets mooiers dan op een besneeuwde winteravond in een warm bed te liggen en je onder te dompelen in een wereld die alleen in je hoofd bestaat? Als je van boeken houdt, zul je het zeker met ons eens zijn. Hoelang is het geleden dat je je laatste boek hebt gelezen? De afgelopen zomervakantie? In het dagelijks leven ontbreekt het je aan tijd? In feite lijkt je normale dagelijks leven op een kerstkalkoen: het zit vol met taken en afspraken. En dat is nog niet alles: de tijdrovers zijn op het boevenpad en liggen overal op de loer: facebookposts, korte berichten of gameapps die, met een charmante en subtiele trilling, ons eraan herinneren onze boeken opzij te leggen en met hen in de weer te gaan. Neem niettemin regelmatig de tijd om een goed boek te lezen. Lezen is immers een universeel wapen waarmee je veel uitdagingen van het leven gemakkelijker kunt overwinnen.

Lezen voorkomt dementie

Wist je dat lezen een van de zinvolste antiverouderingswapens is voor je hersenen? Regelmatig lezen daagt je hersenen uit en traint je geheugen. Intellectueel actieve mensen die hun hersenen steeds opnieuw uitdagen, hebben minder kans om later dementie te krijgen.

Lezen bevordert je ontwikkeling

Boeken vergroten je algemene ontwikkeling en trainen specifieke vaardigheden:

» sciencefiction verdiept je technisch inzicht;

» historische romans brengen je meer historisch besef bij;

» misdaadromans geven je inzicht in forensische en onderzoeksmethoden.

Lezen prikkelt je fantasie

In tegenstelling tot een film in de bioscoop of op tv traint het lezen van een roman je verbeelding omdat je zelf de inhoud van het boek tot leven brengt in je hoofd. Dit maakt het gemakkelijker voor je om ook in je werk visies te ontwikkelen. Bedrijven hebben behoefte aan vooruitstrevende denkers die zich producten kunnen voorstellen die nog niet bestaan.

Lezen vergroot je woordenschat

Wetenschappers van de University of California hebben ontdekt dat het lezen van boeken je woordenschat vergroot. Je beschikt dus over een groter vocabulaire en kunt je selectiever uitdrukken. Je schrijfstijl wordt beter en kan flexibeler worden aangepast aan verschillende situaties.

Lezen bevordert sociale vaardigheden

Volgens een studie van de New School for Social Research in New York bevordert lezen je empathische vermogens. Als je veel leest, is het gemakkelijker om je te verplaatsen in de gemoedstoestand van een ander. Het vermogen om het perspectief van de ander te kunnen innemen, helpt je niet alleen bij verkoopgesprekken.

Lezen kan je nieuwe slaapmiddel zijn

Ken je dat? Je ligt in bed en wilt niets liever dan slapen. Het lukt niet, want nare gedachten blijven in je hoofd rondspoken. Neem een goed boek en verjaag die zorgelijke gedachten helemaal vanzelf. Doe het licht uit zodra tijdens het lezen voor het eerst je ogen dichtvallen. Lezen kan een slaapritueel worden dat je helpt om tot rust te komen en structuur te geven aan je avond (zie ook hoofdstuk 11).

Lezen bevordert de concentratie

Lezen is op de lange termijn een echte concentratietrainer! Omdat je je over een langere periode met één en hetzelfde onderwerp bezighoudt! Bovendien moet je daarbij weerstand bieden aan afleidingen van buitenaf.

Teksten sneller lezen

Om de inhoud van een tekst sneller te kunnen ontcijferen, is een efficiënte leestechniek nodig.

Je gezichtsveld vergroten

Bij het lezen van afzonderlijke woorden springen je ogen van woord naar woord, als een kleine kikker die van waterlelie naar waterlelie springt. Elke keer dat je blik op een woord is geland, pakken je hersenen het waargenomen schriftbeeld op en ontcijferen het. Het is alsof elke keer dat je landt iemand de sluiterknop van een camera indrukt en een foto van de landing maakt. De landing wordt *fixatie* genoemd en de oogsprongen worden *saccades* genoemd. De wisseling tussen fixatie en saccades gaat zo razendsnel dat je het niet eens bewust merkt. Elke saccade betekent een kleine pauze voor je hersenen om de tijdens de fixatie waargenomen letters en woorden in de juiste volgorde te verwerken en te interpreteren.

Toen je begon met lezen, waren je saccades erg klein. Je bent van letter naar letter gesprongen om geen enkele aanwijzing te missen die je zou kunnen helpen de betekenis van een woord te ontcijferen. Hoe meer tijd je besteedde aan lezen, hoe gedurfder je sprongen werden, totdat je uiteindelijk in staat was om van woord naar woord te springen. Deze woord-naar-woordfixatie wordt ook wel *single word reading* genoemd. Je landt steeds maar op één woord tegelijk. Helaas zijn veel volwassen lezers er niet in geslaagd om hun saccades uit te breiden, hoewel ze dat wel hadden kunnen doen. Je kunt grotere sprongen trainen door meer tekst met één blik te leren begrijpen. Hoeveel tekst kun je tegelijk zien? Probeer de volgende oefening om je huidige gezichtsveld te testen!

OEFENING

GEZICHTSVELD TESTEN

1. Dek de woorden van de volgende piramide af zodat je ze niet kunt zien.
2. Maak de eerste regel een fractie van een seconde zichtbaar. Probeer het woord in één blik te herkennen.
3. Controleer je waarneming. Heb je het juiste woord waargenomen?
4. Vervolg de oefening nu regel voor regel totdat je een regel niet meer correct kunt waarnemen.
5. Die regel is je huidige gezichtsveld.

Wak
Warm
Water
Waarde
Waanzin
Waaghals
Wagenwiel
Wachtwoord
Waardigheid
Waarzeggerij
Waandenkbeeld
Waarschuwingen
Wachtcommandant
Wevers weven wol
Woorden hebben betekenissen
Warme truien voor de winter

Heb je alle woorden in één blik kunnen vangen? Dan feliciteren we je! Je hebt zo'n breed gezichtsveld dat je teksten snel en effectief kunt lezen.

Als je echter de onderste regel van de piramide niet hebt gehaald, kun je je gezichtsveld trainen met de volgende twee oefeningen.

OEFENING

REGELLEZEN 1

1. Neem een boek of tijdschrift.
2. Blader naar een willekeurige bladzijde.
3. Deel de daar afgedrukte tekst in drieën door over de lengte twee lijnen te trekken.
4. Spring nu met je blik in elke regel van kolom naar kolom.
5. Let niet op de betekenis van de tekst in de ruimte tussen de lijnen. Concentreer je alleen op de woorden.

OEFENING

REGELLEZEN 2

1. Neem een boek of tijdschrift.
2. Blader naar een willekeurige bladzijde.
3. Verdeel de tekst met een streepje na elk derde of vierde woord.
4. Fixeer elk blok tekst met één blik.
5. Herhaal deze oefening meerdere keren.
6. Neem een andere tekst en verdeel nu de tekst na elk vijfde of zesde woord met een streepje.
7. Fixeer elk blok tekst met één blik.
8. Herhaal deze oefening en maak het tekstblok telkens langer.

Terugspringen vermijden

Op de basisschool had je aanvankelijk moeite woord voor woord een tekst te ontcijferen. Om er zeker van te zijn dat je alle woorden in een zin echt onthield en ze goed begreep, bleef je terugspringen naar woorden die je net daarvoor had gezien. Veel volwassenen hebben deze leesgewoonte tot op de dag van vandaag aangehouden. Hoewel ze nu ervaren lezers zijn, geloven ze nog steeds dat het voortdurend terugspringen essentieel is voor het begrijpen van de tekst.

Dat terugspringen heb je echter niet meer nodig, want je hebt je geheugen in de loop van de jaren voortdurend getraind en kent de meeste woorden in gedrukte vorm.

Door steeds terug te springen bij het lezen:

- gaat je leessnelheid omlaag;
- sluiten je hersenen zich sneller af bij het lezen, omdat het te lang duurt voor ze iets nieuws te verwerken krijgen;
- voel je je sneller moe en gespannen.

TIP

Hoe kun je voorkomen dat je terugspringt?

- **Gebruik een leeshulp.** Zoals je vinger, een pen, een breinaald of een eetstokje. Laat je leeshulp onder de woorden in de regel meelopen alsof je vinger meeleest.
- **Lees bewust naar voren gericht!** Maak een bladwijzer waarop 'Ik lees vooruit' is geschreven of door jou artistiek is weergegeven. Steeds als je het gevoel hebt dat je achteruit bent gesprongen, kijk dan naar je bladwijzer en herinner je je de zin 'Ik lees vooruit'.

PAS OP

Dat je teksten sneller kunt lezen, betekent niet dat je ze ook beter begrijpt. Het verbreden van het gezichtsveld en het vermijden van terugspringen bij het lezen zijn leestechnieken die een goed begrip van de tekst niet in de weg staan. Onze ervaring is echter dat andere technieken zoals *snellezen* of *photoreading* het risico met zich meebrengen dat, hoewel ze de leessnelheid vele malen verhogen, het begrijpen van de tekst eronder lijdt.

Technische teksten beter begrijpen en onthouden

Het is niet alleen belangrijk om teksten snel te kunnen lezen en zo tijd te besparen. Je moet ze ook kunnen begrijpen en zo goed mogelijk onthouden, vooral als ze informatie bevatten die relevant is voor je werk.

Daarom willen wij je een jarenlang beproefde leestechniek presenteren, waarmee je:

- een technische tekst geconcentreerder leest;

» zeer relevante informatie van een tekst eruit filtert;

» je tekstbegrip kunt verbeteren.

Deze leestechniek wordt *SQ3R* genoemd. Als je nu denkt dat dit de broer van R2D2 uit Star Wars is, moeten we je teleurstellen. Het is ook geen nieuw model van een foodprocessor of een computerspel. SQ3R is een lees- en werktechniek die al in 1961 door de Amerikaanse pedagoog F. Robinson werd ontwikkeld en waarmee je systematisch teksten in vijf stappen kunt begrijpen. SQ3R staat voor:

1. **S: Survey = Overzicht**
2. **Q: Question = Vraag**
3. **Read (eerste R) = Lezen**
4. **Recite (tweede R) = Samenvatten**
5. **Review (derde R) = Terugkijken**

Deze stappen gaan we nu gezamenlijk bekijken:

Stap 1: Overzicht verschaffen

In het Engels staat de term *Survey* (S) voor het verkrijgen van een overzicht. Stel je voor dat je een plaats op een kaart moet vinden. Hoe ga je te werk? Ga je centimeter voor centimeter nauwkeurig de hele kaart af? Of probeer je eerst een globaal overzicht te krijgen en richt je je aandacht op grotere plaatsen die dicht bij de plaats liggen die je zoekt?

Op dezelfde manier dien je ook met je tekst te beginnen. Krijg een eerste indruk van wat je kunt verwachten in de tekst. Kijk naar de kopjes, grafieken, tabellen, geaccentueerde onderdelen, de inhoudsopgave, het voorwoord, de blurb of informatiekaders. Vermijd in dit stadium het lezen van de hele tekst. Anders lees je wellicht delen van de tekst die voor jou niet relevant zijn.

Stap 2: Vragen stellen

We zijn aangekomen bij de tweede letter van de SQ3R-techniek. De Q staat voor *Question*. Stel jezelf na het eerste overzicht vragen, indien mogelijk in schriftelijke vorm. Verplaats je in de rol van een nieuwsgierige journalist die zijn interviewpartner wil uitknijpen als een sappige citroen. Deze verbeelding helpt je om zeer directe en concrete vragen te formuleren.

- Welke vraag moet de tekst voor jou beantwoorden?
- Welke informatie heb je nodig?
- Wat weet je al over het onderwerp, zodat je niet het tekstgedeelte hoeft te lezen waarin het wordt behandeld?

TIP

Als je jezelf vragen stelt voordat je een tekst leest, kost dat natuurlijk tijd. Het stelt je echter in staat om de tekst achteraf doelgerichter en actiever te lezen. Je filtert al de voor jou relevante informatie en weet welke delen van de tekst of het boek je met een gerust hart kunt overslaan. Als je voor het lezen van ons boek naar de inhoudsopgave hebt gekeken en je hebt afgevraagd hoe je je concentratie kunt versterken door middel van voeding en lichaamsbeweging, dan ben je waarschijnlijk direct naar de betreffende hoofdstukken gegaan. Hoofdstukken die je niet interesseren of onderwerpen waar je al genoeg van weet hoef je niet te lezen.

Stap 3: De tekst lezen

Nu kunnen we gaan lezen! In het Engels heet dat *Read*, de eerste van de 3 R's in de naam. Als je direct met stap 3 was begonnen, zou je doelloos hebben gelezen. Maar nu kun je gaan zoeken naar de gezochte antwoorden. Je hoeft niet te letten op je leessnelheid. In tegenstelling tot de eerder gepresenteerde leestechnieken staat de leessnelheid in de SQ3R-methode niet op de voorgrond. Neem dus de tijd om te lezen. Je bespaart met name tijd omdat je irrelevante tekstpassages over kunt slaan en de inhoud gemakkelijker kunt verwerken en onthouden.

TIP

Hoe goed je ook leest, je hebt er niets aan als je je de gelezen informatie achteraf niet meer kunt herinneren. Dan was het leesproces een verspilling van tijd geweest. Wees daarom actief tijdens het lezen:

- Neem een korte pauze na elke paragraaf en overweeg of je de zojuist gelezen tekst hebt begrepen.
- Markeer de voor jou zeer relevante trefwoorden in kleur.
- Zoek de termen op die je niet kent of begrijpt.
- Schroom niet om aantekeningen, tekens, symbolen of schetsen in de marge van je tekst te schrijven of te tekenen.
- Gebruik zoveel mogelijk zintuigen bij het lezen. Je onthoudt tekst gemakkelijker als er meerdere zintuigen bij betrokken zijn.

Stap 4: De belangrijkste punten samenvatten

Na het lezen leggen veel mensen een technische tekst weg en denken dat ze klaar zijn. Maar dit is een misvatting. Omdat we nog steeds 2 R's missen. Stap 4 betreft *Recite*, ofwel het reciteren respectievelijk samenvatten, en helpt om de opgenomen informatie in je hersenen op te slaan. Vat daarvoor in je eigen woorden schriftelijk samen wat je zojuist hebt gelezen. Ga als volgt te werk:

- » Sluit eerst je ogen en probeer je de tekst als geheel voor de geest te halen. Wat waren de belangrijkste punten van de tekst?
- » Als je bij de vorige stap notities in de marge hebt gemaakt, gebruik deze dan om een coherente samenvatting te schrijven.
- » Schrijf maximaal twee zinnen per paragraaf op.
- » Neem voorbeelden uit je dagelijks leven op in de samenvatting om deze zo aanschouwelijk mogelijk te maken.
- » Formuleer op zo'n manier dat een leek je samenvatting kan begrijpen. Of je kunt iemand vertellen wat je net hebt gelezen. Het vooruitzicht dat je de tekstinhoud moet reproduceren helpt ook om geconcentreerder te lezen.

TIP

Een grafische samenvatting is ook mogelijk! Als je niet het type bent dat graag schrijft, kun je ook een visuele, beeldende samenvatting maken. Teken bijvoorbeeld een strip of maak een mindmap.

Stap 5: Terugkijken

De derde R staat voor *Review*: terugkijken. Probeer op basis van je samenvatting de vragen te beantwoorden die je bij stap 2 hebt geformuleerd. Verbind je nieuwverworven kennis met je voorkennis, je ervaringen en je dagelijks leven. Misschien heeft de tekst je ook nieuwsgierig naar meer gemaakt en wil je je intensiever bezighouden met een deelonderwerp. Het heet niet voor niets: levenslang leren.

OEFENING

LEZEN MET DE SQR3-METHODE

Probeer een hoofdstuk van dit boek te lezen met behulp van de SQ3R-methode. Selecteer bij voorkeur een hoofdstuk dat je nog niet hebt gelezen.

Wakkere ogen lezen beter

De ogen worden moe bij het lezen. Vermoeide ogen leiden tot ongeconcentreerd en langzamer lezen. Daarom is het, naast een goede verlichting van de werkplek, zinvol om:

- » je ogen regelmatig te ontlasten met korte ontspanningsoefeningen;
- » het concentratievermogen van je ogen te trainen.

Hierna vind je daarom een selectie van oogoefeningen die je gemakkelijk kunt integreren in je dagelijks leven.

Palmeren

Palmeren doe je als volgt:

1. **Wrijf je handpalmen tegen elkaar tot ze comfortabel warm zijn.**
2. **Sluit je ogen.**
3. **Leg je warme handpalmen ontspannen op je gesloten of open ogen.** Zorg ervoor dat er geen licht doordringt.
4. **Geniet ongeveer een minuut van de rustgevende warmte van je warme handpalmen.**
5. **Haal de handpalmen weg van je ogen.**
6. **Open je ogen.**
7. **Herhaal deze oefening meerdere keren per dag.**

De binnen-boven-blik

De binnen-boven-blik voer je als volgt uit:

1. **Sluit je ogen.**
2. **Kijk onder je gesloten oogleden iets naar binnen en iets naar boven.** Bijvoorbeeld door te kijken naar een ingebeeld punt voor je op ongeveer 20–30 meter afstand, iets boven je gezichtsveld.

Tijdens de binnen-boven-blik laten de ogen hun focus los en zijn daarna weer in staat om te presteren en informatie op te nemen.

Achtbaanrit

1. **Sluit de ogen.**
2. **Stel je een achtbaan voor in een pretpark.** Hoe ziet die eruit? Zijn er loopings? Zo ja, hoeveel? Zijn er meer bochten naar rechts of meer bochten naar links? Hoe steil zijn de sporen? Hoe ziet de achtbaantrein eruit? Rood? Blauw? Zilverkleurig?
3. **Stel je nu voor dat je naar de rijdende achtbaantrein kijkt.**
4. **Volg het treintje met gesloten oogleden.** Beweeg je ogen naar links, naar rechts, op en neer of in een cirkel zonder je hoofd te bewegen.
5. **Open nu je ogen.**
6. **Herhaal soortgelijke oogbewegingen met open ogen.** Beweeg ook daarbij je hoofd niet.

Dichtbij-veraf-oefening

Zo gaat de dichtbij-veraf-oefening:

1. **Houd je linkerwijsvinger 20 centimeter van je neus af.**
2. **Houd je rechterwijsvinger nog eens 20 centimeter achter je linkerwijsvinger.**
3. **Focus je ogen afwisselend op beide wijsvingers.** Hiermee versterk je je vermogen om snel te kunnen schakelen tussen dichtbij en veraf zien.

Oogdomino

Nu is het tijd voor een klein concentratiespel dat de beweging van je ogen traint. Begin bij het woord 'paperclip' en bereik via de andere tekstvakjes 'opbergmap'. Het onderste woord in het ene vakje is telkens de aansluiting op een volgend vakje elders op de pagina.

paperclip perforator	snelhechter nietmachine	kopieerpapier snelhechter	
ordner marker	printer ordner		
koffiemok bloempot	nietmachine koffiemok	koptelefoon zakdoekjes	perforator pen
toetsenbord kopieerpapier	pen toetsenbord		bloempot koptelefoon
marker opbergmap	zakdoekjes printer		

FIGUUR 18.1: Oogdomino.

4
Het deel van de tientallen

IN DIT DEEL . . .

Tot de top tien behoren is in veel branches een wenselijk en tegelijkertijd motiverend doel. Degene die in de toptienlijsten van deel 4 staan, hebben een reeks selectieprocedures doorlopen. Je concentratie trainen kan trouwens ook heel leuk zijn. Plezier is een van de belangrijkste factoren voor succes. Daarom presenteren we in hoofdstuk 19 onze top tien van efficiëntste concentratiespellen. We hebben deze en nog veel meer spellen uitgeprobeerd en hebben de beste voor je geselecteerd. Tot slot presenteren we in hoofdstuk 20 beproefde SOS-strategieën in geval van gebrek aan concentratie.

IN DIT HOOFDSTUK

Hoofdstuk 19
Tien concentratie-spellen voor tussendoor

Spelen is iets geweldigs! Niet alleen voor kinderen! Sta jezelf toe om in dit hoofdstuk heel ontspannen met tien eenvoudige spellen je concentratievermogen te trainen. Het wordt vaak aanbevolen om maatregelen ter verbetering van de concentratie te combineren met andere voordelen. Zo'n meervoudig voordeel wordt soms over het hoofd gezien bij spellen: spellen zijn meestal verbonden met plezier en trainen de bereidheid om je te richten op het huidige moment. Net zoals kinderen volledig kunnen opgaan in een spel en alles om zich heen kunnen vergeten, is dit vermogen ook voor volwassenen belangrijk. Concentratiespellen zijn dus zeker geen tijdverspilling, maar een alternatieve manier om je te leren focussen. Als je niet van spelletjes houdt en onze tien spelsuggesties niet leuk vindt, sla de volgende bladzijden dan gewoon over. Jij beslist wat goed voor je is. Als de spellen je wel bevallen, wensen we je nu veel plezier met onze top tien!

tnegamieheg ednekned nerovetsrethca eD

Nee, die kop is geen drukfout, maar de naam van het eerste spel dat we je willen voorstellen.

Misschien herinner je je dit nog uit je eigen kindertijd? Om niet te worden afgeluisterd door volwassenen, bedenken kinderen, net als spionnen, graag een geheimtaal. Spreken, lezen en schrijven in een geheimtaal die niemand anders begrijpt. Volgens een bepaald systeem krijgen de geschreven letters een heel andere dan hun oorspronkelijke betekenis. De eenvoudigste geheimtaal is zeker om achterstevoren te schrijven of te spreken. En het is precies dit eenvoudige principe waar ons spel gebruik van maakt. Denk, lees, spel of schrijf een tijdje achterstevoren. Geen probleem, denk je? Je zult merken dat het niet zo gemakkelijk is.

Achterstevoren lezen

Achterstevoren lezen en schrijven vereist oefening en een hoge mate van concentratie, omdat je iets anders doet dan je gewend bent.

Voor we met ons spel beginnen, hebben we een klein opwarmertje voor je:

OEFENING

TSKET EDNEGLOV ED SEEL

.dE moo iez ,'eem annA man nameez eioom eD' .godrednu n' sn' un der ,doG
?koo sud egarag ed u sook :snee teh reeborP .neregen teom seitaps ne s'am-
mok ,netnup slaoz sneketeitcnupretni nezel straawrethca teh jib ej tad si
nemordnilap nav nezel teh jib neduohtno et mo etskjirgnaleb teH .tenretni po
nekkedtno netsjilmoordnilap ezollat tnuk eJ .nebbeh sineketeb nerovetsrethca
sla laamron lewoz eid nenniz sflez fo nedroow nav neskeer ,nedroow njiz
nemordnilaP ?nemordnilap nav drooheg tioo ej beH

Hoe verging je het achterstevoren lezen? Vond je het gemakkelijk om van onder naar boven en van rechts naar links te lezen? Dan ben je nu opgewarmd! Laten we beginnen met !tnegamieheg ednekned nerovetsrethca ed

Ons eerste spel bestaat uit drie disciplines of oefeningen. Om een van de best achterstevoren denkende geheimagenten te worden, is passende training nodig. Alle drie de trainingen kun je natuurlijk ook onafhankelijk van elkaar uitvoeren. Dus als je weinig tijd hebt, kies dan de oefening die je het meeste aanspreekt. Neem een voorbeeld aan kinderen: ook een kind kiest altijd het spel dat hij of zij het leukst vindt.

Alfabet achterstevoren

OEFENING

SPEL ACHTERSTEVOREN!

1. Pak je smartphone erbij om te timen.
2. Spel het alfabet zoals gewoonlijk: dus begin bij A en eindig bij Z.
3. Als je bij Z komt, stop dan de tijd. Hoe snel kon je het alfabet spellen?
4. Probeer nu het alfabet achterstevoren te spellen. Hoeveel tijd heb je nu nodig? Kun je het in dezelfde tijd?

Is het achterstevoren spellen goed gelukt? Heb je het in precies dezelfde tijd gedaan? Zo ja, dan is een felicitatie op zijn plaats! Je bent een natuurtalent en een klasse apart! Een meester in concentratie! Als je er veel langer over deed, is dat volkomen normaal. Bijna niemand slaagt erin om het alfabet net zo snel van achteren naar voren te spellen als van voren naar achteren.

TECHNISCHE INFO

BETER VAN VOREN NAAR ACHTEREN DAN VAN ACHTEREN NAAR VOREN

Waarom kun je het alfabet beter naar voren naar achteren spellen dan van achteren naar voren? Het alfabet achterstevoren spellen vereist zowel een verhoogde concentratie als een volledig omdenken van onze hersenen. Op school worden kinderen geconditioneerd om het alfabet op te zeggen door de individuele letters in een bepaalde volgorde te herhalen. Terwijl we de afzonderlijke letters uitspreken, wordt het geluid in de hersenen verankerd met de daaropvolgende letter. Het is als een spelletje domino. Zodra de eerste steen is gevallen, valt de volgende steen: een onstuitbare kettingreactie. Stel je nu eens voor dat je het dominospel achterstevoren wilt beginnen. Je zou eerst elke domino moeten oprichten en controleren hoe deze moet staan, zodat de letter die eraan voorafgaat in het alfabet betrouwbaar omvalt. Dit kost meer tijd dan het bouwen van een dominorij die al meerdere malen is gebruikt. Zo gaat het ook met achterstevoren spellen. Zonder oefening, zonder omdenken, lukt het niet bij de eerste poging.

Palindromen vinden

In onze tweede oefening word je een speurder en zoek je naar palindromen. Zoals je al geleerd hebt van de warming-up, zijn palindromen woorden, reeksen woorden of zinnen die als je ze achterstevoren leest, dezelfde betekenis hebben of op zijn minst een betekenis hebben.

DE ZOEKTOCHT NAAR PALINDROMEN

OEFENING

Kies een willekeurige tekst. Dit kan een krantenartikel zijn, een recept, een jaarverslag, een wetenschappelijk artikel of een paragraaf uit je favoriete boek.

Lees de tekst achterstevoren door en zoek naar palindromen.

Heb je een palindroom gevonden? Schrijf elk palindroom op een briefje. Maak beetje bij beetje je eigen palindroomlijstje.

Nu je al kunt denken als een geheimagent en palindromen kunt opsporen, volgt de moeilijkste trainingssessie, de alfa en omega van elke agent. Brieven schrijven in een geheimtaal. In ons geval is dat natuurlijk de achterstevoren-geheimtaal.

DE GEHEIMAGENT DIE EEN LIEFDESBRIEF AAN ZICHZELF SCHRIJFT

OEFENING

Stel je voor dat je een geheimagent bent op een geheime missie. Niemand mag weten waar je bent. Niemand mag weten wie je eigenlijk bent. Je mag geen nauwe, directe contacten onderhouden. Toch verlang je naar iemand die je over jezelf kunt vertellen, iemand die jou en je werk waardeert en respecteert. Die iemand wordt je denkbeeldige vriend, met wie je regelmatig communiceert door middel van brieven.

Opdat niet elke brief op het eerste gezicht kan worden ontcijferd, schrijf je die achterstevoren.

Vertel je denkbeeldige vriend wat je vandaag hebt meegemaakt. Wat heb je gezien, gehoord, geproefd, gevoeld of geroken? Wat daarvan is je goed bevallen? Heb je iets nieuws geleerd over jezelf en je omgeving? Wat is vandaag erg goed gelukt? Welke van je vaardigheden waren in dit opzicht zeer nuttig?

1. Neem een stuk kladpapier en schrijf je brief eerst van voren naar achteren. Natuurlijk bepaal je zelf hoe lang de brief moet zijn.

2. Schrijf op een ander vel papier de brief die je zojuist hebt gemaakt van achter naar voren. Vergeet niet te schrijven van onder naar boven en van rechts naar links.
3. Als je de brief niet alleen wilt gebruiken om je concentratievermogen te verbeteren, kun je hem nu in een envelop doen.
4. Open de envelop op een dag dat het niet goed gaat. Een dag waarop alles mis lijkt te gaan en je jezelf en je capaciteiten in twijfel trekt. Je zult merken dat je zelfgeschreven liefdesbrief je zal helpen om het juiste spoor weer te vinden.

Goed gedaan! Je bent nu een onvervalste achterstevoren denkende geheimagent. Voordat we je bevrijden van je rol van geheimagent en je in het volgende spel de rol op je neemt van de rood aangelopen letterhater, willen we graag kort uitleggen waarom je verplaatsen in ongebruikelijke rollen nuttig is en je concentratievermogen kan verhogen. Een van je gebruikelijke rollen is waarschijnlijk je werkrol, ongeacht of je een administratief medewerker in een kantoortuin bent, een beveiliger in een beursgenoteerde onderneming of een manager van een middelgroot bedrijf. Je werkrol omvat meestal vertrouwde procedures. Wanneer je in een onbekende rol terechtkomt, word je onwillekeurig uit je dagelijkse routine gerukt en worden je hersenen onmiddellijk alerter. Je kunt dus ook los van onze spelsuggesties voor korte tijd in een onbekende rol kruipen om je concentratievermogen tijdelijk te vergroten. Stel je bij vermoeiende routinebezigheden eens voor dat je de baas bent van het bedrijf of een alien die alles wat voor jou slaapverwekkende routine is voor het eerst doet.

De rood aangelopen letterhater

Stel je voor dat je een humeurig iemand bent die zich elke dag aan een andere letter ergert. Gisteren was het de A, vandaag de K en morgen misschien de I. Wat doet een letterhater die 's morgens vroeg in een rothumeur de keuken binnenloopt en bij zijn eerste blik in de krant een verfoeide letter ontdekt? Precies. Hij streept hem door! Met een knalrode pen!

OEFENING

DE ROOD GEMARKEERDE LETTERS

1. Pak een krantenartikel, tijdschrift, boek of recept.
2. Stel een timer in op 5 minuten.
3. Kies een willekeurige letter.
4. Streep met een rode pen deze letter door in de hele tekst (in het artikel, op een tijdschriftpagina, een boekpagina of in het recept).
5. Neem een pauze na 5 minuten.
6. Neem dan een andere tekst van ongeveer dezelfde lengte en herhaal dezelfde oefening. Merk je de vooruitgang?

Op deze manier kun je zonder veel moeite je concentratievermogen verhogen. Het enige wat je nodig hebt is een tekst en een rode pen of markeerstift.

Stel je nu voor dat het voor de rood aangelopen letterhater niet genoeg is om maar één letter rood te markeren. Hij heeft een enorme antipathie tegen alle klinkers en wil ze volledig uit zijn gezichtsveld verbannen.

Help hem daarbij!

OEFENING

DE VERDWENEN LETTERS

1. Kies een tekst die je interessant vindt. Op deze manier ben je niet met een willekeurige tekst bezig, maar met een onderwerp dat je voor je werk of privé kunt gebruiken om je kennis uit te breiden.
2. Schrijf de tekst over terwijl je hem leest. Negeer echter alle klinkers, zodat je geschreven tekst alleen uit medeklinkers bestaat.
3. Doe je geschreven tekst in een envelop en plak die dicht.
4. Schrijf de datum van vandaag op de envelop.
5. Open de envelop over een maand en probeer je klinkerloze tekst te ontcijferen. Begrijp je de tekst nog?

Anders boodschappen doen

Ken je dat? Je wilt even kort naar de supermarkt om een pak sinaasappelsap, een pakje boter en een reep van je favoriete chocolademerk te kopen. Je neemt een klein mandje bij de ingang en betreedt de verleidelijke wereld van de supermarkt. 20 minuten later, bij de kassa, ontdek je dat er veel meer in je mandje ligt dan je had gepland. Sap, boter en chocolade delen nu het mandje met twee bekers aardbeienmascarpone, chips, pinda's en zes muffins. Hoe kun je deze impulsaankopen vermijden? Natuurlijk kun je gewoon naar je geweten luisteren en echt alleen maar kopen wat je van plan was. Maar de directe verleidingen op de weg door de supermarkt zijn meestal sterker dan je geweten. Een zinvollere oplossing is een speciaal boodschappenlijstje, dat niet alleen een manier is om geld te besparen, maar ook een uitstekende trainingspartner om je concentratievermogen te vergroten.

HET OPZETTELIJK KWIJTGERAAKTE BOODSCHAPPENLIJSTJE

OEFENING

1. Neem voor je volgende bezoek aan de supermarkt bewust een paar minuten de tijd om een boodschappenlijstje te maken. Natuurlijk kun je ook je smartphone gebruiken om je boodschappen te noteren, maar het is beter om een pen en papier te gebruiken.
2. Prent je alle artikelen in die op je boodschappenlijstje staan.
3. Verberg het lijstje in je boodschappentas.
4. Ga naar de supermarkt en doe je boodschappen.
5. Haal het boodschappenlijstje pas uit de tas als je denkt dat alle artikelen op je boodschappenlijstje in het winkelwagentje liggen.
6. Vergelijk je boodschappenlijstje met de artikelen. Je krijgt één punt voor elk item dat je bent vergeten. Hetzelfde geldt voor items die je in je winkelwagentje hebt gedaan hoewel ze niet op het lijstje staan. Het doel van dit speelse winkelen is om zo min mogelijk punten te behalen. Weet je zonder punten de kassa te bereiken? Artikelen die niet op je boodschappenlijstje stonden zet je weer terug in het schap.

Aandachtiger luisteren

Wat doe je 's avonds als je klaar bent met je dagelijkse taken en wilt genieten van je vrije avond? Vertrouw je op het ontspannende effect van je comfortabele bank en het tv-aanbod? Surf je op internet en bekijk je de nieuwste youtubevideo's? Of ga je naar een café en luister je onbedoeld mee naar het gesprek aan de volgende tafel? Wat je ook doet, je kunt je rituelen na het werk gebruiken om je concentratie op een speelse manier te verhogen en tegelijkertijd de onderwerpen waar je over mee kunt praten uitbreiden.

OEFENING

DE NIEUWSJUNKIE

1. Bekijk een 5 tot 15 minuten durend nieuwsprogramma op een website.
2. Pak daarna pen en papier en schrijf met trefwoorden alle berichten op in de volgorde waarin ze zijn vermeld.
3. Bekijk dan het nieuwsprogramma opnieuw en vergelijk je aantekeningen met de daadwerkelijke volgorde. Komt die overeen?

Je kunt in plaats van de nieuwsuitzending ook een korte reportage of een sportverslag bekijken. Belangrijk is dat in korte tijd verschillende onderwerpen aan de orde komen. Als je de moeilijkheidsgraad van deze oefening wilt verhogen, zet je het geluid zachter of kijk je naar een langere uitzending.

Deze oefening traint je kortetermijngeheugen. Hij is vooral nuttig als je werk wordt gekenmerkt door besprekingen en vergaderingen, zodat je actiever en geconcentreerder kunt luisteren. Helaas luisteren we in ons dagelijks leven vaak niet goed, vooral als we gewend zijn om voortdurend muziek of de tv aan te hebben staan en stilte als iets vreemds ervaren.

De volgende kleine oefening helpt je om aandachtiger naar muziek te luisteren.

OEFENING

DE MUZIEKEXPERT

1. Zet de radio aan of luister naar een playlist.
2. Noteer bij elk nummer alle instrumenten die je hoort.
3. Vul de lijst aan als je het nummer op een later tijdstip nog een keer hoort.

Actief luisteren is een noodzakelijke voorwaarde voor succesvolle communicatie met anderen. Elk gesprek is een veeleisende training voor je concentratie. Je moet je instellen op verschillende stemmen, de emoties van je gesprekspartner tussen de regels door goed inschatten en tegelijkertijd een onderscheid maken tussen belangrijke en onbelangrijke gespreksstof. Alleen dan kun je het gesprek echt volgen en de juiste conclusies trekken. Mensen leren niet alleen door hun eigen gesprekservaring, maar ook door het observeren van dialogen. Je leert dus van anderen als je gewoon naar gesprekken luistert en bovendien doe je een geheime concentratietraining die niemand anders opvalt. Dus wat dacht je van een bezoek aan een café of bar om de volgende oefening te doen?

OEFENING

DE CAFÉLUISTERVINK

1. Ga met pen en papier naar een café of bar. Je kunt ook een bierviltje of servet gebruiken.
2. Spits je oren en luister naar het gesprek aan de volgende tafel. Wat op het eerste gezicht verwerpelijk klinkt, is zeker niet verboden, maar onbewust alledaagse realiteit, bijvoorbeeld in de trein of de bus. Bovendien moet je je niet focussen op de hele inhoud van het gesprek, maar alleen op een specifiek woord.
3. Vis uit het gesprek een specifiek woord dat je vooraf hebt bepaald. Kies een woord dat vaker wordt gebruikt, zoals 'en', 'ik' of 'maar'.
4. Telkens wanneer je het gekozen woord hoort, zet je een streepje op je papiertje of bierviltje (in het laatste geval moet je er wel op letten dat de serveerster het aantal streepjes dat je zet niet verwart met het aantal drankjes dat je consumeert).

Je kunt de moeilijkheidsgraad van deze oefening verhogen door je te concentreren op meerdere woorden tegelijk in plaats van slechts één woord.

Het verboden woord

Op een natte grijze winterochtend weet meneer Meier op het allerlaatste moment zijn forensentrein naar Utrecht te halen. Zoals altijd is die overvol. Vandaag heeft hij geluk en bemachtigt hij een zitplaats die net vrij is gekomen. Hij laat zich opgelucht op de blauw beklede stoel vallen en is blij dat hij nu wat tijd heeft om zijn nieuwe thriller te lezen. Tot zijn ergernis zit er een opgewonden en goedgehumeurd stel met bagage tegenover hem. Het paar merkt niet eens dat het ongewoon hard praat over de aankomende vakantie. Moet meneer Meier zich hier nu over opwinden? Of kan hij de situatie gebruiken om zijn concentratie ook in een lawaaierige omgeving te versterken?

DE VERBANNING

OEFENING

1. Bepaal het woord van de dag. Dit kan een woord zijn dat je oppikt tijdens een gesprek (in het geval van het opgewonden stel in de trein kan het 'vakantie', 'vliegtuig' of 'schatje' zijn). Of je kiest je eigen woord van de dag, misschien een woord dat je zelf vaker gebruikt.
2. Probeer die dag het woord uit je woordenschat te verbannen. Dat woord mag je vandaag niet uitspreken. Als je het woord van iemand anders hoort, bepaal dan vooraf wat je moet doen: aan je rechteroorlel trekken, je linkerhand tot een vuist ballen of het woord 'verboden' denken.
3. Je kunt het spel een beetje aanscherpen, bijvoorbeeld met een kleine straf. Elke keer dat je je woord van de dag uitspreekt, moet je een bepaald bedrag doneren of afzien van een zoet tussendoortje.

Afbeeldingen opslaan

In de wachtkamer zitten bij de huisarts kan je geduld aardig op de proef stellen. Gebruik de tijd in de wachtkamer voor een eenvoudig concentratiespel: is het je ooit opgevallen dat er in de meeste wachtkamers allerlei afbeeldingen te zien zijn? Vakantieansichtkaarten, schilderijen of posters hangen aan witgekalkte muren. Kleurrijke informatiebrochures worden gepresenteerd in transparante plastic standaards of liggen opgesteld op een tafel. En in de krantenstandaard vind je een grote selectie kleurrijke tijdschriften. Dit beeldmateriaal kan de basis vormen voor de volgende korte concentratieoefening.

DE AFBEELDINGENTRAINING

OEFENING

1. Richt je aandacht op een afbeelding naar keuze.
2. Kijk heel goed naar de afbeelding.
3. Prent je binnen een minuut zoveel mogelijk details in.
4. Wend je blik af van de afbeelding en probeer zoveel mogelijk onthouden details op te sommen.
5. Bekijk de afbeelding opnieuw en vergelijk je opgeslagen details met de echte afbeelding.

Adem tellen

Ken je deze situatie? Je hebt een afspraak met je beste vriend in een winkelcentrum en hij is weer eens te laat. Je haat het om te wachten en je ergert je aan zijn gebrek aan stiptheid. Zou dit niet het perfecte moment zijn om de tijd te gebruiken voor een concentratieoefening in plaats van je op te vreten van ergernis?

OEFENING

DE HEIMELIJKE ADEMTELLING

1. Adem diep in en uit en concentreer je op de bewegingen van je buik. Als je in je buik inademt, komt de buik omhoog als je inademt en gaat hij weer omlaag als je uitademt.
2. Begin met tellen bij het inademen en uitademen (inademen 1 – uitademen 2 – inademen 3 – uitademen 4 ...).
3. Beëindig de oefening als je bij 20 bent.
4. Maar opgelet! Zodra je gedachten tijdens het tellen afdwalen en je aan iets anders denkt dan het getal, moet je weer van voren af aan beginnen.
5. Je kunt de moeilijkheidsgraad verhogen door te tellen tot 30 of 40.

Zinnen vormen

Zeven uur 's morgens. Het is een regenachtige dag en je staat zoals gewoonlijk in de gebruikelijke file op weg naar je werk. Alles beweegt in een slakkengang. Waarschijnlijk weer een ongeval of wegwerkzaamheden. Je zet de radio aan om te wachten op het laatste verkeersbericht en hoort muziek. Tijd voor een concentratiespelletje, waarbij het nuttig is het kenteken van de auto voor je van dichtbij te bekijken.

OEFENING

HET SNELWEGSPEL

1. Lees het kenteken van de stapvoets rijdende auto voor je.
2. De letters van het kenteken zijn, in hun volgorde van links naar rechts, beginletters voor mogelijke woorden, waarmee je zoveel mogelijk zinnen vormt. Mogelijke voorbeeldoplossingen voor MG–LE zijn:

- Mijn gans legt eieren.
- Meer groenten laten eten.

Geen oplossing is: geen man eet linzen (in dit geval klopt de volgorde niet meer).

3. Natuurlijk kun je het spel ook met meerdere passagiers spelen. In dit geval gaat het om snelheid: wie vindt er het eerst een zin die bestaat uit de eerste letters van het kenteken van de auto voor je? En dan ga je verder met de nummerplaat van de volgende passerende auto naast je.

Woordkettingen rijgen

Dit spel zal niet alleen je concentratie verbeteren, maar ook je taalvaardigheid omdat je leert om woorden op de best mogelijke manier te matchen. Hoe beter je daarin slaagt, hoe gerichter je in het dagelijks leven kunt formuleren en dus overtuigender overkomt.

Voor dit spel heb je niet echt medespelers nodig. Het wordt wel spannender als je het met meerdere mensen speelt.

OEFENING

DE WOORDKETTING

1. Bepaal uit hoeveel woorden je woordketting moet bestaan. Als het zes woorden zijn, betekent dit dat na het zesde woord het oorspronkelijke woord weer moet worden bereikt.
2. Begin met een willekeurig samengesteld woord (bijvoorbeeld eetlepel).
3. Bedenk nu een samengesteld woord dat begint met het tweede deel van het eerste woord (bijvoorbeeld lepelrek).
4. Nu ga je door met het rijgen van je woordketting tot je het zesde woord hebt bereikt en met het zevende woord (het oorspronkelijke woord) de ketting kunt sluiten.
5. Voorbeeld: keukenlepel – lepelrek – rekverband – verbandmateriaal – materiaalkast – kastkeuken – keukenlepel. Maar opgepast: elk woord in een ketting mag natuurlijk maar één keer worden gebruikt.

Variant: begin met een woord naar keuze. Met de twee laatste letters van het woord vorm je een tweede woord dat met deze twee letters begint. Het derde woord moet beginnen met de twee laatste letters van het tweede woord enzovoort. Hoe lang is je woordketting? Voorbeeld van een ketting van vijf woorden: boom – omloop – oplaten – endemisch – cholera.

Wolken kijken

Stel je voor dat het de eerste echt mooie warme lentedag is dit jaar. Je lunchpauze begint, en je kijkt er naar uit om naar buiten te gaan. Buiten voel je meteen de behaaglijke zonnestralen op je armen en adem je de frisse lentelucht in. Je aarzelt niet lang en maakt een korte wandeling naar het dichtstbijzijnde park. Vogels zitten te kwetteren op de nog kale takken en af en toe hoor je een klein kikkerconcert vanaf de grote vijver. Verborgen achter een paar bomen ontdek je een bankje. Je gebruikt de bank voor een pauze en kijkt omhoog naar de blauwe lucht en de sneeuwwitte wolken die doen denken aan suikerspinnen.

De volgende oefening is niet alleen een concentratieoefening om aandachtige observatie te trainen, maar ontspant je ook na een drukke ochtend. Het enige wat je nodig hebt, is een plek van waaruit je de passerende wolken kunt bekijken.

OEFENING

DE TERUGKERENDE WOLK

1. Neem 5 minuten de tijd en ga naar een ongestoorde plek van waaruit je de wolken door de lucht kunt zien bewegen.
2. Zoek een wolk waarvan je de vorm leuk vindt. Waar doet deze wolk je aan denken? Ziet hij eruit als een dier of meer als een voorwerp? Wat vind je er zo leuk aan? Is hij erg groot of erg klein? Heeft hij verschillende tinten wit of grijs?
3. Sluit je ogen en tel tot 20.
4. Open je ogen en probeer je wolk weer te vinden. Hoe is de wolk in de tussentijd veranderd? Kun je nog steeds zien wat je net in de wolk hebt gezien? Neem bewust het verschil waar.

IN DIT HOOFDSTUK

- De concentratie zo snel mogelijk verhogen
- Eenvoudige concentratieoefeningen integreren in je dagelijks leven
- Afleidende gedachten buitensluiten
- Doeltreffende strategieën tegen een tijdelijke concentratiedip

Hoofdstuk 20 Tien SOS-strategieën om je concentratie te verbeteren

Als je concentratievermogen het nulpunt nadert en afleidende bezigheden of gedachten aantrekkelijker zijn dan het werk dat je te doen hebt, kun je dit met eenvoudige strategieën tegengaan. De SOS-strategieën in dit hoofdstuk nemen maar weinig tijd in beslag en helpen je om je al na enkele minuten te concentreren.

Gedachten opschrijven

Wanneer heb je voor het laatst de zaak eens echt goed uitgemest? We hebben het niet over je kledingkast of de stofvangers die zich ophouden in een donkere hoek van je woonkamer. We bedoelen je hersenen! Ook daar moet met regelmatige tussenpozen worden opgeruimd. Storende of overbodige gedachten zoals ‘ik mag niet vergeten om na het werk melk te kopen’ of ‘waarom heeft mijn baas me vanmorgen in de lift niet zo vriendelijk begroet als normaal?’ zullen je concentratievermogen doen afnemen. Je weet zelf dat er situaties zijn waarin het moeilijk is om gedachten los te laten.

TIP

Een bewezen hulpmiddel hierbij is om dergelijke gedachten op te schrijven. In de eenvoudigste vorm heb je alleen pen en papier nodig. Laat je gedachten de vrije loop en schrijf ze op zonder rekening te houden met spelling of grammatica.

Wat op het eerste gezicht eenvoudig klinkt, vereist echter een beetje training. Want in onze hersenen zit een controlerende instantie die zo mooi en grammaticaal correct mogelijk wil formuleren, ook al is wat er wordt opgeschreven niet voor anderen bedoeld. Het resultaat is mogelijk een ‘writer’s block’, dat niet gemakkelijk te overwinnen is.

Zo’n schrijversblok ken je waarschijnlijk al van je normale werk. Bedenk maar hoe moeilijk het soms is om de eerste zin van een projectverslag of een artikel voor een vaktijdschrift te schrijven. Het eerste wat je moet doen, is je innerlijke criticus het zwijgen opleggen en gewoon beginnen met schrijven. Je kunt later altijd nog correcties aanbrengen, mocht je een tekst schrijven die voor anderen bedoeld is. Maar hier schrijf je met als enig doel negatieve of overbodige gedachten opzij te zetten en de bioscoop in je hoofd het zwijgen op te leggen. Natuurlijk kun je ook je gedachten noteren met behulp van een computertoetsenbord, maar het is efficienter als je daadwerkelijk een ouderwetse pen gebruikt.

SCHRIJVEN MET DE HAND

TECHNISCHE INFO

Waarom is het goed om met de hand te schrijven? Niet voor niets luidt het gezegde: wie schrijft, die blijft. In een studie van de universiteit van Princeton hebben de psychologen Pam Mueller en Daniel Oppenheimer bewezen dat nieuwe leerstof beter wordt begrepen en onthouden als je met de hand schrijft. Zij gaven 65 testpersonen de opdracht om een video van een voordracht te bekijken en er aantekeningen van te maken met de hand of op een laptop. Het bleek dat de testpersonen met handgeschreven notities veel minder hadden opgeschreven dan de testpersonen die laptops gebruikten. Daarna moesten alle testpersonen een aantal afleidingsopgaven oplossen. Dit opgavendeel duurde een halfuur. Daarna werden er vragen gesteld over de voordracht. De testpersonen die handgeschreven notities hadden gemaakt, scoorden significant beter op de conceptuele vragen dan de testpersonen die laptops hadden gebruikt. De wetenschappers gaan ervan uit dat mensen bij het maken van handgeschreven notities veel meer bezig zijn met de verwerking van de inhoud om alleen de belangrijkste informatie voor hun aantekeningen te selecteren.

Een pen werkt als een direct verlengstuk van de hersenen, wat ook onze verbeelding en onze verbeeldingskracht ten goede komt. Daarom schrijven veel auteurs hun eerste concepten voor een nieuwe tekst met de hand. Wij hebben dat trouwens ook gedaan.

Omdat iedereen verschillend is, willen we je nu drie verschillende schrijfmethoden presenteren die je niet alleen helpen om je weer te concentreren bij afleidende gedachten, maar die ook andere bijkomende voordelen hebben:

- journaling;
- brievenschrijven;
- mindmaps maken.

Journaling

In tegenstelling tot een conventionele dagboekaantekening, waarin ervaringen en herinneringen worden vastgelegd, gaat het bij deze schrijfmethode om ook diepere gedachten en gevoelens bloot te leggen en op papier te zetten. Bij journaling neem je de tijd om al je huidige gedachten en gevoelens op te schrijven.

Journaling helpt om:

- rustiger te worden;
- je daarna beter te concentreren;
- je bewust te worden van emoties;
- inzichten te verwerven;
- creatiever te worden;
- de beelden in je hoofd te ontwarren.

OEFENING

TIENMINUTENJOURNALING

1. Zoek een rustige plek waar je je grotendeels ongestoord voelt.
2. Stel een timer in op 10 minuten.
3. Neem pen en papier.
4. Beantwoord de volgende vragen zonder overdreven aandacht voor spelling en formulering:
   - Wat is er gebeurd? Waarom gaan er zoveel gedachten door je hoofd?
   - Wat triggeren deze gedachten bij jou? Angst? Woede? Hoop? Verlangen? Enthousiasme? Luister in jezelf en verwoord je emoties.
   - Stel je nu voor dat een goede vriend tegenover je zit. Wat voor advies kan hij je geven? Wat zou zijn suggestie zijn voor jouw probleem, waar je al heel lang over piekert? Wat zou je anders kunnen doen in de toekomst? Wie zou je daarbij kunnen steunen? Schrijf je adviezen ook op met een paar trefwoorden. Beoordeel deze suggesties niet!
5. Lees de adviezen nog eens door en markeer het advies dat je het meeste bevalt. Alle andere streep je door. Je hebt een oplossing gevonden of een beslissing genomen, zodat je je nu helemaal kunt concentreren op je werktaak.

Brievenschrijven

Hoelang is het geleden dat je een brief hebt geschreven? Brieven zijn grotendeels vervangen door e-mail en whatsappberichten, waardoor ze bijna een zeldzaamheid zijn geworden. Nog zeldzamer zijn brieven waarin je de geadresseerde vertelt over je gedachten en actuele gevoelens. Het schrijven van zo'n brief heeft iets bevrijdends en kan je helpen om:

» angsten te verminderen;

» dialogen te houden met jezelf;

» te reflecteren over gedachten.

De volgende voorgestelde brief heeft een zeer speciale geadresseerde: jezelf! Deze briefvorm, die op het eerste gezicht ongewoon lijkt, stelt je niet alleen in staat om gedachten van je af te schrijven die niemand anders dan jij zal lezen, maar maakt je ook rustiger en kalmer.

OEFENING

BRIEVEN AAN JE TOEKOMSTIGE IK

Stel je voor dat je een penvriend hebt: het is je toekomstige ik. Die ik is een zeer wijs persoon met veel levenservaringen die terug kan kijken naar de gebeurtenissen van nu. Deze persoon is jouw mentor, je luisteraar, je vertrouwenspersoon, die je met raad en daad terzijde staat en al je gedachten en gevoelens voor zich houdt.

1. Schrijf een brief aan je toekomstige ik waarin je alles wat door je hoofd gaat rapporteert. Wat houdt je bezig? Welke gedachten blijven maar doormalen? Waarom kun je je momenteel niet concentreren? Vraag je toekomstige ik wat je daartegen kunt doen.
2. Doe je brief in een envelop en plak die dicht.
3. Neem een pauze. Ga de frisse lucht in, bel een vriendin, neem een hapje of doe wat aan lichaamsbeweging.
4. Neem na de pauze de envelop in je hand en stel je voor dat je nu die oude toekomstige ik bent. Beantwoord de brief. Wat zou je aan je jonge ik schrijven? Welk advies zou je hem geven? Schieten je levenslessen of citaten te binnen die je met hem zou delen?

Mindmaps maken

Een andere schrijfmethode naast journaling of brievenschrijven is het maken van mindmaps.

Mindmaps zijn visuele, meestal kleurrijke geheugenkaarten die gebruikt worden om feiten, gedachten en ideeën vast te leggen. Op basis van hersenfysiologische hypothesen werd deze visuele weergavevorm verspreid door de Britse auteur, spreker en coach Tony Buzan. Zowel het maken als het lezen van deze kaarten vereist een effectieve interactie van beide hersenhelften, waardoor je prestatievermogen toeneemt.

Mindmaps kunnen, in tegenstelling tot conventionele notities, flexibel worden aangepast en aangevuld en zelfs in pure beeldvorm worden gemaakt. Het hoofdidee of sleutelbegrip wordt centraal in het midden van een blad papier geschreven. Van daaruit worden andere gedachten of begrippen in een radiaal patroon op takken en twijgen weergegeven, waardoor een boomachtige structuur ontstaat.

OEFENING

HET CONCENTRATIEVERMOGEN VERBETEREN MET MINDMAPS

1. Neem een groot vel papier en kleurpotloden en pennen.
2. Maak een mindmap over het onderwerp 'Waarom kan ik me niet concentreren?'
3. Schrijf 'Waarom kan ik me niet concentreren?' in het midden van het papier en teken van daaruit rode takken.
4. Schrijf of teken aan het einde van elk van je rode takken een reden die spontaan in je opkomt.
5. Teken nu vanuit de redenen steeds een groene twijg.
6. Schrijf of schets nu aan het einde van elke twijg een mogelijke oplossing.
7. Kijk na het voltooien van de mindmap naar je groene twijgen. Welke voorgestelde oplossing spreekt je het meeste aan? Breng deze suggestie in de praktijk.

Blind schrijven

Ben je ooit in een 'eten-in-het-donker'-restaurant geweest en heb je daar een viergangenmenu gegeten? Het is een ongewone ervaring als je in totale duisternis moet raden wat je aan het eten bent. Je hersenen werken op volle toeren om met deze allesbehalve alledaagse situatie om te gaan. Ze moeten omdenken, je reuk- en smaakzin versterken en de informatie die dat oplevert op de juiste manier verwerken.

Je hoeft niet naar zo'n restaurant te gaan om een dergelijke topprestatie van je hersenen te veroorzaken. Een soortgelijk effect bereik je als je gewoon je ogen sluit bij activiteiten die je gewoonlijk met open ogen doet. Probeer op deze manier je tanden te poetsen, te douchen, je aan te kleden of te ontbijten.

Als je merkt dat je concentratie tijdens het werk afneemt, kun je ook de volgende oefening doen.

OEFENING

DE WEKMETHODE VOOR HET BREIN

1. Ga aan je bureau zitten.
2. Sluit je ogen.
3. Adem tien keer diep in en uit.
4. Pak een vel papier en leg het op het bureau voor je neus.
5. Zoek een pen op de tast.
6. Probeer nu met je ogen dicht een willekeurige zin (bijvoorbeeld 'ik ben geconcentreerd') op het papier te schrijven zonder het tafelblad te bekladden.
7. Hoe voelt het om te schrijven met je ogen dicht? Wat neem je anders waar dan normaal?
8. Na deze oefening zijn je hersenen wakkerder en attenter dan voorheen.

Taken uitvoeren met je niet-dominante hand

Stel je voor dat je vanwege een blessure aan je dominante hand een dag lang alleen je niet-dominante hand kunt gebruiken: de linkerhand voor rechtshandigen en de rechterhand voor linkshandigen. Je normale leven staat op z'n kop. Deze taak is een uitdaging voor je hersenen. Je hersenen schakelen over naar een hoger concentratieniveau. Want ze moeten nu voor alledaagse taken de hersenhelft gebruiken die bij deze activiteiten normaal gesproken passief blijft.

OEFENING

LINKS IN PLAATS VAN RECHTS EN RECHTS IN PLAATS VAN LINKS

Als je niet geconcentreerd bent, raden wij je aan om als rechtshandig persoon alleen je linkerhand te gebruiken en vice versa. Uiteraard geldt dit advies niet voor gevaarlijke activiteiten. Probeer bijvoorbeeld als rechtshandig persoon een pinautomaat alleen met je linkerhand te bedienen (tenzij er een lange rij achter je staat, natuurlijk), een spijker in de muur te slaan, de bloemen water te geven, te schrijven of een aardappel te schillen. Veel plezier met je kleine uitdaging.

Een routinehandeling onthouden

Je hebt je op weg naar je werk vast al eens afgevraagd of je het licht in de keuken hebt uitgedaan of de voordeur op slot hebt gedaan. Als je de verlichting en de vergrendeling niet vanaf je smartphone kunt bedienen, kan het zijn dat je teruggaat en vaststelt dat je de verlichting hebt uitgeschakeld en de deur hebt vergrendeld zoals altijd.

Waar kwam die twijfel vandaan op weg naar het werk? Activiteiten die je vaak uitvoert, worden al snel routine en gaan bijna automatisch. Ze vereisen nauwelijks aandacht en worden door het ultrakortetermijngeheugen aangemerkt als onbeduidende prikkels die niet meer worden verwerkt. Dergelijke prikkels worden snel uit de hersenen verwijderd. Daarom kun je je echt niet herinneren dat je de deur op slot hebt gedaan. Nog tragischer is het bekende voorbeeld van het niet uitzetten van de verwarming, het strijkijzer of de oven. Menigeen heeft zijn vakantievlucht al gemist omdat hij vlak voor het vliegveld besloot toch weer terug te rijden.

TIP

Hoe kun je beter onthouden dat je routineuze handelingen hebt uitgevoerd? Daar is een eenvoudige truc voor. Voer een ongewone activiteit uit terwijl je bijvoorbeeld de kachel uitzet of je deur op slot doet. De ongewone activiteit die gepaard gaat met de routinetaak verhoogt je aandacht. Na het vergrendelen van de voordeur kun je de sleutel laten vallen, zodat je je moet bukken. Of je kunt (als je je onbespied waant) op één been naar de auto hinkelen. Hoe merkwaardiger de met een routine gekoppelde activiteit is, des te waarschijnlijker is het dat je je later kunt herinneren of je die routinehandeling daadwerkelijk hebt uitgevoerd.

OEFENING

DE TUTORIALOEFENING

Heb je op internet ooit tutorials bekeken? Je laten uitleggen hoe je een stropdas moet knopen, een tafel moet restaureren of je favoriete drankje moet mixen? Of was jij zelf de hoofdpersoon in zo'n tutorial? Nee? Dan raden wij je aan eens een alledaagse activiteit te beschrijven voor een denkbeeldig publiek en deze in kleine stapjes en op een gemakkelijk te begrijpen manier uit te leggen. Zo train je en passant ook je concentratie.

1. Denk na over wat je nu zou willen doen. Wil je een bestand afdrukken? Je werkplek opruimen, de vuile vaat in de vaatwasser zetten of je tanden poetsen?
2. Voer deze activiteit uit en observeer zeer zorgvuldig elke stap van je handeling.

3. Probeer elke stap van de handeling kort en bondig te beschrijven, alsof je het proces moet uitleggen aan iemand die dit nog nooit eerder heeft gedaan.
4. Schrijf vervolgens je beschrijving op een vel papier. Als je weinig tijd hebt, kun je stap 4 ook overslaan.

Verlaat de platgetreden paden

Mensen waarderen gewoonten, beperken verrassingen in de dagplanning tot een minimum en geven de voorkeur aan routineprocedures. De confrontatie met nieuwe of onbekende dingen is een fitnessoefening voor je hersenen. Doe tijdens een fase van concentratiegebrek iets nieuws of onbekends en profiteer van de daarmee gepaard gaande verhoging van de concentratie.

OEFENING

ROUTINES DOORBREKEN

Doe iets anders dan normaal. Beleef je dagelijks leven op een heel andere, onbekende manier. Confronteer je hersenen met nieuwe zintuiglijke indrukken en herwin zo weer je concentratie.

- Haal 's morgens de krant uit de brievenbus terwijl je achteruitloopt.
- Trek verschillende sokken aan.
- Doe een keer iets anders met je maaltijden. Sta iets eerder op dan gewoonlijk en maak een heerlijke, gouden omelet met verse kruiden in plaats van de gebruikelijke toast met jam.
- Kies een andere route naar het werk.
- Ontdek tijdens je lunchpauze een plek waar je nog nooit eerder bent geweest.
- Eet iets nieuws van de kaart van je favoriete restaurant.
- Doe je boodschappen niet in je gebruikelijke supermarkt, maar kies de volgende keer een winkel waar je nog nooit eerder bent geweest.
- Experimenteer met je slaaprichting.

Bewegingspauzes houden

Houd je van lichaamsbeweging? Wil je pauzes gebruiken om je hoofd weer leeg te maken? Als je beide vragen met ja hebt beantwoord, zijn bewegingspauzes precies wat je nodig hebt om je concentratie weer op gang te brengen.

OEFENING

IDEEËN VOOR BEWEGINGSPAUZES

- Beweeg om de 30 minuten, of je nu thuis of op het werk bent. Neem een paar stappen, rek en strek.
- Probeer zoveel mogelijk afstanden te voet, per fiets of per step (geen elektrische) af te leggen.
- Voer kruisbewegingen uit.
  - hook-ups: leg eerst je linkerenkel op je rechterenkel. Strek je armen naar voren en leg je linkerpols op je rechterpols. Leg je handen kruiselings op elkaar en vouw je armen naar boven tot je onderarmen op je borst liggen. Tel nu tot vijf. Laat de houding los. Plaats je voeten weer naast elkaar en voer de oefening nog een keer uit. Plaats deze keer echter je rechterenkel op je linkerenkel en je rechterpols op je linkerpols.
  - handbeenkruis: ga staan en til afwisselend je linker- en rechterbeen op en raak je knie aan met de andere hand. Kijk daarbij omhoog en naar links.
- Train je evenwicht.
  - touwtjespringen: spring afwisselend op één been.
  - één been: ga op je tenen staan met één been, eerst met het rechterbeen en dan met het linkerbeen.
  - yogaboom: ga met beide benen stevig op de grond staan. Til nu je rechterbeen op en plaats de voetzool op de dij van je linkerbeen. De knie wijst naar buiten. Strek je armen uit naar de zijkant alsof het je takken zijn. Blijf een paar ademhalingen in deze positie. Wissel dan van kant en probeer hetzelfde met je linkerbeen.

Met de timer op korte vakantie

Ken je de bijna onweerstaanbare aanvechting om in stressvolle situaties gewoon een koffer te pakken en een vliegtuig te nemen naar een vakantieoord? Even helemaal weg. Je verantwoordelijkheidsgevoel houdt je tegen. Er ligt een enorme berg werk te wachten om te worden verwerkt, rekeningen moeten worden betaald en de berg wasgoed thuis reikt zo langzamerhand tot aan het plafond. Met zoveel onvoltooide taken weet je niet eens waar je moet beginnen. In plaats van geconcentreerd de ene na de andere taak te volbrengen, nestelen zich negatieve gedachten in je hoofd en kun je niet effectief werken. In zo'n geval stellen we voor dat je daadwerkelijk een reis maakt, een korte pauze op een plek waar je nu graag zou willen zijn. Maak je geen zorgen: deze reis kost niets en vindt alleen in je hoofd plaats. Toch zal deze verbeelding je helpen om je batterijen op te laden en vervolgens de volgende taak met nieuwe concentratie voor elkaar te krijgen, als dit tenminste bewust en gedurende een beperkte tijd wordt gedaan.

OEFENING

EEN KORTE REIS NAAR JE PLEK VAN RUST

1. Stel een timer in op maximaal 5 minuten.
2. Sluit je ogen.
3. Denk aan een plek waar je op dit moment zou willen zijn. Kies de eerste prettige plek die bij je opkomt.
4. Neem deze prachtige plek waar met zoveel mogelijk zintuigen: hoe ziet het er daar uit? Zijn er geluiden of klanken die met deze plek samenhangen? Of een speciale geur?
5. Geniet er een paar ademhalingen van dat je in je verbeelding op deze plek bent.
6. Wanneer de timer het einde van je korte reis aankondigt, open je je ogen. Rek en strek. Tot rust gekomen van je fantasiereisje, zal het gemakkelijker voor je zijn om prioriteiten te stellen en met hernieuwde kracht aan je volgende taak te beginnen.

Om afleidende negatieve gedachten te vervangen door positieve gevoelens, kun je ook een reis naar het verleden maken. Niet naar een bepaalde tijd, maar naar een moment vol positieve herinneringen.

OEFENING

EEN KORTE REIS NAAR POSITIEVE HERINNERINGEN

1. Stel een timer in op maximaal 5 minuten.
2. Sluit je ogen.

3. Maak in je hoofd een herinneringsreis. Denk bewust aan een belevenis die positieve herinneringen in je oproept. Dit kan de eerste date zijn met je grote liefde, een concert van je favoriete band, een onvergetelijke vakantie-ervaring of een promotie. Welke mooie belevenis komt er in je op?
4. Concentreer je op deze ervaring en probeer je zoveel mogelijk details te herinneren. Was je alleen of ging er iemand met je mee? Hoe was je gekleed? Hoe was het weer? Hoe zag de omgeving eruit? Hoe voelde je je?
5. Wanneer de timer een einde maakt aan je herinneringsreis, open je je ogen. Rek en strek. Als je wilt kun je kijken of je nog oude foto's of video's van die mooie ervaring hebt. Vergelijk de foto's of video's met je herinneringen. De negatieve gedachten zijn vervangen door positieve herinneringen, zodat je nu met een goed gevoel aan je volgende taken kunt beginnen.

Met kinderogen naar het dagelijks leven kijken

Heb je een peuter ooit een camera gegeven en hem of haar aangemoedigd om op de knop te drukken? De foto's die dan worden gemaakt zijn vaak fascinerend. Omdat ze ons een heel ander perspectief laten zien. Kinderen richten zich op objecten die wij als volwassenen niet eens opmerken of te gewoon vinden.

Er is iets bijna magisch aan het kijken naar de wereld door de ogen van een kind. Kinderen zien de wereld anders dan volwassenen. Ze houden veel meer van details en wijden zich in verwondering aan iets dat net hun aandacht heeft getrokken. Dit kan een fel geel-blauwe intercity zijn die een station binnenrijdt, een kastanjeboom die zijn goudbruine bladeren verliest of een lieveheersbeestje dat op een grasprietje loopt.

Vind je het gemakkelijk of moeilijk om jezelf in het perspectief van een kind te verplaatsen? Het is de moeite waard om van tijd tot tijd je eigen perspectief te veranderen. Op deze manier oefen je in korte tijd om de routinemodus te verlaten, zodat je achteraf alerter en geconcentreerder bent. De volgende oefening is daarom zeer geschikt voor routinebezigheden waarbij je zo aandachtig mogelijk wilt blijven.

OEFENING

DE WERELD ONTDEKKEN DOOR DE OGEN VAN KINDEREN

1. Voor deze oefening hoef je geen bijzondere plek op te zoeken: begin de oefening daar waar je bent.
2. Probeer jezelf te verplaatsen in een kind. Hoe zou je dan de plaats waar je je bevindt waarnemen? Hurk neer om je omgeving op precies dezelfde hoogte als een zes- of zevenjarig kind waar te nemen.
3. Wat zie je? Als je op kantoor bent: hoe ziet je bureau er vanuit dit perspectief uit? Valt je een voorwerp op dat je graag van dichterbij wilt bekijken? Waarom is het precies dit object dat je interesse wekt? Welke gevoelens heb je als je naar dit object kijkt? Zijn er naast jezelf nog andere mensen op kantoor? Hoe zijn ze gekleed? Wat zijn hun taken? Welke emoties drukken hun gezichten uit? Lijken ze aardig of juist niet? Waar gaan ze zo meteen naartoe? Beschrijf in je gedachten niet alleen de feiten die je waarneemt, maar laat ook je verbeelding de vrije loop. Neem gewoon je vertrouwde omgeving 5 minuten lang waar door de ogen van een kind dat deze plek voor het eerst ziet en geniet van deze onbevangen nieuwsgierigheid.

Geuren vangen

Ben je ooit naar een soek geweest? Een Arabische markt die niet alleen vanwege de kleurenrijkdom en levendigheid een buitengewone winkelervaring is. Naast allerlei stoffen en het fruit dat daar wordt aangeboden, ontdek je ook een verscheidenheid aan verse specerijen en gedroogde kruiden die je uitnodigen om te kopen. De geurige specerijen en kruiden zoals kaneel, kardemom of saffraan concurreren met wierook, munt en salie.

Ook jij kunt meteen beginnen aan een zeer individuele geurenexpeditie. Je hoeft geen vakantie te nemen en een vliegtuig te pakken om naar een exotische soek te gaan. Er zijn ook in jouw omgeving aangename geuren die je bewust kunt waarnemen. Op deze manier ontlast je je ogen en oren, die normaal gesproken erg belast worden tijdens het werk, en tegelijkertijd train je je reukzin, die meestal slechts een ondergeschikte rol speelt in het dagelijks werkleven. Vooral citrusachtige geuren hebben een positieve invloed op je concentratievermogen. Geuren die je lekker vindt, verhogen bovendien je welbevinden en hebben een ontspannend effect.

OEFENING

DE GEURENEXPEDITIE

1. Ga tijdens je volgende lunchpauze naar een theewinkel. Als je een overtuigde koffiedrinker bent, kun je natuurlijk ook naar een espressobar gaan waar een goed getrainde barista zijn passie uitleeft.
2. Laat je de verschillende soorten thee of koffie uitleggen. Snuif de buitengewone geuren op en probeer ze te identificeren. Sluit als het kan daarbij je ogen. Bespeur je de geur van kaneel, cacao, kardemom of vanille? Bevallen bepaalde geuren je bijzonder goed? Roepen ze herinneringen op? Zuig deze geuren op als een stofzuiger door diep te inhaleren en ontspan je daarbij. Een ontspannen lunchpauze verhoogt je productiviteit in de uren erna.

Als er geen theewinkel of espressobar bij je in de buurt is, zijn supermarkten of restaurants een alternatief. Oriëntaalse, Afrikaanse of Aziatische gelegenheden zijn erg geschikt voor een geurenexpeditie. De buitengewone, maar ook vreemde geuren die je daar kunt opsnuiven, verhogen het aantal zenuwbanen, omdat die de geuren waarnemen en moeten classificeren.

Stilte waarnemen

In het midden van Berlijn, om precies te zijn in de Brandenburger Tor, bevindt zich de 'Raum der Stille', een stilteruimte. Deze ruimte streeft twee doelen na. Aan de ene kant moet hij mensen aanzetten tot vriendelijke omgang en verdraagzaamheid, en aan de andere kant moeten gasten en stadsbewoners de mogelijkheid hebben om te ontspannen of te mediteren op een rustige plek te midden van zo'n hectische en lawaaierige omgeving. In deze ruimte kunnen ze aandacht besteden aan hun gedachten en gevoelens, tot zichzelf komen of gewoon de gevoelens die deze historische plek oproept laten inwerken.

Als men deze ruimte binnenkomt en op een van de stoelen langs de muren gaat zitten, is het in eerste instantie vreemd om je over te geven aan de stilte. Links, rechts en ook tegenover je zitten onbekende mensen uit verschillende culturen die verlangen naar stilte. Sommigen hebben hun ogen dicht, anderen kijken gewoon de leegte in.

Wanneer was de laatste keer dat jij op een plek was waar het echt stil was? Geen getyp op een toetsenbord, geen telefoongesprek dat je hoort door de dunne muur van de belendende kamer, geen muziek op de koptelefoon. Vooral in de huidige moderne en snelle tijd voelt bijna iedereen zich opgejaagd. Mensen nemen veel te weinig tijd voor zichzelf, soms zelfs helemaal geen tijd.

Creëer je eigen stilteruimte waar je minstens één keer per dag een minuut in onderduikt. Deze ruimte hoeft geen echte ruimte te zijn die bestaat uit vier geïsoleerde, geluiddichte wanden. Het is voldoende als je zo'n ruimte in je hoofd construeert.

OEFENING

STILLE TIME-OUT

1. Ga naar een plek waar het rustig is en je genoeg ruimte hebt.
2. Ga met een rechte lichaamshouding comfortabel op een stoel of op de vloer zitten.
3. Stel de timer van je smartphone in op één minuut.
4. Sluit je ogen en adem diep in en uit.
5. Concentreer je alleen op je ademhaling. Kijk gewoon naar de bewegingen van je buik tijdens het ademen zonder ze te beïnvloeden. Je hoeft niets te veranderen.
6. Neem de stilte waar. Kun je de stilte verdragen? Geniet je van de stilte of voelt het eerder ongemakkelijk?
7. Als je nog steeds geluiden hoort waar je je niet van kunt afkeren, accepteer dat dan. Neem ze op in je oefening. Welke geluiden hoor je? Wie veroorzaakt deze geluiden?

Naast deze korte oefening zijn alle ontspanningstechnieken geschikt om tijdens een pauze tot rust te komen en vervolgens weer geconcentreerder aan de slag te gaan.

Index

Y

Z